ART ET HISTOIRE DE L'EGYPTE

5000 ans de civilisation

Texte et dessins de
ALBERTO CARLO CARPICECI

BONECHI

© Copyright by CASA EDITRICE BONECHI. Via Cairoli 18/b - 50131 Florence - Italie
Tel. 055576841 - Fax 0555000766
E-mail: bonechi@bonechi.it - Internet: www.bonechi.it

Imprimé en Italie par Centro Stampa Editoriale Bonechi.

Texte de A.C. Carpiceci, *avec la collaboration de* Giovanna Magi.
Coordination: Serena de Leonardis.
Rédaction: Giulia Salvi.
Les photos appartiennent aux archives des Editions Bonechi et ont été réalisées par Marco Carpi Ceci, Luigi Di Giovine, Paolo Giambone.
Les planches en couleurs et les plans ont été réalisés par Stefano Benini.
Le dessin à la page 101 et le plan du Nile sont de Stefano Benini.

ISBN 88-8029-087-8

Arte e Storia - Egitto - n° 23 - Pubblicazione Periodica Trimestrale - Autorizzazione del Tribunale di Firenze n° 3873 del 4/8/1989 - Direttore Responsabile: Giovanna Magi

* * *

LA PLANÈTE ÉGYPTE

Les anciens Égyptiens nous semblent porteurs d'une civilisation supérieure venue d'un autre monde. Dans la période où les peuples de la terre sortaient péniblement de l'âge de pierre, avec des cultures de même niveau, le peuple égyptien naît adulte. Très tôt, il franchit les limites des possibilités humaines d'il y a six mille ans, comme formé par des expériences vécues dans un autre monde pourvu déjà d'une civilisation avancée.

Ainsi commence sur la terre arrosée par le Nil, une expérience unique. En quelques siècles, celle-ci se développe vertigineusement, en créant des œuvres artistiques et scientifiques très en avance sur leur temps. La réalisation de la pyramide de Khéops, alors que l'on connaissait ni le fer ni la roue, reste aujourd'hui un mystère. Nous sommes encore plus déconcertés en considérant qu'avant la réalisation de la Grande Pyramide, les Égyptiens avaient une technique et une organisation capables d'endiguer sur des milliers de kilomètres les crues du Nil et de transformer la terre marécageuse et le désert en un nouveau paradis terrestre! En considérant les durées de développement des autres peuples, dont certains sont demeurés à l'ère néolithique jusqu'à nos jours, on a le sentiment que le peuple de la «planète Égypte» a deux mille ans d'avance sur l'histoire du monde.

Les armes utilisées dans cette colossale entreprise sont l'eau et le feu, le Nil et le soleil; armes forgées, perfectionnées par ce peuple ancien pour que par la destruction causée par ces deux éléments la terre devienne plus fertile: c'est la vie même de l'Égypte. Les hommes collaborent avec Isis et Osiris pour recréer la vie, pour rendre à la terre l'aspect du paradis, un paradis terrestre qui se rattache au paradis céleste. L'Égypte n'est pas la Terre Promise: c'est la terre créée par l'homme jour après jour, année après année, en une œuvre qui se renouvelle sans fin et où la Créature se confond avec son Créateur. Il n'y a plus de solution de continuité entre les dieux et les hommes, les dieux sont parmi les hommes; leur visage est le même que celui de l'homme, ou que celui des animaux qui l'entourent dans le ciel et sur la terre; leurs mains sont invisibles et infinies, comme sont infinis les rayons du soleil. Dans chaque morceau de la terre d'Égypte il y a l'eau et le feu cosmiques, la mort et la résurrection, l'essence humaine et l'essence divine.

Nil et Soleil tracent deux anneaux sans limites qui parcourent tout l'univers de ce monde et de l'autre, ils sont la voie le long de laquelle l'homme nouveau de la «planète Égypte» trouve son devenir et la raison de son voyage éternel.

Pour nous hommes du IIe millénaire, il est encore possible de retrouver cet ineffable équilibre entre la voie de l'Eau et la voie du Feu, en nous laissant emporter sur une barque à voile en Haute-Égypte. Il est encore possible de retrouver ce pont invisible qui nous unit aux sources de notre histoire, de retrouver la profonde émotion qu'éprouvait notre ancêtre lorsque, il y a cinq mille ans, il écoutait le chant qui s'élevait, au début de l'année, avec la crue du Nil: «Viens eau de la vie qui jaillit du ciel, viens eau de la vie qui jaillit de la terre. Le ciel brûle et la terre tremble à l'arrivée du Grand Dieu. Les montagnes de l'Occident et de l'Orient s'ouvrent, le Grand Dieu apparaît, le Grand Dieu s'empare du corps de l'Égypte.»

NAISSANCE D'UNE CIVILISATION
Avant les pharaons

Avant que n'explose la civilisation égyptienne, à l'ère paléolithique, la mer Méditerranée était coupée en deux grands bassins par une langue de terre qui unissait la Tunisie et l'Italie en passant par l'île de Malte. Un immense anneau de forêts l'entourait de tous côtés et à la place du Nil il y avait une chaîne de vastes lagunes et de forêts disséminées jusqu'à la mer. La faune européenne se mélangeait à celle de l'Afrique du Nord; des races méditerranéennes alpines, mêlées aux races somaliennes et berbères, vivaient dans une sorte d'Eden sans frontières.

Un cataclysme indéterminé, entre 10000 et 8000 av. J.-C., provoque des changements radicaux: le pont entre la Tunisie et l'Italie s'affaisse, ne laissant que les îles maltaises; en Afrique du Nord les immenses forêts se raréfient peu à peu; les lagunes détruites disparaissent en faisant place à des déserts de roches et de sable. Le Nil commence à prendre son visage pour se révéler comme un gigantesque serpent, qui du cœur de l'Afrique, descend sur des milliers de kilomètres le long de la mer Rouge jusqu'à ce qu'il retrouve la mer Méditerranée.

Entre 8000 et 5000 av. J.-C. de continuelles immigrations et émigrations se produisent le long de la Haute et de la Basse-Égypte: ce sont des peuples provenant de l'Asie, du centre de l'Afrique et de l'Occident, survivants, peut-être, de la légendaire Atlantide. Mais la terre du Nil devient de moins en moins hospitalière, parce que l'étau du désert se resserre implacablement et que la crue du grand fleuve efface dans un marécage boueux chaque lambeau de terre habitable. Et voilà qu'au cours du IVe millénaire se développe un peuple extraordinaire, capable de régulariser les eaux fangeuses sur des kilomètres, de coordonner les travaux agricoles sur des milliers d'hectares, de créer des bourgades et des villes, donnant ainsi l'élan à la plus vaste société organisée qui ait jamais existé. Bien pâles sont les reflets d'expériences semblables, que l'on ne trouve d'ailleurs qu'en Mésopotamie (Uruk, Ur, Lagash); et il n'est pas possible non plus d'identifier les origines sinon en retournant au continent perdu de l'Atlantide imaginée, trois mille ans après, par Platon.

Les Égyptiens eux-mêmes affirment que leur histoire commence avec le règne d'Osiris et qu'avant lui il y avait déjà eu trois grands règnes divins: le règne de l'Air Shou; le règne de l'Esprit Rê, le règne de la Terre Geb. Dans ces règnes semblent esquissées les ères précédant la nôtre et dans celui de Geb l'ère de l'Atlantide. Osiris, le dieu-roi et homme, est évoqué comme un homme d'une bonté et d'une sagesse infinies, qui réunit toutes les tribus nomades et leur enseigne à transformer les dégâts des inondations en bienfaits, à repousser la destruction du désert par l'irrigation et le travail de la terre et, en particulier la culture du blé pour en faire de la farine et du pain, de la vigne pour faire le vin, de l'orge pour en tirer la bière. Osiris initie aussi les nomades à l'extraction et au travail des métaux et, avec le sage Thot, leur enseigne l'écriture et l'art. Sa mission accomplie, il laisse sur le trône sa compagne aimée et collaboratrice, Isis, et part pour l'Orient (Mésopotamie) pour instruire tous les peuples. A son retour, son frère Seth l'attire dans un guet-apens, le tue, s'empare du trône et éparpille les membres du cadavre dans toute l'Égypte. Isis, bouleversée de douleur, part à la recherche de son époux bien-aimé, par une inspiration divine réussit à en retrouver les restes et avec l'aide du fidèle Anubis le recompose. Et voilà le miracle: grâce aux larmes de son inconsolable épouse, Osiris ressuscite et monte au ciel après lui avoir laissé un fils, Horus. Devenu adulte, après une lutte longue et incertaine, Horus abat définitivement l'usurpateur et reprend l'œuvre de son père Osiris.

Cette aurore, dans laquelle histoire et légende se confondent avec les images de l'Atlantide ou de la «planète Égypte», est attestée par ce monument hors du temps et unique qu'est le Grand Sphinx.

Le Sphinx est attribué à Khéphren (vers 2550 av. J.-C.), mais aucun élément technique, architectonique, ni même de continuité logique ne le rattache à la Grande Pyramide ni aux monuments de ce Pharaon. La représentation du corps de lion avec la tête humaine renverse toute les visions des dieux, avec un corps humain et une tête d'animal (léonine dans le premier couple), et accentue le mystère de cet idéogramme colossal: monument de l'ancien peuple à son premier et grand roi Osiris, pierre miliaire entre vie terrestre et vie céleste?

Le peuple élu d'il y a six mille ans se divise en deux grandes zones aux caractéristiques contrastées: la Haute-Égypte, le long du Nil qui du sud s'écoule vers le nord sur des centaines de kilomètres; et la Basse-Égypte, le long des innombrables canaux du Delta, qui s'étendent sur environ 150 kilomètres.

La Haute-Égypte, c'est-à-dire l'Égypte au sud du Sphinx, a une bande de terre de plus en plus étroite et moins généreuse; et avec l'accroissement des difficultés de vie se développe aussi le besoin de s'enfermer en sociétés préoccupées surtout de problèmes internes.

La Basse-Égypte au contraire est une terre généreuse, dont la population dense est en contact continuel avec d'autres peuples par une infinité de voies qui favorisent toujours davantage les activités mercantiles et maritimes et, en conséquence, la floraison de communautés ouvertes, se suffisant à elles-mêmes, et en fermentation continuelle.

Les groupes d'habitation ou de travail se développent surtout dans la Basse-Égypte; et ils se distinguent tous par leurs symboles propres qui s'identifient avec la vision personnelle de leur dieu unique et deviennent l'emblème de la famille dominante.

Les couronnes des pharaons
Rappelons-nous que même durant les périodes où l'unité de l'Égypte était solide, les pharaons étaient représentés avec seulement la «couronne blanche» du Sud ou seulement la «couronne rouge» du Nord, outre la «double couronne» symbole du royaume uni. Nous voyons ainsi des pharaons d'un empire qui s'étendait du Soudan aux confins de la Syrie représentés dans de nombreuses statues des temples de Thèbes avec seulement la couronne du Nord ou seulement celle du Sud.

Les premières agglomérations urbaines que nous connaissons sont bien celles de la Basse-Égypte, où environ 22 villes ont déjà leur «oint», c'est-à-dire le roi consacré par l'onction de l'huile sacrée et décoré de la plume libyenne. Saïs et encore plus Métellis sont les premières villes dont la prédominance s'exerce sur tout le Delta. Métellis est le grand centre où arrivent l'or de la Nubie (1500 km au sud) et le bois de la Syrie (1000 km au nord).

Létopolis, née aux pieds du Sphinx, et en conséquence la ville charnière entre la Basse et la Haute-Égypte, succède aux autres dans le domaine stratégique et commercial de la Basse-Égypte.

A égalité avec la puissance politique on voit croître la puissance religieuse, intimement liée à toutes les activités du temps. Ainsi, avec la croissance de Létopolis, le vieux sanctuaire qui s'élève en face devient une cité sacrée. Cette cité que plus tard les Grecs appelleront Héliopolis («ville du soleil»), devient le pivot de l'unité religieuse et donc sociale. Avec la nécessité d'unifier les normes et les mesures pour tous les trafics commerciaux entre Haute et Basse-Égypte, l'unification des cultes religieux est profondément ressentie, du reste, par tous les Égyptiens.

Dans le très ancien sanctuaire, témoin peut-être du règne d'Osiris, était vénéré à l'origine le couple divin engendré par la mère-terre primordiale, à savoir Shou et Tefnout, tous deux représentés avec un corps humain et une tête de lion, c'est-à-dire, l'image retournée du Sphinx.

Autour de ce premier couple se rassemblent tous les dieux des autres «nomes» comme les membres épars d'un dieu unique.

L'axe du pouvoir se déplace ensuite vers la cité de Bouto. Avec le royaume de Bouto nous avons le premier «nome» de l'histoire et précisément celui d'Andjty «le protecteur», l'homme nouveau qui prend le pouvoir par la volonté du peuple. Avec Andjty nous avons aussi la première vraie domination de la Basse-Égypte avec l'accroissement du culte agraire, c'est-à-dire du culte d'Osiris. La capitale prend le nom de «ville d'Osiris». La royauté du souverain, comme descendant et représentant légitime d'Osiris, est consacrée à Héliopolis; et se voit mise à l'épreuve et confirmée par les fêtes du Jubilé du souverain, c'est-à-dire trente ans après sa consécration (plus tard on appellera ce Jubilé la fête de l'*heb-sed*). Ainsi, avant la fin du IVe millénaire, Héliopolis assume la charge historique de légitimer, sous forme d'oracle, les souverains d'Égypte.

Vient ensuite le royaume de Busiris qui s'étend vers le Sud et crée de nouvelles villes parmi lesquelles la ville-sanctuaire d'Abydos, centre consacré au culte osirien. Avec tendance vers la Moyenne et la Haute-Égypte, le centre du pouvoir revient de nouveau à Létopolis et les nouveaux rois sont élus par le dieu Osiris lui-même, c'est-à-dire par les prêtres le représentant; par cette élection directe ces rois se trouvent identifiés au dieu lui-même: leur emblème est le faucon sacré.

Tablette d'ardoise du musée du Caire représentant Narmer, roi de la Haute-Égypte, triomphant des peuples du Delta.

Les échanges commerciaux, en progrès dans la Méditerranée, apportent de nouvelles richesses et une nouvelle puissance et les villes du Delta se rendent très vite indépendantes. Ce démembrement favorise de nouveau la domination de Bouto qui supplante Létopolis, élimine les ingérences de Saïs et soumet les faibles républiques à peine nées.

Les rois de Bouto sont toujours sacrés à Héliopolis. Leur pouvoir devient héréditaire et seulement soumis à la justice divine; et ainsi soustrait à tout jugement, devient un pouvoir absolu. Les prêtres d'Héliopolis ont le devoir de sanctionner la nomination et de juger *post mortem* si le roi a été digne ou non de devenir une divinité. Avec l'affirmation du pouvoir absolu naissent aussi des organismes administratifs et juridiques adéquats, et en particulier ceux qui concernent les ouvrages publics et les services domaniaux et financiers, avec les relèvements et les recensements «de l'or et des champs» et en conséquence l'institution d'un gigantesque cadastre de tout le royaume, plein de registres et d'inventaires.

Avec le second royaume de Bouto s'accroissent les voies commerciales dans la Méditerranée; c'est le début de véritables colonies à Crète et à Byblos (où l'on construit un temple consacré à la déesse Isis) et en Haute-Égypte, où (à Coptos) on a des contacts directs avec les caravanes provenant de la mer Rouge, ou avec les Nubiens qui apportent de l'or, de l'ébène et de l'ivoire. Bouto devient une ville puissante, ceinte de murs munis de tours, avec des temples et des palais, couverts de voûtes en berceau cachées, d'où émergent de hautes antennes avec des drapeaux en ruban.

Le développement des événements est plus lent en Haute-Égypte. Coptos, Edfou, Éléphantine, Tentyris, Oxyrhyncos, sont les villes les plus importantes du IVe millénaire. Elles adhèrent à une confédération dont la tête est à Noubt (Ombos), où sont sacrés les princes. L'étendard commun a pour signe le crocodile qui, souvent, s'identifie au dieu Seth. La vie est fondée sur la force, l'agressivité et le courage, qualités indispensables pour surmonter les difficultés de chaque jour. Pourtant, les rapports avec les frères plus fortunés de la Basse-Égypte pour en obtenir les produits indispensables sont une cause de difficultés et de problèmes, car leurs infiltrations dangereuses doivent être repoussées en des conflits continuels. Le champ de bataille est la terre de la Moyenne-Égypte, autrefois terre fertile de tous, toujours plus parsemée de centres agricoles et fluviaux qui, d'évidence, se tournent davantage vers la Basse que vers la Haute-Égypte et créent leur propre confédération sous la protection de la déesse Hathor, vénérée comme mère ou épouse d'Horus.

Cette confédération hathorienne — en laquelle prospèrent des villes comme Assiout, Abydos, On, Cusae, Kazah — subit de graves attaques de la Haute-Égypte. Mais, avec le puissant royaume de Bouto, elle remporte une victoire qui sera commémorée durant le IIIe millénaire comme celle d'Horus sur Seth. Avec la victoire des Hathoriens les villes de Panopolis et de Coptos se rebellent et prennent la tête de la révolution politique et religieuse de tous les fiefs du Sud, répandant partout le culte du dieu populaire Min. La ville de Nekhen devient ensuite le siège du souverain de la Haute-Égypte, non plus désigné par les familles des feudataires mais nommé par acclamation du peuple et avec l'appui de la lointaine Bouto.

Cette *longa manus* de la Basse-Égypte mène très vite à confondre le dieu Min avec le dieu Horus. Les princes de Noubt sont désormais les vassaux du nouveau roi et du nouveau dieu. Le roi de la Haute-Égypte descend à Héliopolis pour être sacré. En face de Nekhen s'élève la ville sainte de Nekheb consacrée à la déesse mère Nekhbet, avec les signes du serpent et du vautour; le roi de la Haute-Égypte orne sa couronne blanche du serpent de la déesse, et sa fête se renouvelle chaque printemps avec celle d'Horus-Min. Au cours de cette fête, le roi offre au dieu les prémices de ses champs et immole un taureau blanc pour assurer la fécondité de la terre et la renaissance de la vie.

Le dieu originel Seth est désormais définitivement détrôné; les temps sont mûrs pour une union politique et religieuse après mille ans de rivalité et d'isolement, mais ce grand événement n'est pas, comme tout le faisait prévoir, réalisé pacifiquement par la Basse-Égypte, mais belliqueusement, par la Haute-Égypte. En effet, le roi de Nekhen, poussé par le conseil des «Dix Grands du Sud», se détache progressivement de l'influence du royaume de Bouto, de nouveau en régression du fait de la nature individualiste des villes du Delta et des pressions exercées sur les frontières par les «gens de l'arc», peuplades de l'Asie occidentale attirées par les richesses de la Basse-Égypte.

Le roi de Nekhen, enfin, déplace la capitale à Abydos (This), et — sous prétexte de la libérer de la grave menace — envahit les terres du Delta. Chaque foyer de résistance est noyé dans le sang: la très ancienne ville de Mendès est détruite; Métellis, qui tente de prendre la tête de l'ultime rébellion, est conquise et démantelée; et les dix plus importants citoyens sont décapités par Narmer roi de la Haute-Égypte, rouge aussi du sang de ses frères tués. Le IVe millénaire est terminé, c'est le début de la Ire dynastie et, avec elle, pour nous de l'Histoire officielle.

De 3000 à 2000 av. J.-C.

Mésopotamie - Cultures d'**Uruk, Mari, Lagash, Suse.**

Palestine - Développement de **Jéricho.** Naissance d'autres centres d'habitation et début de la céramique peinte et du travail du cuivre dans la Méditerranée orientale.

3000 **Ire dynastie - Capitale Abydos (This)**

Haute-Égypte - Début du pouvoir absolu.

Narmer, roi de la Haute-Égypte, conquiert toute la vallée du Nil jusqu'à la Méditerranée. Il réunit les deux royaumes sous le nouveau symbole de la couronne blanche du Sud insérée dans la couronne rouge du Nord. ABYDOS devient la capitale sacrée du dieu Osiris, et le siège du Chancelier de la Basse-Égypte et des Dix Conseillers de la Haute-Égypte. HELIOPOLIS et NEKHEB deviennent des cités-sanctuaires.

Ahâ fonde la ville de MEMPHIS (Basse-Égypte) et consolide les frontières avec le Sud. Son tombeau est semblable à un palais à tours.

Houadj fait une expédition dans le Sinaï.

Oudimouh rend officielle la fête de l'*heb-sed* qui met à l'épreuve la souveraineté du pharaon dans la trentième année de son règne. Exemples de constructions réalisées en pierre de taille et à couverture en voûte.

Malte - Temples mégalithiques de la Déesse Mère de **Gigantea** et sanctuaire souterrain de **Tarxien.**

Égée - Culture du Minoen ancien.

Syrie - Fondation de **Tyr** et de **Byblos** sous le protectorat égyptien.

2850 **IIe dynastie - Capitale Memphis, Basse-Égypte - Progrès du pouvoir absolu**

Hetepsékhemoui, Nebrê, Nineter, sont les premiers rois de la dynastie.

Peribsen réprime l'insurrection des princes féodaux de la Haute-Égypte et transfère la capitale à MEMPHIS. Il change la divinité qui l'identifie en substituant Seth à Horus. Il est enseveli à ABYDOS.

Khasekhemoui proclame culte d'État celui d'Horus, avec le siège du plus important pouvoir religieux à HÉLIOPOLIS. Expédition au cœur de la Nubie.

Mésopotamie - Début de l'âge d'or des **Sumériens** d'Ur et de **Lagash** - Temples et palais en briques.

2770 **IIIe dynastie - Capitale Memphis - Extension du pouvoir absolu dans le domaine religieux**

Djeser fait du Culte Solaire le culte du roi et s'empare du pouvoir sacerdotal. **Imhotep**, prince, vice-roi et Grand-Prêtre D'HÉLIOPOLIS, est le premier grand médecin et architecte de l'histoire et sera divinisé aussi par les Grecs sous le nom d'Esculape.
Construction à SAQQARÂH du mausolée-cité de Djeser avec, au milieu, la grande pyramide à degrés. Nouvelles expéditions dans le Sinaï et extension du pouvoir au Sud.

Sekhemkhet entreprend un ensemble funéraire avec une pyramide à degrés plus grande que celle de Djeser, mais n'a pas le temps de le terminer.
Des forteresses et des murailles sont construites sur toutes les frontières (muraille de 12 km à cheval sur le Nil, à la hauteur de l'île de PHILÆ).

Senekhet tente de rivaliser avec ses prédecesseurs en commençant, entre autres, un mausolée semblable à celui de Djeser; toutefois, son tombeau est simplement installé là où ensuite s'élèvera le temple funéraire d'Ounas.

Khâba, dernier roi de la dynastie, construit probablement une petite pyramide à Zaouiét el-Aryân.

Troie - Développement de la première culture troyenne.

Mésopotamie - Premiers temples à **Assur**, temple d'Ishtar et temple de Samak à **Mari.** Constructions en briques crues qui rappellent celles des premières dynasties égyptiennes.

2620 **IVe dynastie - Capitale Memphis - Consolidation du pouvoir**

Snefrou est évoqué comme un pharaon humain et aimable. Il défend les frontières, ouvre les mines de turquoises au Soudan. Il construit la première pyramide à faces planes.

Khéops nomme ses fils grands-prêtres à NEKHEB, ville sacrée en face de NEKHEN, et à PE, ville sacrée en face de BOUTO (les prêtres défenestrés en firent maudire le souvenir). Il construit la première Grande Pyramide avec la cité-nécropole tout autour.

Didoufri est, pour peu de temps, usurpateur du pouvoir entre le règne de **Khéops** et celui de **Khéphren.** Il entreprend la pyramide inachevée d'Abou-Roache.

Khéphren maintient la centralisation du pouvoir politique et religieux. Il construit la seconde Grande Pyramide avec un gigantesque temple funéraire et un temple en granit en aval.

Mykérinos (Menkaourê), en restituant aux prêtres une partie des biens confisqués par **Khéops**, est évoqué comme un pharaon juste et modéré. Il construit la plus petite des Grandes Pyramides.

Chepseskaf lutte de nouveau contre le pouvoir des prêtres. Sous son règne on construit de nouvelles nécropoles avec des mastabas et des pyramides.

2500 **Ve dynastie - Capitale Memphis - Crise du pouvoir, floraison du Culte Solaire**

Ouserkaf, neveu de **Mykérinos**, construit une pyramide à SAQQARÂH.

Sahourê creuse le canal de BUBASTIS qui relie la Méditerranée à la mer Rouge et crée une puissante flotte militaire. Il accomplit la première expédition au fabuleux royaume de Pount. Il construit plusieurs pyramides et un temple solaire à ABOU SIR.

Néferirkarê perd le pouvoir juridique et religieux. Il construit une pyramide et plusieurs temples à ABOU SIR.

Niouserrê interrompt la série de temples solaires à ABOU SIR et recommence à construire des pyramides à SAQQARÂH.

Ounas construit une pyramide en décorant l'intérieur avec les «Textes des pyramides» et la «Sagesse de Ptahhotep», deux des importants textes égyptiens qui nous soient parvenus.

MÉSOPOTAMIE - Début de l'empire d'**Akkad** avec le roi SARGON (2470). La dynastie domine pendant environ deux siècles. Développement de l'art d'**Akkad, Lagash, Suse, Mari, Assur** et **Ur**.

2350 **VIe dynastie - Capitale Memphis - Chute du pouvoir absolu**

Téti tente de reconstituer le pouvoir central en se servant de mercenaires nubiens. De grands vizirs comme **Kagemmi** et **Meri** sont pratiquement maîtres du pouvoir. Splendeur maximum de l'art. Mémoires de l'architecte Mineptah-Ank-Merirê, «constructeur royal du double palais».

Pépi Ier voit diminuer le pouvoir royal avec l'accroissement de la puissance des princes, des grands dignitaires et des prêtres. **Ouni**, premier ministre, rétablit la domination sur le Sinaï et sur la Palestine. Une magnifique statue en cuivre du Pharaon et les superbes décorations du tombeau d'Ouni, témoignent du niveau élevé de l'art.

Pépi II règne de l'âge de six ans jusqu'à cent ans passés. C'est le règne le plus long dont se souvienne l'histoire: règne nominal, car il est nettement partagé entre fiefs laïques et fiefs cléricaux.

A la fin de la VIe dynastie, le pouvoir central se morcèle par le fait des monarques (princes féodaux) et sous la pression des peuples voisins, en particulier des Bédouins.

MÉSOPOTAMIE - Début de la dynastie des **Goutéens** (2240) - Ziggourats d'**Ur, Nippur, Uruk**.

2180 **VIIe et VIIIe dynasties - Capitales Memphis et Abydos - Dynasties existant seulement de nom**

HÉRAKLÉOPOLIS reste fidèle à MEMPHIS en tant que fief personnel du roi. Les princes qui s'attribuent la souveraineté de l'Égypte se succèdent sans cesse. Des bandes d'Asiatiques envahissent et saccagent les villes du Delta. Parmi les puissants du Sud on distingue: **Idi**, prince de COPTOS, et **Shemai**, gouverneur de la Haute-Égypte.

TROIE - Développement des seconde, troisième et quatrième cultures troyennes.

ÉGÉE - Développement des cultures du Minoen ancien

2160 **IXe et Xe dynasties - Capitale principale Hérakléopolis, Moyenne-Égypte - Absence de pouvoir unitaire et reconnu**

Néferkarê (2130-2120) instaure une monarchie comme «voulue par Dieu», mais non divine, où le roi est le *primus inter pares* parmi les princes. Les princes ne le reconnaissent pas tous.

MÉSOPOTAMIE - Les Sumériens reconquièrent l'indépendance avec la troisième dynastie d'**Ur**. Age d'or de l'architecture en briques crues et à degrés avec des ziggourats, des palais et des hypogées à **Eridu, Ur, Uruk, Nippur**.

2120 **XIe dynastie - Capitale Thèbes, Haute-Égypte - Retour du pouvoir central**

Sehertani-Intef (2120-2118) se proclame roi lui-même et transfère le pouvoir d'HÉRAKLÉOPOLIS à THÈBES.

Mentouhotep Ier «Dieu Montou est satisfait» (2060-2010) étend son pouvoir sur la Basse-Égypte avec l'appui de la bourgeoisie intéressée à reprendre le commerce sur tout le territoire. Construction du grandiose temple funéraire avec une pyramide, des portiques et des degrés à Deir el-Bahari, nécropole de Thèbes.

Mentouhotep II et **Mentouhotep III** rétablissent la charge de Vice-roi chancelier et Juge suprême. Reprise des trafics maritimes par la mer Égée. L'importante route caravanière entre COPTOS et la mer Rouge se voit pourvue de puits, de magasins et d'un port de mer.

ÉGÉE - Culture du Minoen ancien

MÉSOPOTAMIE - Fin de la troisième dynastie d'**Ur** à laquelle succèdent les dynasties d'**Isir** et de **Larsa**.

ÉGÉE - Premiers palais de **Cnossos** et de **Phaestos**. Invasion des Achéens (2000-1750).

BABYLONE - Règne d'HAMMURABI (1792-1750). Institution des lois. Développement de l'art. Construction de palais gigantesques.

PHÉNICIE - Invention de l'alphabet.

ASIE CENTRALE - Les Indo-Européens descendent vers l'**Inde** et la **Perse**.

MÉSOPOTAMIE - Début du règne des **Kassites**.

ASIE MINEURE - Début de l'empire des **Hittites** avec pour capitale **Hattusa** et pour roi HATTUSIL (1650-1620).

CHINE - Dynastie et culture **Shang**.

ÉGÉE - Développement du IIIe Minoen moyen. Construction de nouveaux édifices. Royaume légendaire de Minos à **Crète**. Ecriture linéaire A et linéaire B.

ASIE MINEURE - Grande expansion de l'empire **hittite**.

MÉSOPOTAMIE - Les **Kassites** conquièrent **Babylone**.

GRÈCE - Développement maximum de **Mycènes**: Porte des Lions.

De 2000 à 1000 av. J.-C.

1991 **XIIe dynastie - Capitale Thèbes - Expansion de l'Empire**

Amenemhat Ier «Amon est au sommet» (1991-1962), ancien vizir de Mentouhotep III, conquiert le pouvoir, même sur les principaux feudataires, en s'appuyant sur le peuple et la petite bourgeoisie. Il renforce le culte d'Amon-Rê. Il bonifie 2000 kilomètres au Fayoum. Il déplace les frontières au-delà de la troisième cataracte du Nil, au cœur du Soudan. Il crée de très nombreuses fortifications dans les territoires les plus avancés.

Sésostris Ier est le premier pharaon qui associe son fils au pouvoir afin d'assurer la dynastie.

Amenemhat II étend son empire jusqu'à MEGIDDO, en Palestine, et à UGARIT sur la côte de la Syrie.

Amenemhat III construit une grandiose résidence au Fayoum que les Grecs évoqueront comme le «Labyrinthe».

Sésostris III et ses successeurs continuent l'expansion et la consolidation de l'empire. Aux frontières naissent des chaînes de fortifications reliées par des systèmes de signaux de fumée. Renouveau scientifique et littéraire avec des œuvres célèbres comme le «Livre des deux voies» et les «Enseignements d'Amenemhat».

1785 **XIIIe Dynastie - Capitale Thèbes - Démembrement du pouvoir**

Sekhemkarê épouse la reine régente et lui enlève une partie du pouvoir. La Nubie se détache de la Haute-Égypte.

1745 **XIVe dynastie - Dynastie presque contemporaine de la treizième**

Néferhotep reconstitue l'unité surtout dans le Delta. Il reporte le protectorat à Byblos au Liban. Les Hyksos (peuples cananéens et ammonites), poussés par les peuples indo-européens de l'Asie centrale (Hittites et Kassites), envahissent les terres fertiles du Delta en introduisant l'usage du char et du cheval — inconnus aux Égyptiens — et le culte du dieu Baal.

1700 **XVe dynastie - Capitale Avaris, Basse-Égypte — Domination des Hyksos**

Salitis est le premier «roi-pasteur» des Hyksos qui domine la Basse-Égypte. Il fonde la nouvelle capitale AVARIS.

Apophis, battu par le roi de la Haute-Égypte, est le dernier des rois-pasteurs.

1622 **XVIe dynastie - Capitale Thèbes - Reconquête du pouvoir sur toute l'Égypte**

Kâmosis bat et repousse les Hyksos en Moyenne-Égypte.

Amôsis reconquiert la Nubie jusqu'à Abou-Simbel. Il pénètre dans le Delta, détruit AVARIS et poursuit les derniers Hyksos jusqu'en Palestine. A son retour, il réprime une rébellion des princes du Nord et rétablit son pouvoir sur toute l'Égypte.

XVIIe Dynastie - Monarchie fantôme qui survit en Basse-Égypte durant la domination des Hyksos

1580 **XVIIIe dynastie - Capitale Thèbes et Akhet-Aton - Triomphe du grand Empire égyptien sur tout le monde connu**

Amôsis (1580-1558), frère d'Amôsis de la XVIe dynastie, continue l'œuvre de consolidation et d'expansion du pouvoir.

Aménophis Ier «Amon est satisfait» (1558-1530) pousse les frontières jusqu'à l'Euphrate. Premiers heurts avec les Hittites et les Mitanniens.

Touthmosis Ier (1530-1520) élève à leur splendeur maximum les villes de THÈBES et d'ABYDOS. Le temple de KARNAK est orné de pylônes et d'obélisques gigantesques; on érige la Grande Salle Hypostyle. Le culte du dieu Amon s'identifie à celui de Thot.

Touthmosis II (1520-1505) épouse la demi-sœur d'Hatchepsout. Il réprime des rébellions intérieures et extérieures en affermissant son pouvoir absolu.

Hatchepsout (1505-1484), régente de son fils, règne de fait pendant vingt ans, portant même des vêtements masculins et la barbe postiche des pharaons. Elle mène d'importantes expéditions commerciales vers le mystérieux royaume de Pount.

Touthmosis III (1505-1450) ne règne en réalité que 34 ans après la mort de sa mère et devient le plus célèbre des pharaons. A QADESH, en arrière de Byblos, il bat les Mitanniens; à MEGIDDO, il bat 330 princes syriens; à KARKHEMISH (1483), dans le nord de la Syrie, il franchit l'Euphrate et bat de nouveau les Mitanniens sur leur territoire. Par de telles victoires il gagne des terres fertiles aussi vastes que le Delta, avec des villes marchandes richissimes. Il étend sa domination sur les «îles du grand cercle» (Crète, Chypre et les Cyclades). Généreux, il pardonne même aux rebelles et laisse leurs coutumes et leurs religions aux territoire conquis. La culture et l'art égyptiens se répandent dans le monde entier.

Aménophis II (1450-1425) conclut la paix en faisant épouser à son fils, le futur pharaon **Touthmosis IV** (1425-1408), la princesse Miteniya, fille d'Artatâma, roi des Mitanniens. 1450

Aménophis III (1408-1372) maintient la paix avec les peuples voisins en épousant Tyi (ou Tuja), fille de Sutarna, roi des Mitanniens, et la fille de Kalimasin, roi de Babylone. Tyi exerce un grand ascendant sur le Pharaon. Premiers heurts avec Suppiluliuma, roi des Hittites.

Aménophis IV, qui deviendra **Akhénaton** «celui qui est aimé d'Aton» (1372-1354) change son nom lorsqu'il remplace la religion d'Amon par celle, profondément mystique et monothéiste d'Aton, selon laquelle tous les hommes sont égaux dans l'amour du Dieu unique dont le Pharaon est le prophète. Il crée Akhet-Aton «l'Horizon d'Aton», nouvelle capitale située au centre de l'Égypte et siège du pouvoir religieux ôté à Thèbes.

Néfertiti «la belle qui vient ici», princesse des Mitanniens et épouse d'**Akhénaton**, a une grande influence sur le renouvellement des coutumes, de l'art et de la religion.

Toutânkhaton qui devient ensuite **Toutânkhamon** (1354-1345) demeure à Akhet-Aton, régnant sous la régence de **Néfertiti**, puis, convaincu par le clergé, retourne à Thèbes et rétablit la suprématie du culte d'Amon. Il meurt mystérieusement à 18 ans. En épousant le vieux Aï, Néfertiti parvient à conserver le pouvoir pendant quatre ans encore; mais avec sa mort Akhet-Aton disparaît, et avec la ville disparaissent aussi le souvenir et le tombeau de la très belle reine. L'Égypte tombe de plus en plus dans l'anarchie et la misère.

Horemheb (1340-1314), ancien général puissant et ami d'**Akhénaton** renie son ancienne foi atonienne et en détruit toute trace (la mémoire d'**Akhénaton**, le «Pharaon hérétique», est même maudite). Il signe la paix avec Mursil II, roi des Hittites, bloqué par la peste en Asie. Il endigue la misère générale en réprimant avec rigueur la corruption administrative.

XIXe dynastie - Capitales Tanis et Thèbes - Le pouvoir militaire dans l'état de guerre constant 1314

Ramsès Ier (1314-1312), ancien général et vice-roi d'Horemheb, «prince de toute la terre», obtient le pouvoir. Il choisit Tanis capitale de l'empire, laissant Thèbes capitale des deux royaumes et siège du culte d'Amon.

Séthi Ier (1312-1298) repousse Muwatallu, roi des Hittites, descendu jusqu'au Sinaï. Il reprend la Phénicie et occupe Qadesh malgré la forte résistance des Hittites.

Ramsès II (1298-1235) transfère la résidence royale à Avaris et fortifie Tanis. Dans la première campagne militaire, il repousse de nouveau l'armée hittite (18 000 hommes, 2 500 chars à faux), mais s'arrête prudemment à Qadesh. Dans la seconde campagne il repousse les rebelles de Palestine incités par les Hittites. En face de la dangereuse menace croissante de Salmanasar, roi des Assyriens, Hittites et Égyptiens, grands ennemis depuis plus de cent ans, signent le premier traité international historique: en sont garants le dieu Rê de Thèbes pour les Égyptiens et le dieu Teshub de Hattusa pour les Hittites.

Mineptah (1235-1224) disperse les «peuples de la mer»: Achéens, Étrusques, Sicules, Lyciens et Libyens, qui menacent de nouveau le Delta. Exode du peuple hébreu hors de l'Égypte.

Séthi Ier tente d'endiguer la crise économique et administrative. Le Delta est de nouveau en proie aux invasions libyennes.

XXe dynastie - Capitale Thèbes - Reprise et décadence du pouvoir central 1200

Sethnekht détruit les bandes libyennes et restitue les biens qu'elles avaient usurpés.

Ramsès III (1198-1188) continue l'œuvre de reconstitution de l'empire. Par la première campagne militaire il met fin aux invasions des «peuples de la mer». Sicules et Étrusques fuient dans la lointaine Italie, les autres en Libye. Ceux qui restent se trouvent absorbés comme colons ou mercenaires de l'armée. On instaure la conscription pour la défense nationale. En luttant contre la corruption et la trahison qui sévissent jusque dans le harem et parmi les vices-rois, le grand Pharaon est victime d'un ennième attentat.

Viennent ensuite sept autres pharaons portant le nom de Ramsès, parvenus au pouvoir par d'interminables conjurations de palais.

Ramsès XI (1100-1085) tente en vain de résister à la toute-puissance du Grand-Prêtre d'Amon: **Aménhotep Hérihor**, qui devient vice-roi et, pratiquement maître de l'empire.

XXIe dynastie - Capitales Tanis et Thèbes - Le pouvoir se divise en deux branches 1085

Smendès, successeur de Ramsès XI, réussit à gouverner, de Tanis, sur la Basse-Égypte.

Piânkhi, fils d'Hérihor, se substitue au pharaon en Haute-Égypte. C'est **Pinedjem Ier** et son fils **Menkheperrê** qui lui succèdent.

Une puissante famille libyenne d'Hérakléopolis, qui avait repoussé l'armée de Salomon (roi de Palestine) jusqu'à Megiddo, se substitue à la XXIe dynastie.

Asie Mineure - Les Hittites envahissent le royaume des **Mitanniens** alliés de l'Égypte (1420).

Asie Mineure - Suppiluliuma Ier, roi des **Hittites**, marche à la conquête de l'Égypte (1380).

Mésopotamie - Début de l'empire **médo-assyrien**.

Égée - **Mycènes** et **Crète** sont en rapport direct avec la culture atonienne.

Égée - Développement du Minoen récent.

Chine - Dynastie **Shang** - Bronzes d'**Anyang**.

Troie - La tradition place la guerre épique de Troie autour de 1280.

Égée - Les **Daces** arrivent en Méditerranée.

Mésopotamie - Tukulti-Ninurta (1243-1207) donne corps à l'empire **assyrien** avec pour capitales **Assur** et **Ninive**. Avec le roi Kapara naissent des centres artistiques autonomes à **Tel-Halaf** et **Tel-Alimar**.

Égée - Début de l'immigration ionienne.

Grèce - Début de l'art proto-géométrique.

Palestine - Les règnes de **Saül** et de **David** se succèdent.

De 1000 à l'année zéro

Palestine - Apogée du royaume d'Israël avec SALOMON, qui construit le temple de Jérusalem et épouse une princesse égyptienne.

Mésopotamie - Empire assyrien: ASSURNAZIRPAL II, SALMANASAR III et SARGON II, détruisent les peuples voisins

Grèce - Début des Jeux Olympiques (776).

Italie - Naissance de Rome.

Mésopotamie - Pénétration des **Mèdes** et des **Perses**.

Chine - Début de l'art de **Ch'u**.

Grèce - Début de l'art corinthien - Premiers philosophes grecs: THALES, ANAXIMANDRE, PYTHAGORE DE SAMOS.

Italie - Début de l'art étrusque et de la **Grande Grèce**.

Mésopotamie - Destruction de **Ninive** et fin de l'empire **assyrien** - Début de l'empire **chaldéen** (612) - NABUCHODONOSOR roi de Babylone: *ziggourats* et palais des jardins suspendus, Porte d'Ishtar.

Palestine - Destruction de **Jérusalem** et du Temple de Salomon (597).

Grèce - SOLON réforme les lois d'**Athènes** (594).

Chine - Dialogues de CONFUCIUS et Règles de LAO-TSEU.

Grèce - Guerre contre la **Perse** - Défense des **Thermopyles** et victoire des Grecs à **Salamine**.

Grèce - Epoque de PERICLÉS - Apogée de la Grèce - Paix avec la **Perse**, accord avec **Sparte** - Naissance de la grande acropole d'**Athènes** - Sculpture de Phidias.

950 **XXIIe dynastie (libyenne) - Capitale Bubastis - Tentative de retour à l'antique prestige**

Sheshonk Ier (950-929), après la mort du roi Salomon, reprend la campagne pour la conquête de la Palestine.

Osorkhon Ier (929-893) lutte contre le pouvoir des prêtres de THÈBES. La Haute-Nubie se détache de l'Égypte et, s'unissant au Soudan, crée un nouvel état avec pour capitale NAPATA.

757 **XXIIIe dynastie (bubastite) - Capitale Bubastis - Dynastie parallèle à la XXIIe, avec des princes de la même capitale**

Osorkon III (757-748), renoue les rapports avec le pouvoir religieux de THÈBES, en instituant la fonction de «Divine Adoratrice d'Amon» et en l'attribuant à une princesse royale.

730 **XXIVe dynastie (saïte) - Capitale Saïs - Brève parenthèse de paix**

Tafnekht (730-720), roi de SAÏS, conquiert HERMOPOLIS et reprend une partie de la Basse-Égypte. Il est repoussé du Sud par Piânkhi, roi de NAPATA. Il s'allie aux peuples voisins pour résister à l'effrayante expansion dévastatrice des Assyriens.

Bocchoris (720-716) obtient la paix avec les Assyriens. Il soulage la misère des ouvriers et de la petite bourgeoisie en s'attaquant à la riche caste sacerdotale. Les Grecs le citent comme l'exemple d'un roi juste et généreux.

716 **XXVe dynastie (éthiopienne) - Capitale Napata, puis Thèbes - Contemporaine des XXIIIe et XXIVe dynasties**

Piânkhi (751-716) annexe la Haute-Égypte à la Nubie.

Shabaka (716-701) reporte la capitale à THÈBES, envahit la Basse-Égypte et fait un pacte d'amitié avec les Assyriens.

Shabataka (701-689) réprime la révolte guidée par Ezéchiel, roi d'Israël. Battu par la suite par Sennacherib, roi des Assyriens, il réussit également à éviter la destruction.

Taharka (689-663), avec la rébellion des princes du Delta et l'invasion d'**Assurbanipal**, roi des Assyriens, se réfugie dans la lointaine NAPATA.

Tanoutamoun (663-655) est renversé par l'invasion des Assyriens qui, favorisés par la trahison des princes du Nord, mettent THÈBES à sac.

666 **XXVIe dynastie (saïte) - Capitale Saïs - Reprise de la vie politique et sociale**

Nechao, roi de SAÏS, prend le pouvoir par trahison en acceptant la domination d'**Assurbanipal**.

Psammétique Ier (663-609), fils de **Nechao**, conquiert le Delta avec l'aide des Assyriens et s'assure la souveraineté de la Haute-Égypte grâce à des parents et des amis dans les postes-clés. Il se libère des Assyriens en s'alliant avec les villes de l'arc méditerranéen oriental, et favorise ainsi l'immigration des Grecs dans le Delta.

Nechao II (609-594) reconstruit le Canal de la mer Rouge. Ses bateaux sillonnent toute la Méditerranée et accomplissent peut-être le tour de l'Afrique.

Psammétique II (594-588) reconquiert la Nubie et les mines d'or. Il répand dans la Méditerranée la culture et la morale de l'ancienne religion. Insuccès militaire contre Cyrène, colonie grecque à l'ouest du Delta, et perte de prestige en Asie. Le Pharaon n'est plus le fils d'Osiris et son pouvoir ne s'appuie que sur le peuple.

Psammétique III (526-525) se bat contre Cambyse, roi des Perses, qui a déjà pris toutes les possessions de l'Égypte. Battu à Péluse, il tente en vain une ultime résistance et se tue.

524 **XXVIIe dynastie (perse) - Capitales Saïs et Memphis - Luttes continues pour l'indépendance**

Cambyse, l'Égypte conquise, est couronné à SAÏS et sacré pharaon à HÉLIOPOLIS par descendance maternelle. Il règne avec clémence et générosité.

Darius Ier (522-484) assainit l'économie égyptienne. Rouvre encore une fois le canal de la mer Rouge pour relier la Méditerranée à l'océan Indien.

Xerxès et son successeur **Artaxerxès**, répriment deux grandes rébellions de la Basse-Égypte.

Darius II (424-404) réprime une troisième rébellion guidée par **Amyrtaios**.

404 **XXVIIIe dynastie - Capitale Saïs - Libération de la domination perse**

Amyrtaios (404-398), une fois fini le règne de Darius, libère l'Égypte et restaure en grande partie le pouvoir.

XXIXe dynastie - Capitale Mendès - La lutte pour le pouvoir 398

Néphéritès Ier, chef de l'armée égyptienne, s'empare du pouvoir.

Achoris (390-378) reconstitue la flotte. Il fait alliance avec Athènes et Chypre contre la Perse et Sparte.

XXXe Dynastie (sébennyte) - Capitales Sebennytos et Memphis - Seconde domination perse 378

Nectanébo Ier, prince de SEBENNYTOS, s'empare du pouvoir vacillant.

Artaxerxès II, roi de Perse, envahit le Delta avec 200 000 hommes mais est arrêté par la crue du Nil.

Nectanébo II, trahi par les mercenaires grecs, s'enfuit en Haute-Égypte.

Kabbas est nommé pharaon par le clergé de MEMPHIS, mais deux ans après l'Égypte est reconquise par **Darius III**. Tentatives inutiles de résistance; les survivants invoquent le secours des Macédoniens.

Alexandre le Grand (333-323), ayant chassé les Perses de l'Égypte, est accueilli comme libérateur et légitime successeur des pharaons. Reçu comme le fils de Rê par l'oracle de LOUQSOR, il fonde la nouvelle ville d'ALEXANDRIE (où il sera enseveli en 323) qui devient la capitale idéale et le centre économique et culturel de tout le monde antique. C'est son demi-frère **Philippe Arrhidée**, qui sera assassiné, qui lui succède; vient ensuite **Alexandre Aegos**, tenu pour le fils d'Alexandre et de Roxane.

Dynastie des Lagides ou des Ptolémées - Capitale Alexandrie - Retour du pouvoir absolu. 311
Fin de l'Égypte antique

Ptolémée Ier Sôter (306-285), fils de **Lagos** (satrape, gouverneur de l'Égypte au temps d'**Alexandre le Grand**), se proclame roi de toute l'Égypte. Il fonde la ville de PTOLÉMAÏS, à côté de THÈBES, détruite par les Assyriens. Il reconquiert la Syrie et les îles de l'Égée.

Ptolémée II Philadelphe (285-246) reprend Chypre, Tyr et Sidon. Il signe un traité d'amitié avec Rome, reconstruit une autre fois le canal de la mer Rouge. Grand développement de la culture helléno-égyptienne.

Ptolémée III Évergète (246-221) élargit les frontières et devient «Seigneur de la Méditerranée et de la mer des Indes». ALEXANDRIE devient un centre économique et commercial parmi les plus importants, de l'Espagne aux Indes; le «stratère» égyptien est une monnaie internationale.

Ptolémée IV Philopator (221-203). Avec lui commence la perte des possessions et la décadence de la famille royale elle-même.

Ptolémée V Épiphane (203-181) obtient la Syrie comme dot de **Cléopâtre Ire**, que lui a donné pour épouse le roi Antiochos. Le luxe et la dissolution des Ptolémées augmentent démesurément en même temps que l'accroissement de l'appauvrissement social et économique de l'Égypte entière, dévastée par les invasions des peuples voisins. Rome intervient en tant qu'alliée et finit par interférer dans la politique et le pouvoir de l'Égypte.

Ptolémée XII Aulète (80) revient à ALEXANDRIE grâce à Gabinus, gouverneur romain de la Syrie.

Ptolémée XIII Néos Dyonisos achète le pouvoir sur l'Égypte au Sénat romain. Il fait assassiner Pompée pour se mettre dans les grâces de César, nouveau maître absolu de Rome. Venu en Égypte, César épouse **Cléopâtre VII**, sœur de Ptolémée et se fait reconnaître fils d'Amon, descendant des pharaons. César et Cléopâtre rêvent de leur union de Rome avec l'Égypte, et d'un empire plus grand que celui d'Alexandre à donner à leur fils **Césarion**.

Cléopâtre VII, à la mort de César (44) tente de réorganiser l'économie de l'Égypte et 44
demande l'aide d'Antoine, successeur de César; Antoine rejoint Cléopâtre à ALEXANDRIE et **Césarion** est le nouveau pharaon. On commence la reconquête des territoires asiatiques, mais Rome, avec Octave, déclare la guerre à l'Égypte (32). La flotte égyptienne est battue à ACTIUM, Antoine et Cléopâtre se suicident.

Le crépuscule après l'année zéro

La voix de l'Égypte antique ne s'éteint pas entièrement après la conquête romaine. Cette voix, qui a déjà eu une pronfonde résonance dans les civilisations de la Méditerranée, continue encore à exercer sur la terre du Nil un pouvoir et une fascination magiques. Les empereurs romains eux-mêmes ont leurs cartouches en hiéroglyphes et honorent, avec des images, les dieux de l'Égypte dans les temples qu'ils restaurent ou construisent. Le culte d'Osiris se répand dans l'empire occidental et à Rome. **Néron** (54-68 ap. J.-C.), outre qu'il répare et rénove des monuments, organise des expéditions pour trouver les sources du Nil.

Trajan (98-117 ap. J.-C.) remet en activité l'ancien canal qui va de BUBASTIS à la mer Rouge, sur un trajet repris en grande partie par l'actuel canal de Suez. Enfin, **Hadrien** (117-190 ap. J.-C.) fonde en Égypte la ville d'ANTINOË, visite les «Colosses de Memnon» et les Temples de THÈBES et en reste fasciné, au point d'en tenter une reconstitution imaginaire dans sa gigantesque villa de Tivoli, à côté de Rome.
Ce sont les dernières étincelles: les luttes religieuses et les rébellions contre la domination étrangère se font de plus en plus sanglantes, et la misère et le désespoir détruisent ce qui reste des villes. L'écriture et l'art antiques finissent par être méprisés et oubliés. Une épaisse couche de sable s'étend sur ce grand passé jusqu'à en abolir presque le souvenir.

ITALIE - Progrès de l'expansion romaine, Camille repousse les Gaulois et détruit Véies l'étrusque.

GRÈCE - Le roi PHILIPPE de **Macédoine** envahit la **Grèce** (359) - Son fils ALEXANDRE LE GRAND conquiert l'Empire perse, l'Égypte et s'avance jusqu'au fleuve Indus - Œuvres de SCOPAS, PRAXITELE, LYSIPPE - Philosophie de PLATON et d'ARISTOTE.

MÉSOPOTAMIE - Empire des **Séleucides**.

Inde - Construction des premiers *stupas* (tumulus sacrés).

ITALIE - Première et seconde guerres puniques entre **Rome** et **Carthage** - Expansion de **Rome** dans la Méditerranée occidentale et centrale.

CHINE - Construction de la Grande Muraille.

ITALIE - Troisième guerre punique - **Rome** détruit **Carthage**, conquiert la **Grèce**, l'**Asie Mineure** et la **Tunisie**.

ITALIE - **Rome** noue des rapports politiques et économiques avec l'Égypte (80).

LA RELIGION ÉGYPTIENNE
Espérance et résurrection

Pour retrouver la profonde émotion que peut donner l'ancienne et grande religion égyptienne, celle qui a été le modèle et la source d'inspiration d'une grande partie des religions suivantes (y compris la religion hébraïque résolument monothéiste), nous devons nous libérer des préjugés et des lieux communs les plus courants. Ceux-ci nous la dépeignent comme une forêt touffue de dieux aux monstrueuses têtes d'animaux, détachée de toute instance humaine et assombrie par une angoissante terreur de l'au-delà.

Conserver ces préjugés reviendrait à juger cette religion comme faussée par ses innombrables images qui apparaissent, à une mentalité superficielle, comme froides et sans vie ou bien démoniaques ou grotesques; comme si l'on voulait pénétrer l'essence du Christianisme en s'attardant sur l'extériorité des rites et des représentations iconographiques traditionnelles. A la superficialité du jugement liée aux extériorisations des diverses religions nous devons substituer la connaissance des racines profondes qui les ont engendrées. Nous devons parcourir à nouveau ces moments d'égarement et d'extase, de doute et de foi qui travaillent l'homme à la recherche de la vérité, dans la tentative de donner un sens à la réalité apparente, une raison à notre vie même et à celle de l'univers qui nous entoure. Nous devons, de même, prendre acte de ce mouvement de balancier de sensations entre le raisonnement et la pure intuition, par lequel souvent nous ancrons sur le «visible», le «mesurable», pour comprendre tout ce qui en nous et autour de nous est invisible et incommensurable. Nous devons enfin nous souvenir que les anciens Égyptiens étaient des créatures avec les mêmes problèmes spirituels que les nôtres. Une comparaison entre leur sensibilité artistique et la nôtre nous le démontre: la différence extérieure est «irréductible», la différence substantielle insignifiante.

Comme toutes les grandes religions, celle des anciens Égyptiens est fondamentalement monothéiste. Celle de leurs ancêtres l'était; ils avaient, à l'époque préhistorique le culte de la déesse Mère génératrice de toutes les choses, des dieux et des hommes. Celle née avec la «planète Égypte» l'est encore davantage, car elle survient avec l'accomplissement d'un grand tournant de l'histoire de la civilisation. Les cosmogonies égyptiennes donnent toutes la profonde sensation d'un Dieu unique, absolu, principe et fin de toute chose visible ou invisible. Création éternelle où les dieux ont mille visages et sont les mille manifestations du même dieu comme le sont toutes ses créatures et l'humanité entière.

La cosmogonie d'Héliopolis conçoit, avant la création, l'Esprit Absolu Rê diffus dans le chaos primordial. Au commencement des temps, Rê prend conscience de lui-même «en voyant» sa propre image (Amon); puis, dans le Grand Silence, il appelle son double: «Viens à moi». C'est Rê Lumière et Conscience de l'Univers, qui «appelle» Amon, Esprit de l'Univers lui-même. Par cet appel, c'est-à-dire par la parole = puissance créatrice, se manifestent l'Espace-Air (Shou) et le Moteur-Feu (Tefnout) qui à leur tour engendrent et séparent la Terre (Geb) du Ciel (Nout) donnant fin au Chaos et de ce fait équilibre et vie à l'Univers. Tout est désormais prêt à recevoir les forces créatrices de la vie terrestre et supra-terrestre, c'est-à-dire la force fécondante Osiris — semence et arbre de la vie, eau qui donne l'aliment — et la force génératrice Isis, amour des créatures, force féconde. Plus tard (après la fin de l'Eden?) intervient le couple destructeur: Seth et Nephtys, les forces du mal continuellement perdantes en face du couple vivifiant, mais aussi collaboratrices en ce qu'elles provoquent l'éternel devenir de la vie universelle.

La cosmogonie d'Hermopolis donne essentiellement des images à la cosmogonie héliopolitaine.

Le Chaos primordial est une immense sphère sans lumière où se coagule le terreau originel. De cette première forme en cône-pyramide sort l'œuf primordial qui, comme une immense fleur de lotus, s'ouvre et laisse sortir le Soleil-Rê (Thot ou Ptah), source de toute forme de vie. Des yeux de Rê, Lumière de l'Univers, coulent des larmes qui engendrent les créatures humaines. De sa bouche, source du Verbe générateur, naissent toutes les créatures, forces qui engendrent toute forme vitale.

Au cours des siècles, les cosmogonies d'Héliopolis et d'Hermopolis s'enrichiront de mythes et de mystères et les forces divines prendront toujours plus de consistance dans la mythologie des diverses villes. L'essence religieuse deviendra toujours plus occulte et révélée seulement à quelques initiés.

Ainsi, à l'imitation des organisations royales humaines, Amon-Rê aura sa cour. À Héliopolis naît l'Ennéade héliopolitaine composée du Dieu et de quatre couples de dieux: 1) Amon-Rê, créateur de l'Univers; 2), 3) Shou, dieu de l'Air, et Tefnout déesse du Feu; 4) 5) Geb, dieu de la Terre, et Nout déesse du Ciel; 6) 7) Osiris, dieu de l'Au-delà et force fécondante, et Isis déesse de l'Amour divin et force génératrice; 8) 9) Seth, dieu de la Destruction, et Nephtys déesse sœur et aide d'Isis.

À Hermopolis naît l'Ogdoade hermopolitaine composée de quatre couples paritaires: Nedou et Nehnet, dieux du Monde occulte; Noun et Nounet, dieux des Eaux primordiales; Hehou et Hehet, dieux de l'Espace infini; Kekou et Kehket, dieux de l'Obscurité.

Représentation schématique de la théogonie égyptienne avec l'indication de la symbolique essentielle.

NOUT
étoiles
CIEL
ATON
Disque solaire
RÊ
disque solaire
OSIRIS
couronne de plumes,
crosse pastorale et
flagellum
AMON
tiare en plumes
PTAH
ISIS
trône (sycomore)
HATHOR
disque solaire (vache)
HORUS
faucon et couronne
KHEPRI
scarabée
MAAT
plume d'autruche
SHOU
grande plume
HORAKHTY
faucon et disque solaire
NEPHTYS
tour ou pilier
TEFNOUT
faisceau de plumes
AIR
FEU
ANUBIS
chien noir
THOT
ibis
SETH
animal monstrueux
SEKHMET
lionne
GEB
plumes et cornes de bélier
SOBEK
crocodile
KHNOUM
bélier et disque solaire
TERRE

A ceux-ci s'ajoutent les Triades Sacrées de Memphis et de Thèbes et enfin de nombreux dieux locaux avec leur suite. Nombreux sont les tombeaux royaux qui nomment des centaines de dieux, peut-être pour ne faire tort à personne.

Le support de toute la pensée religieuse et la droiture morale du peuple d'Égypte «tient dans le mythe d'Osiris». Mythe qui n'a pas seulement un reflet historique comme nous l'avons déjà vu mais aussi un contenu de très haute spiritualité. Au cours des siècles, il s'obscurcit de plus en plus et devient confus sous l'accumulation d'épisodes fragmentaires et contradictoires, mais, malgré cela, son contenu chargé d'une immense valeur éthique et religieuse transparaît même pour notre mentalité sclérosée par des millénaires de civilisation.

Le grand mythe d'Osiris peut se syncrétiser en quelques événements clairs. Passés les trois règnes divins où les dieux Shou, Rê et Geb se relaient pour veiller sur l'humanité de l'Eden paradisiaque, l'intervention d'Osiris mûrit. L'Absolu se fait homme pour rejoindre l'humanité perdue hors de l'«Eden», et comme homme souffre et meurt avec les autres; homme pour conduire ses semblables sur la pénible route qui les rend conscients de leur propre être et responsables de leur propre vie; homme pour mourir comme le dernier des leur, victime des pires persécutions. Coupé en morceaux par son propre frère, il donne la certitude de la renaissance à la vie éternelle grâce à l'amour infini qui unit le créateur à sa créature. Témoignage d'amour et de résurrection comme sens essentiel de tout le créé, témoignage donné par le créé lui-même: par le Soleil qui disparaît et renaît chaque jour, toujours. Cette certitude est la même force qui, tant de siècles plus tard poussera Socrate au suicide avec sérénité, pénétrera dans les mythes grecs et dans les cultes romains.

Tout le profond amour qui envahit le mythe d'Osiris fera de la pieuse et douce figure d'Isis la déesse la plus proche du cœur égyptien, et la créature la plus humaine et la plus passionnée qui ait été imaginée dans le monde antique. Nous trouvons des temples et des statues qui lui sont consacrés dans tout l'empire romain, et aujourd'hui encore nous voyons à Pompéi des vestiges de son petit temple, construit au Ier siècle av. J.-C. Si Osiris résume la conscience et l'expérience de la résurrection inhérente aux forces mêmes de la nature, Isis est la certitude, la garantie de la renaissance, de la victoire définitive sur le mal et sur la mort. Il est clair que dans le mythe d'Osiris se reflètent le mythe agreste et le concept primitif de la déesse Mère-terre, dans le sein de laquelle meurt le grain-dieu pour donner à sa créature soutien et vie éternelle dans une agape universelle d'amour et de sacrifice, où se renouvelle éternellement le mystère de la résurrection.

La transparente et manifeste substance du mythe de l'amour et de la résurrection s'occulte elle aussi au IIIe millénaire pour devenir instrument de pouvoir aux mains de quelques prêtres plus ou moins illuminés. Mais dans la seconde moitié du IIIe millénaire se produit le grand miracle; il ne durera que quelques années, mais a une incidence profonde dans la pensée de l'humanité. Ce miracle se manifeste dans la tentative d'Akhénaton (1372-1354 av. J.-C.) de transformer la religion occulte en religion révélée à tous avec la vision claire du Dieu unique absolu.

Akhénaton accomplit lui-même l'effort surhumain de briser les sceaux de la religion et de faire participer tous les hommes aux dons spirituels qu'elle recèle, sans l'intermédiaire des prêtres et des «préposés». Le premier pas est d'annuler la valeur apparente de tous les dieux, et afin de ne pas créer de confusion il efface le nom d'Amon et donne au Dieu Absolu Rê le nom d'Aton. Devant Aton disparaissent les innombrables dieux et les hommes apparaissent comme égaux entre eux puisque Lui a «créé tout homme égal à son frère» et qu'il s'adresse à tous en disant: «Tu es dans mon cœur.» L'Univers se synthétise en un acte d'amour unique qui mêle le Créateur à sa créature: «Tu es Unique, toi seul crées des milliers et des milliers d'êtres... Tu es le cours même de la vie, et personne ne peut vivre sans toi... Tu nourris l'enfant depuis le moment où il est dans le sein de sa mère, Tu le consoles afin qu'il ne pleure pas, Tu ouvres sa bouche et lui apportes ce qui lui est nécessaire... Tu es le Seigneur de tous, Toi qui as pris soin de tous. Toi qui crées la vie de tous les peuples, tu as mis le Nil dans le Ciel afin qu'il descende sur nous et batte nos campagnes de ses flots et féconde les champs de nos contrées.»

Cet amour, qui crée et soutient l'univers entier, se manifeste et est continuellement parmi nous, puisque c'est la lumière même du soleil d'où part la chaleur qui donne la vie avec ses bras infinis remplis de dons. Le Pharaon lui-même, prophète du Dieu Absolu, avec toute sa famille prodigue à pleines mains, et sur tous, les dons divins infinis. Le rite de reconnaissance et d'offrande de gratitude envers Rê-Aton se fait en plein air, à la lumière du soleil, sur de très nombreux autels, où tout le peuple célèbre, serré autour de l'autel d'Akhénaton.

La séduction et l'exemple du Pharaon et de toute sa famille n'entraîneront le peuple que pour la durée de sa vie. Malgré l'enthousiasme et le fanatisme de son peuple et de ses amis, avec la mort du Grand Homme la vieille classe sacerdotale reprend le dessus et maudit le «Pharaon hérétique». Les temples d'Aton sont détruits, les amis deviennent des persécuteurs de la religion révélée et Akhet-Aton, la ville sainte, est abandonnée au désert.

Amon revient avec toute sa cour de dieux, l'art reprend le fil de la tradition; pourtant la brève expérience atonienne n'est pas passée en vain. La grande ouverture mystique laisse des traces profondes, des étincelles qui se ravivent même dans l'art et les religions d'autres peuples et purifient la religion traditionnelle elle-même. En effet, dans les derniers siècles, malgré les invasions et les occupations étrangères, Amon-Rê est conçu comme Celui qui «n'est pas représentable en tant que pur esprit», et dans le rite de chaque jour «les offrandes sont sur les mains du prêtre». Elles deviennent essentiellement des offrandes spirituelles, réduites symboliquement à la statuette de Maat: «chair, âme, nourriture, souffle de vie» du Créateur. Les mystères osiriens sont adoptés en Grèce et en Asie Mineure; les intuitions cosmogoniques égyptiennes sont acceptées par Pythagore. Les expériences religieuses, le panthéisme palpitant d'amour d'Akhénaton, pénètrent partout, même dans des systèmes de pensée opposés comme les systèmes grecs et hébraïques. Avec la croissance de la conscience et de la personnalité se ravivent les sentiments de charité et de miséricorde au lieu de la justice humaine. La «planète Égypte» est en train de s'éteindre, mais sa vie sème le bon grain; la récolte sera bonne et prometteuse pour l'humanité future.

Talismans et symboles sacrés:
1) Sekhem, *symbole d'autorité.*
2) Ouas, *sceptre des dieux.*
3) Ouadj, *sceptre des déesses.*
4) Ankh, *«croix égyptienne», symbole de l'éternité.*
5) Nœud d'Isis, *symbole de l'amour divin.*
6) Œil oudjat, *symbole de sainteté, grâce divine.*
7) Crosse pastorale, *croisée avec le* flagellum, *symbole du pouvoir royal.*
8) Djed, *«épine dorsale d'Osiris», siège du fluide vital.*
9) Scarabée, *gardien du cœur humain, clé du salut dans l'au-delà.*

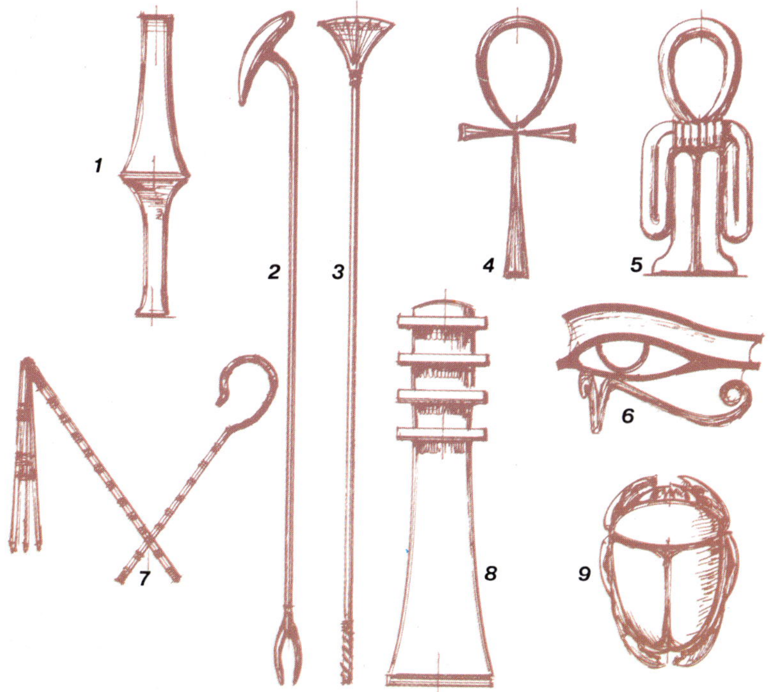

<u>Ci-dessous</u>: exemples de cartouches et de hiéroglyphes des pharaons avec, en dernier, celui qualifiant les empereurs romains de «Kaisers autocrates».

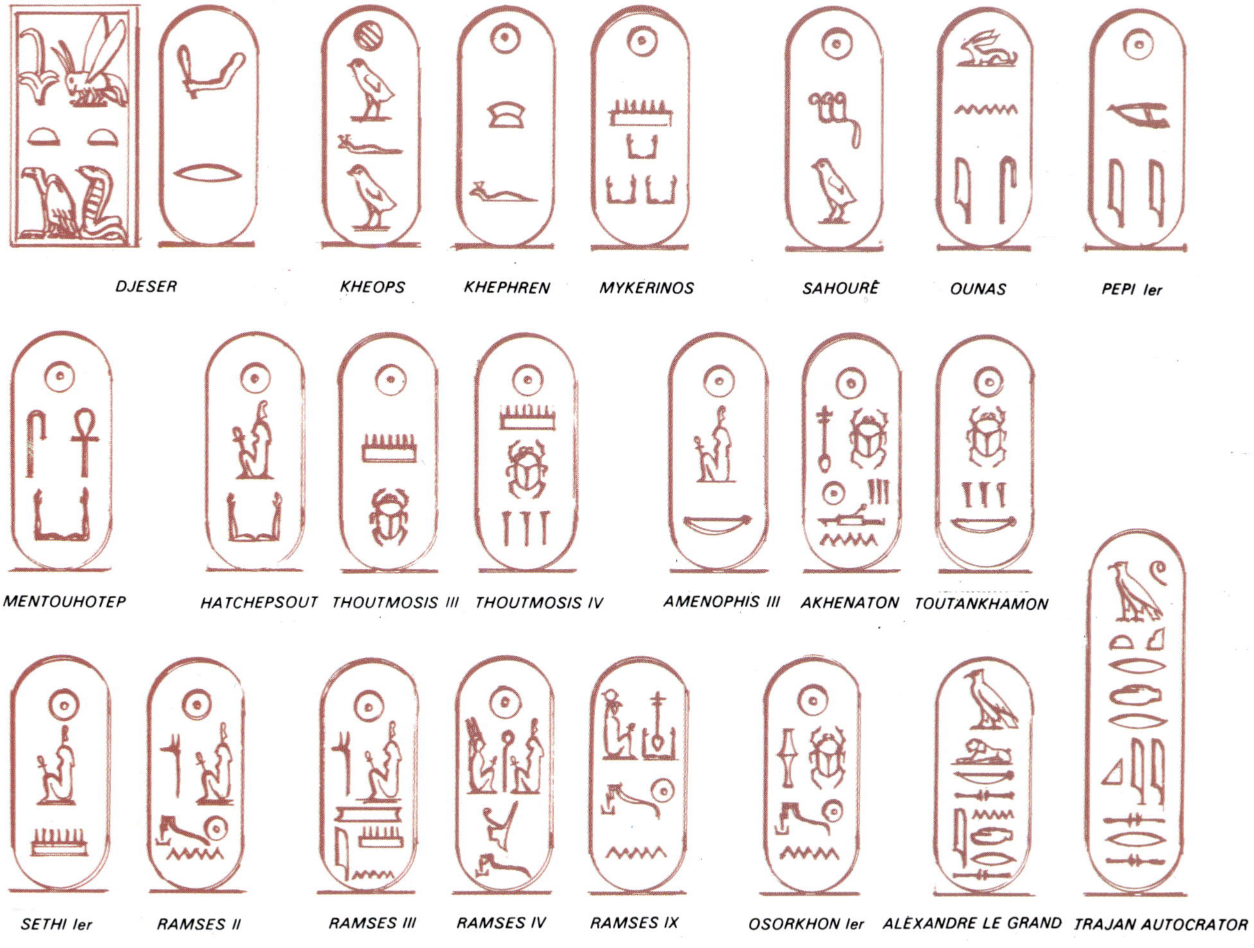

L'écriture sacrée

Selon les Égyptiens, l'écriture leur fut enseignée par le dieu Thot durant le règne d'Osiris; et cette tradition en confirme les origines très anciennes.

Au IVe millénaire av. J.-C., les signes pictographiques primitifs mûrissent en signes hiéroglyphiques: la représentation plus ou moins directe de la réalité se fait de plus en plus synthétique, se fixant dans le symbole et, en s'enrichissant d'autres éléments, forme en peu de temps cette écriture que de nombreuses années plus tard (210 av. J.-C.) les Grecs appelleront hiéroglyphes ou mieux *hiero-glyphicà* soit «signes sacrés». Par cette dénomination se voit rappelée, après des millénaires, l'origine sacrée de cette écriture égyptienne si évoluée.

Durant les premiers siècles, les hiéroglyphes étaient sculptés et colorés sur la pierre. Puis ils furent aussi tracés, à l'encre rouge ou noire, sur d'interminables rouleaux de papyrus, restant pendant trois mille ans à peu près inchangés: l'Egyptien ancien se sentait, en effet, au sommet de la civilisation humaine et pour cette raison était convaincu d'écrire à l'intention d'une humanité immuable pour tous les temps à venir.

Le signe pictographique continue, toutefois, à faire partie du discours alors que, souvent, les représentations qui se trouvent sur les monuments et sur les papyrus sont de véritables intégrations et illustrations de l'écrit et pour autant subissent une schématisation et un symbolisme propres, donnant lieu à une iconographie bien préétablie.

L'écriture sur les papyrus devient nécessairement beaucoup plus rapide et donc plus succincte pour rendre des concepts plus vastes et plus complexes que ceux qui sont sculptés ou peints; sur les murs, les signes sont réduits à l'indispensable avec l'«écriture hiératique». Dans les derniers siècles enfin se développe une écriture encore plus rapide et avec des signes très différents, qui apparaît comme une véritable sténographie des deux premières et est appelée «écriture démotique».

Avec l'arrivée du Christianisme, dès le premier siècle av. J.-C., les «écritures païennes» sont remplacées par l'alphabet grec; néanmoins les sons restent à peu près les mêmes, mais les phrases sont écrites de façon totalement différente. Les «signes sacrés» sont bien vite oubliés et considérés comme des signes magiques ou démoniaques privés de signification littérale. Il faut arriver au XIXe siècle ap. J.-C. pour qu'un homme extraordinaire, Champollion, réussisse à trouver la clé perdue et commence le déchiffrage des hiéroglyphes.

Pour avoir une idée assez approximative de ce déchiffrage, divisons les signes sacrés en trois groupes conventionnels, nettement séparables, mais toutefois significatifs, afin de saisir la mécanique d'une écriture non alphabétique comme celle des «signes sacrés». Le groupe le plus important est celui des signes qui représentent des êtres vivants, des objets, des actions clairement perceptibles; de ceux-ci font partie les véritables idéogrammes, dessins qui ramènent facilement au sujet ou à l'action représenté.

La lecture et les sons de ces «signes sacrés» ont pu être connus grâce aux traductions faites par les Coptes anciens en écriture avec l'alphabet grec; et à cette identification des sons a concouru également la connaissance de nombreux noms de pharaons, de personnages et de ville des derniers siècles d'histoire de l'Égypte antique. En connaissant les sons correspondants on a trouvé un second groupe de signes qui n'ont qu'une valeur phonétique pour la confirmation ou l'éclaircissement du son d'un idéogramme.

Enfin, on a isolé un troisième groupe de signes, groupe caractéristique dans les écriture anciennes, qui ont fonction de «déterminatifs», c'est-à-dire qu'ils déterminent le genre ou la signification d'un idéogramme comme: masculin ou féminin, plante ou animal, noms concrets ou abstraits, substantifs ou verbe d'action (par exemple «œil» ou «voir»). En considérant en outre, que la lecture des hiéroglyphes ne met pas les voyelles en évidence, ce qui fait que l'on pourrait confondre diverses significations (par ex. si en français nous devions lire sans les voyelles écrites: mer, mur, mère, mire, nous lirions toujours m-r pour quatre significations très différentes), les signes déterminatifs devaient ajouter aussi un son particulier afin qu'il n'y ait aucun doute pour l'auditeur. Au fur et à mesure que passent les siècles, les scribes ajoutent des signes phonétiques, des idéogrammes, des déterminatifs, même là où les signes sont plus que suffisants. De telles intégrations répondent probablement à des finesses poétiques, expressives, dont les valeurs phonétiques et littéraires nous échappent encore.

Avec cette écriture complexe faite essentiellement d'images, de rythmes et d'harmonies graphiques, les Égyptiens réussirent à exprimer et à nous transmettre des concepts de grande spiritualité et de haute abstraction; poèmes lyriques, épiques et historiques; textes scientifiques et théologiques. Ceux que l'on appelle les «textes des pyramides» sont célèbres, ils puisent au-delà du IIIe millénaire av. J.-C. et embrassent toute la sagesse cosmique de la terre et du ciel et l'histoire même de l'Égypte. Nous avons en outre de très nombreux textes qui traitent de l'au-delà, comme les *Livres des morts*, le *Livre de la Douat* et les «textes des sarcophages».

Un des filons de la littérature égyptienne qui devint très célèbre même chez les Grecs, est celui des livres contenant des enseignements et des préceptes moraux. Rappelons: les *Enseignements* et *Les livres de médecine* d'Imhotep, le grand architecte et médecin de 2700 av. J.-C.; les préceptes d'un fils de Khéops (2600 av. J.-C.) et les enseignements du grand-prêtre Kagemmi (2350 av. J.-C.). Le plus célèbre entre tous (parvenu à nous en entier) est toutefois la *Sagesse* de Ptahhotep, qui remonte à 2400 environ av. J.-C., qui contient des préceptes pour son propre fils, œuvre pleine de sérénité et d'humanité mûries dans une civilisation qui durait depuis plus d'un millénaire.

Durant le IIe millénaire apparaissent des œuvres d'un grand intérêt historique. Parmi ces œuvres, l'une est classique, le *Poème de Pentaour*, poème épique qui chante la grande bataille de Qadesh entre l'armée de Ramsès II et les Hittites (1270 av. J.-C.), sculpté dans tous les temples du Pharaon et aussi sur les murs de Karnak. En ce millénaire, l'œuvre littéraire est considérée comme plus éternelle que les pyramides: «Le livre sert plus qu'une stèle, plus qu'une solide construction. Le livre prend la place du temple, de la pyramide, afin que l'on se souvienne de ton nom et certainement est-il bien, même pour le monde de l'au-delà, que ton nom demeure sur la bouche des vivants.»

Tous les tombeaux des notables et des princes sont chargés de biographies, de chroniques du temps. Certaines histoires, même, deviennent célèbres comme les *Mémoires de Sinouhé* qui racontent la vie d'un homme qui vivait à la cour d'Amenemhat (1991-1962 av. J.-C.).

Exemple de signes hiéroglyphiques

Presque chacun des signes a une ou plusieurs significations liées directement ou indirectement à l'image et définies par le contexte de la phrase ou par les déterminatifs qu'elle contient. Le signe du soleil, par exemple, peut signifier à la fois: lumière, temps; celui du vent: air, respiration; celui de la montagne: désert, pays étrangers; celui de l'œil: l'action de voir, de pleurer; celui de l'hirondelle: ampleur, espace; celui du couteau: l'action de couper.

La plupart des signes ont une valeur phonétique, avec une ou plusieurs consonnes correspondant à l'image représentée. Parfois, plusieurs signes mis ensemble donnent un son composé et ensuite un nom ou autre chose distincte des idéogrammes employés. Quelques signes, même privés de signification explicite, prennent valeur de confirmation phonétique pour la lecture, et nombre de signes celle de déterminatifs. Dans ce cas ils perdent toute signification phonétique et prennent une grande importance pour l'intelligibilité de ce qui est écrit comme, par exemple, le signe de la femme qui peut déterminer le genre féminin d'un nom.

On a pu préciser le son et la valeur des signes en confrontant la plupart des noms et des mots écrits en hiéroglyphes (ou en «hiératique» ou en «démotique») avec leurs équivalents lus en grec et en copte ancien.

Ci-dessous nous donnons un exemple classique de lecture d'un nom écrit en hiéroglyphes: celui de K.L.E.O.P.A.T.R.A. (Cléopâtre), dernière reine d'Égypte.

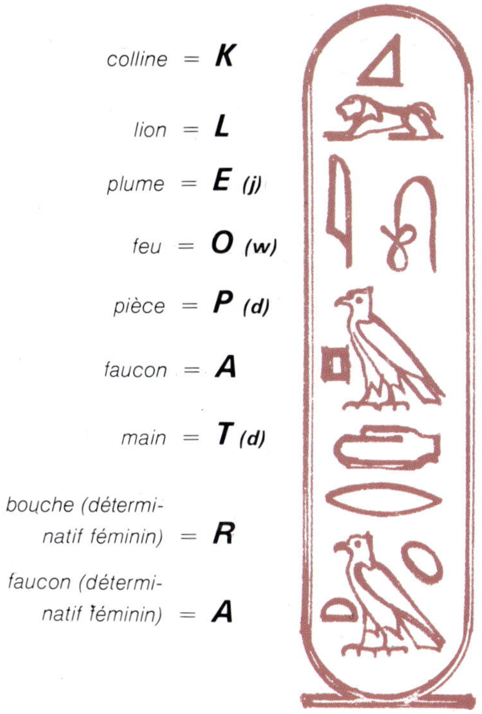

Une biographie fertile en voyages et péripéties, traitée avec une sobriété et une richesse d'images remarquables. C'est encore au IIe millénaire que l'on a l'âge d'or des poèmes d'Amour. L'un de ceux-ci chante: «Mon cœur est en harmonie avec ton cœur et je ne peux me détacher de ta beauté... seul ton souffle donne vie à mon cœur, maintenant que je t'ai trouvée, qu'Aton te fasse mienne pour l'éternité.» Poème d'Amour, peut-être chanté à deux voix et dansé, celui du «Papyrus de Chester Beatly», où l'amant exalte l'aimée comme «Aimée unique et sans rivales — la plus belle de toutes les femmes — c'est comme une étoile qui surgit au début d'une bonne année — pleine de lumière et de perfection, resplendissante de toutes les couleurs — elle fascine par la lumière de ses yeux — enchante par le son de sa voix....»; et la bien-aimée répond: «Mon cœur s'échappe de ma poitrine lorsque je pense à toi — il s'arrache de ma poitrine — me met hors de moi — ne me fais pas me farder les yeux — jouer de l'éventail — ne t'affole pas mon cœur — repose-toi, calme-toi — l'Amour vient à toi — avec toute ma prudence — fais que l'on ne dise pas — «Voici une femme à qui l'amour fait perdre le bon sens» — reste calme chaque fois que tu penses à lui — mon cœur ne m'abandonne pas.»

Détail de six colonnes de hiéroglyphes en couleur venant du tombeau d'Amon-her-Khopechef (Vallée des Reines). On reconnaît beaucoup de signes (le roi, l'eau, la main, la bouche, la vipère cornue, etc.) et on peut deviner la signification des autres. Tout cela n'est évidemment pas suffisant pour «lire» le texte, même en partie, la lecture étant liée à une connaissance profonde du mécanisme et surtout à une grande familiarité avec les hiéroglyphes. Toutefois, rappelons que cette lecture est devenue accessible grâce aux capacités exceptionnelles et à l'intuition miraculeuse du Français, Jean-François Champollion. Ce savant opiniâtre réussit, alors qu'il n'avait que vingt-trois ans, à trouver la clé qui rendit intelligibles les hiéroglyphes. Grâce à lui, ce monde qui était resté «muet» pendant près de mille huit cents ans commença à parler, et nous savons de lui aujourd'hui plus que nous n'en savons de nombreux autres peuples, même moins anciens.

LA VIE DANS L'ÉGYPTE ANCIENNE
L'ambiance et la société

La ville

Il y a environ six mille ans, la vie agricole et commerciale de l'Égypte était déjà en plein développement. De nombreuses bourgades s'élevaient au bord du Nil, sur les rives du lac de Fayoum et le long des innombrables canaux du Delta. Les premiers noyaux organisés, environ deux mille cinq cents ans avant les premières cités grecques, avaient déjà une enceinte de murs carrée avec, à l'intérieur, un réseau de maisons serrées contre les flancs du palais du prince et du temple du dieu tutélaire. Le palais du prince était déjà une citadelle munie de hautes tours rectangulaires cannelées verticalement, construites à l'origine avec des briques crues et, à partir de 2800 av. J.-C. environ, en pierre de taille.

Les noyaux habités du Delta sont les premiers à se développer et à devenir de véritables cités commerciales et maritimes. Des cités qui, au lieu de s'enfermer dans des enceintes fortifiées de plus en plus robustes, donnent directement sur de longs quais fournis de chantiers navals, de nombreux entrepôts, et de vastes espaces de marché. Ces villes s'agrandissent continuellement; dans les moments de prospérité, elles sont pratiquement gouvernées par les armateurs qui échangent leurs marchandises jusque dans la lointaine mer Noire.

Sur les quais et sur les emplacements commerciaux gravitent grands et moyens marchands avec leurs palais, banques, entrepôts et magasins. Autour de cette «city» d'il y a six mille ans, s'étend une mer de maisonnettes alignées à un étage, pour les artisans et les ouvriers, de locaux pour les petites et grandes industries qui travaillent l'or, le verre ou produisent des cosmétiques, des étoffes et une infinité d'autres produits à envoyer dans toute l'Égypte et le monde connu alors. Hors de la ville naissent de considérables noyaux de villas-jardins pour les commerçants aisés.

Les principaux temples constituent généralement un centre autonome le long du palais du prince, ou se développent en sanctuaires et même en véritables cités sacrées opposées aux cités politico-commerciales. Il y eut de célèbres villes maritimes et commerciales telles que Athirbis, Mendès, Bouto, Saïs, Tanis et enfin Bubastis sur le canal qui faisait communiquer la Méditerranée avec la mer Rouge. La ville de Pharos avait déjà, en 1500 av. J.-C., c'est-à-dire plus de mille ans avant qu'en ce même lieu naisse la grande Alexandrie, un brise-lames (de 2100 m de long sur 50 de large) jeté sur la mer pour gagner 60 hectares de bassins, avec des débarcadères de 14 mètres et, en arrière un réseau énorme d'entrepôts et de zones de marchés.

Les villes de Haute et Moyenne-Égypte eurent en général un développement plus lent, lié aux vicissitudes historiques plus qu'à celles d'ordre commercial, de sorte qu'elles se préoccupèrent de rendre l'enceinte plus haute et plus épaisse. Les murs étaient presque toujours en briques crues, à pourtour carré parfois arrondi aux angles, hauts de plus de 10 mètres et d'épaisseur égale, sinon supérieure. De longues rampes menaient, des portes principales et des rues intérieures, aux larges chemins de ronde qui couronnaient tous les murs. La ville était un vaste réseau dont près de la moitié était destinée au palais du gouvernement et au temple de la ville, flanqués des résidences des nobles et d'autres temples mineurs. L'autre moitié de la ville consistait en une vaste agglomération de maisons d'habitation, d'ateliers, de boutiques, toutes à un seul étage, que dégageaient quelques artères principales d'où partaient les branches des rues secondaires.

Dans les villes devenues capitales du royaume, le palais du pharaon s'identifiait presque avec la ville elle-même en une grande composition de temples et d'édifices pour le gouvernement et pour la résidence de la cour. Il ne restait guère de marge pour les activités libres agricoles ou commerciales, étant donné que le colossal organisme urbain était uniquement au service du pouvoir et de la majesté divine du pharaon. De Memphis, la capitale née au IIIe millénaire, il ne reste que quelques vestiges, mais nous pouvons nous faire une idée de ce que pouvaient être les quartiers résidentiels des nobles, les places monumentales et le palais-forteresse du pharaon, en observant attentivement les nécropoles autour des Grandes Pyramides et l'ensemble monumental qui entoure la pyramide de Djeser.

D'Akhet-Aton, la capitale créée par le «Pharaon hérétique» Akhénaton et qui dura un peu plus de vingt ans, les vestiges découverts ces dernières années à Tell el-Amarna nous apprennent beaucoup. Encore que toute la ville n'ait pas encore été mise au jour, ce que l'on a trouvé est suffisant pour éveiller un grand intérêt quant à son tissu urbain qui s'écarte du type traditionnel (c'est-à-dire en réseau dans un carré). La nouvelle ville s'étend librement, comme une longue bande qui suit la sinuosité du Nil.

Au temps de Touthmosis III (1505-1450 av. J.-C.), la population de l'Égypte comptait sept millions d'habitants, et au Ve siècle av. J.-C. les centres habités étaient au nombre de vingt mille environ. De tous ces villages et villes il n'est resté que bien peu de chose, et même des cités grandioses comme Thèbes et Memphis ont été détruites dans les derniers siècles plus par les hommes que par le temps. Mais nous pouvons encore retrouver l'impression de vivre dans les quartiers les plus populeux et actifs des antiques cités et bourgades aussi bien en allant dans les vieux quartiers des villes d'aujourd'hui, qui semblent presque s'être arrêtées dans le temps, qu'en observant ce qui est resté et ce que nous connaissons des villages construits par les artisans des nécropoles. A ce point de vue, le village entre Akhet-Aton et sa nécropole à Tell el-Armana est très intéressant. Cette bourgade, au contraire de la ville, est organisée rigoureusement selon le schéma traditionnel, c'est-à-dire en un réseau à angles droits dans les limites d'un plan parfaitement carré; ce qui fait penser que ce village a été le premier créé pour abriter ceux qui avaient construit la cité selon les plans du pharaon, puis la nécropole. Le village est enfermé dans des murs de briques crues avec une seule entrée au sud. De l'entrée on accède à une grande place rectangulaire d'où partent cinq rues parfaitement à angles droits et parallèles. Les rues desservent six corps rectangulaires d'unités d'habitation à un étage.

Ces unités sont presque toutes égales comme si elles avaient été construites en série d'après un projet-type unique. En effet, le système est très simple: les longues surfaces rectangulaires sont divisées en trois bandes par de longs murs rectilignes et parallèles; et dans ces bandes chaque unité d'habitation prend sa tranche de trois pièces, de largeur égale, avec son unique entrée dans la même rue. C'est une véritable unité modulaire, élément-base du projet et de la réalisation de toute la petite ville. En se souvenant également des unités modulaires pour les petits temples qui composent la nécropole de Djeser, des nombreuses villes parties de rien et enfin de l'organisation réticulaire même, il faut retenir que depuis 2700 av. J.-C. les villes égyptiennes étaient le fruit d'un programme d'urbanisme réfléchi et rationnel, qui s'intéressait aussi à la production en série des divers types d'édifices.

Le village des nécropoles de Thèbes à Deir el-Medineh, commencé peut-être par Touthmosis Ier (1530-1520 av. J.-C.), avait un schéma traditionnel à angles droits avec des habitations standard en série, semblable à celui de Tell el-Armana; mais les modifications et les agrandissements qui suivirent l'ont notablement transformé, en l'agrandissant d'un long losange que coupe une artère principale en baïonnette parmi une forêt chaotique de maisons de surface et de conformation diverses.

L'organisation sociale de Deir el-Medineh, qui devait être peu dissemblable de celle des autres bourgades artisanales, industrielles et agricoles, est très intéressante. La population est organisée avec deux maires-directeurs assistés d'un conseil d'artisans et d'ouvriers avec une administration autonome. Aux experts en architecture, sculpture, peinture, dessin, se joignent des scribes, des ouvriers spécialisés, des manœuvres, terrassiers, petits entrepreneurs, experts maîtres-maçons et, enfin, les préposés aux services courants tels que: les porteurs d'eau, car cette zone déserte n'avait que peu de citernes; les gardiens qui conduisaient le bétail aux pâturages de la vallée; les chasseurs; les blanchisseurs, etc. Tous étaient associés en petites communautés homogènes, avec leurs propres prêtres et leurs chapelles construites autour de la citadelle. Des trois côtés de la bourgade, sur de commodes places en pente, cette population au labeur méticuleux et hautement rémunéré, s'offrait des tombeaux plus riches que ceux des princes.

Un sentier tracé dans le désert pétré, et muni de postes de récupération et de réservoirs d'eau, menait les ouvriers aux différentes nécropoles. Dans la Vallée des Rois, le poste de récupération devenait un véritable hôtel pouvant abriter des groupes d'artisans qui se relayaient en continuité pour le travail dans les cas d'urgence.

Les travaux étaient négociés entre les directeurs-commissaires, assistés du conseil, et le client. On établissait dans le contrat les temps de travail et les salaires, d'après des projets bien définis aussi pour les décorations, projets qui étaient ensuite mis à exécution par les artisans intéressés. Le conseil, en outre, pourvoyait à la programmation ainsi qu'à la distribution des tâches et des salaires. Le contremaître de chaque groupe avait son registre de travail, où il annotait entre autres les motifs d'absence au travail qui pouvaient être la maladie et jusqu'à la fête de la mère de l'artisan ou une dispute avec son épouse! La semaine, qui était alors de dix jours, comportait deux jours de repos, et, à ceux-ci s'ajoutaient des permissions spéciales à l'occasion de «nécessités» où l'on avait quatre jours qui permettaient d'aller voir des parents lointains.

Le salaire était calculé sur la base d'un «litre» d'huile convertible en denrées diverses: bière, légumes, vêtements, sandales, ou même onguents ou parfums; et lorsqu'il n'était pas rémunéré en nature il était réglé en monnaie de cuivre. Si les logements n'étaient plus suffisants, les travailleurs «se couchaient», c'est-à-dire qu'ils se mettaient en grève; et il est indubitable qu'ils étaient tout de suite satisfaits, vu le caractère nécessaire, voire indispensable, de leur travail.

Les litiges éventuels ou les sanctions étaient soumis à la décision d'un tribunal d'ouvriers que présidait un contremaître. La cause était discutée en première instance devant le conseil qui rendait sa sentence au nom du roi. Il était possible de faire appel auprès du vice-roi ou du pharaon lui-même. Ces derniers intervenaient aussi dans des questions de grande importance et de haute surveillance.

L'alimentation était à base de viande: bœuf, porc, gazelle, antilope et même hyène (le bétail était capturé ou acheté et mis à l'engrais); puis venaient: des oiseaux bouillis ou rôtis, des oignons, haricots, lentilles, des fruits tels que dattes, figues, abricots, grenades et caroubes. Les gâteaux étaient à base de miel. Les boissons: petit lait, vin et surtout bière.

Schéma de la ville d'Illahoun
Ville commencée par Sésostris II (1897-1878 av. J.-C.) à l'occasion de la grande bonification du Fayoum, autour de l'ancien lac Moëris. La ville se trouvait à côté du grand dispositif régulateur d'eaux qui, d'un bassin du Nil, le Bahr Youssef, alimentait le grand lac et tout le réseau d'irrigation des 2000 kilomètres carrés de terre. L'organisation urbaine de la ville est substantiellement celle d'il y a mille ans, perfectionnée et adaptée aux nouvelles exigences. L'enceinte murale, carré de 350 mètres de côté, perd son caractère défensif. Entre le palais royal et la zone habitable des artisans et des ouvriers employés à la bonification, s'étend la zone résidentielle des fonctionnaires du Fayoum. Cette dernière a sa propre entrée de l'extérieur, sa propre enceinte et comporte environ une dizaine de résidences de 2500 mètres carrés environ, entre lesquelles s'insèrent des habitations de 70 à 80 mètres carrés.
La résidence royale était fortifiée et s'élevait sur une hauteur comme une petite acropole à cheval sur les deux zones. La zone des artisans a aussi sa propre entrée; elle est desservie par une artère principale en «l», de 9 mètres de large environ, d'où partent des deux côtés les rues secondaires, de 4 mètres de large environ. Ces petites rues sans issue desservent de longs blocs d'habitations modestes à un étage et de modèle unique. Cette capitale du Fayoum, qui contenait normalement trois mille personnes au maximum, était bien peu de chose en face des villes du Delta avec leurs quarante à cinquante mille habitants, mais en reflétait certainement l'organisation principale.

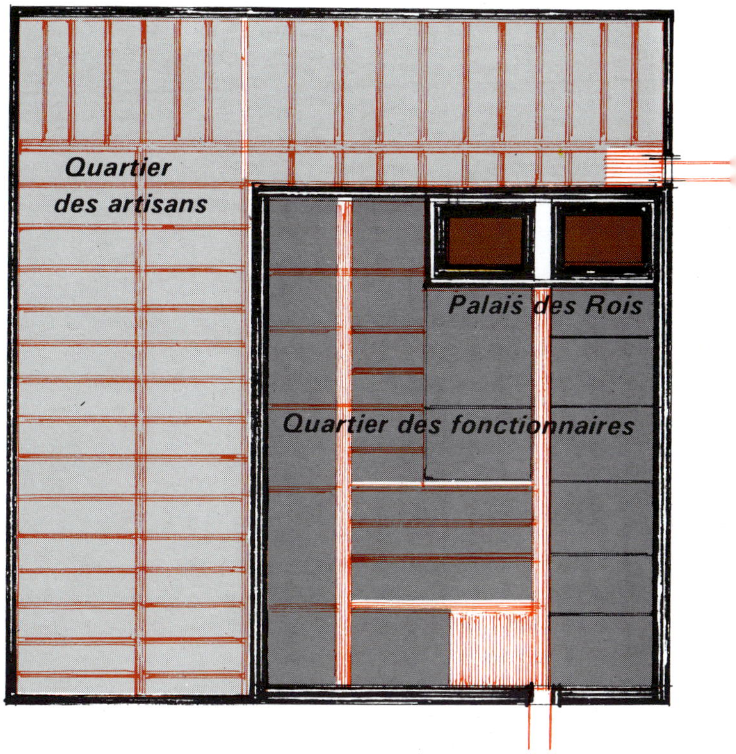

Deux schémas axonométriques de villes existant vers 3000 av. J.-C.
Remarquer le tissu en forme de réseau de la zone résidentielle, zone renfermée dans le périmètre plus ou moins quadrangulaire des murs munis de tours et en forme de «l» autour de la citadelle du palais royal.

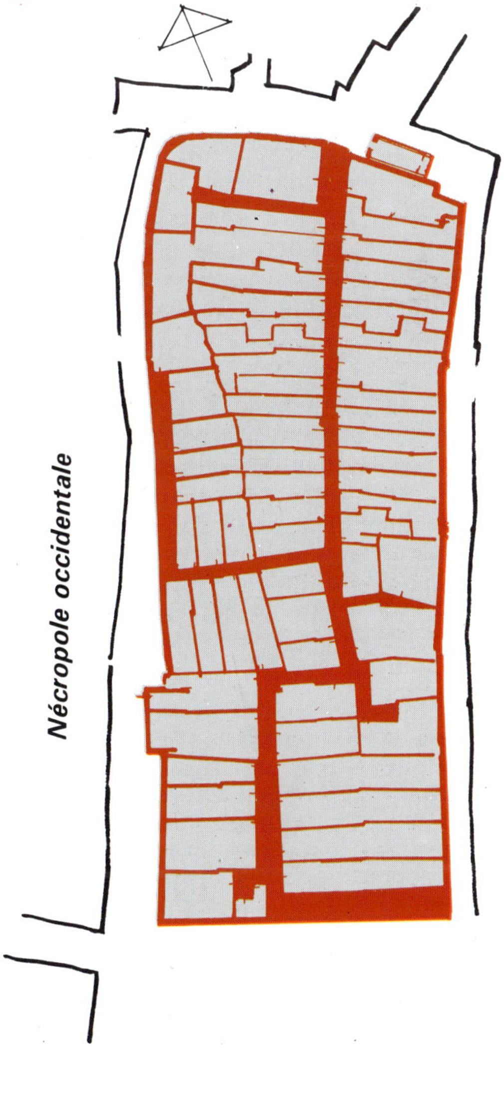

Schéma du village de Deir el-Medineh
Il était destiné exclusivement aux artisans de la nécropole de Thèbes. Il présente une distribution modifiée, surtout à l'intérieur, par les nombreuses restructurations dues à la succession de nouvelles exigences en rapport avec le nombre et l'importance des noyaux familiaux. L'ensemble donne une idée de la façon dont se présentait le tissu réticulaire urbain après la dégradation des siècles, mettant en évidence des ensembles habitables désordonnés très semblables à ceux que l'on peut encore voir aujourd'hui dans quelques banlieues anciennes des villes égyptiennes.

Le palais-château

Le premier ensemble de constructions destiné à l'habitation et à l'exercice du pouvoir central, c'est-à-dire le palais du pharaon ou du prince, prend un aspect architectural particulier sur la fin du IVe millénaire av. J.-C., en conservant pour une bonne part celui du IIIe. Les images en perspective de ces monuments complexes reproduites sur les faces des sarcophages de la fin de la IVe dynastie (2620-2500 av. J.-C.) sont très belles et très évocatrices.

Nous trouvons une idée de la succession des pièces et des cours jusque dans les constructions de la Ire dynastie comme dans le tombeau d'Aha, et davantage encore dans celle d'Oudimouth (2900 environ av. J.-C.).

Cet archétype de palais, qui dure environ cinq cents ans, a les caractéristiques d'un parallélépipède rectangulaire où les faces extérieures sont animées par une série continue de tours rapprochées dont la saillie est égale au retrait; l'intérieur est fait de cours et de locaux à angle droit. Les faces extérieures sont de même ornées de hauts et épais pilastres réunis au sommet et souvent couronnés d'une riche corniche et de panneaux décoratifs.

Il est intéressant de remarquer que cette solution architectonique particulière se retrouve dans les édifices d'Ugarit, d'Uruk et de Mari en Mésopotamie, dans les *ziggourats* à degrés et dans les palais babyloniens; et on trouvera impressionnantes les analogies des premiers palais-temples sumériens avec le tombeau d'Oudimouh, et du gigantesque palais de Sargon à Khorsabad avec l'ensemble plus ancien de Djeser à Saqqarâh, analogies qui font penser à un modèle commun au-delà du Ve millénaire av. J.-C.

Le palais du pharaon, sommet de la ville et du royaume, ne devait pas seulement répondre aux exigences royales mais aussi aux exigences administratives; en conséquence les locaux étaient distribués en deux grands secteurs. Le premier comprenait les appartements destinés à l'habitation officielle du roi et de ses familiers; la grande salle d'audience; la salle du trône; enfin les locaux à l'usage du «maître du palais», du «gardien de la couronne», «du maître des deux trônes» et du chef de l'«ornement royal» (qui dirigeait l'ensemble du cérémonial et toute la cour royale, y compris les nombreuses dames de la cour et le harem du pharaon, à quoi s'ajoutait une armée de serviteurs, d'ouvriers du palais, d'artisans, d'artistes, de médecins et de coiffeurs). En contact direct avec la partie représentative, il y avait le «Tribunal royal» et la «Maison des travaux», cette dernière présidée par l'«architecte du palais et constructeur de la flotte royale».

Le second secteur comprenait: la «Maison blanche» (Ministère des Finances); la «Maison rouge» ou de l'«Éternité» (Ministère du Culte Royal et National); la «Maison du Sceau» (Ministère des Impôts) avec un cadastre très organisé et un registre national de la propriété; la «Maison du Directeur des Armées» avec à côté les casernes de l'armée royale.

Le Tribunal royal disposait d'une chancellerie et d'archives. La procédure se faisait en trois temps: pétition écrite et documentée; instructions; jugement fondé sur les conclusions des parties. Les peines consistaient en période de détention, bastonnades et, exceptionnellement, condamnation à mort par décapitation ou pendaison.

Naturellement, avec le renforcement du pouvoir, le palais s'enrichit de locaux et aussi d'édifices satel-

Ci-dessus: **reconstitution du palais royal dans l'ancien empire IIIe millénaire av. J.-C.)**
La reconstitution est fondée sur des bas-reliefs antiques et des architectures décorant plusieurs sarcophages magnifiques de la IVe et de la Ve dynasties. L'architecture consiste en corps en saillie et en corps en retrait avec un entrelacement de traverses verticales et horizontales sur les parois de fond. Dans la reconstitution sont reproduites des scènes de la garde et des scènes montrant l'afflux de dons et de denrées pour les magasins du palais.

lites. Souvent, plusieurs fonctions sont réunies dans la même personne. Au temps de Djeser, par exemple, nous avons le Grand-Prêtre Imhotep, homme exceptionnel qui cumule les fonctions de médecin, architecte royal et vice-roi.

Avec la IVe dynastie, ce palais-château arrive au comble de sa splendeur. Rappelons que ces édifices monumentaux se sont développés dans un climat artistique et technique absolument inconnu dans le monde entier. La partie centrale, en particulier, crée un jeu de pleins et de vides, qu'accentuent des objets et des corniches en saillie verticales qui, faisant opposition aux murs du mausolée de Djeser, révèlent une évolution exceptionnelle, dans l'architecture et la technique de construction, survenue en moins de deux cents ans.

Le palais-temple

A la fin du IIIe millénaire av. J.-C., on perd les traces du splendide palais-château, aussi bien comme solution esthético-architectonique que comme solution volumétrique du bloc unique avec toutes les unités fonctionnelle pour la résidence et le gouvernement du pharaon. Avec le IIe millénaire les exigences se font plus complexes; l'empire toujours plus étendu requiert un plus grand prestige et des instruments de direction plus complexes. Tout le palais est maintenant destiné à être le siège du roi et de sa cour. Siège du puissant seigneur du monde, du dieu sur terre, la demeure devient l'égale d'un temple. La salle centrale est maintenant une salle hypostyle: une immense salle remplie de gigantesques colonnes qui mène à la salle du trône, elle aussi à colonnes. A côté se trouve la «Grande salle des fêtes», et les locaux accessoires pour la cour et les services, et, devant, un grand hall d'entrée lui aussi à colonnes ou à piliers. Toute la richesse et la monumentalité de l'ensemble sont centrées sur l'axe qui va du hall d'entrée à la salle du trône. En substance, tout est comme dans le temple, où la salle du trône est remplacée par la chapelle du dieu.

Des palais du IIe millénaire également, il ne nous reste que bien peu de traces, sauf celles très intéressantes des vestiges des «palais royaux» reliés aux temples funéraires, comme à Medinet-Habu et au Ramesseum. Une image très évocatrice de la grandeur et de la richesse que devaient avoir les gigantesques demeures des maîtres du monde du IIIe millénaire av. J.-C.

Nous pouvons retrouver la façade à portique du palais dans le temple de Séthi Ier à Abydos; les portiques

<u>*A gauche:*</u> **reconstitution imaginaire de la cour de réception dans le palais royal d'Akhet-Aton (1360 av. J.-C.)**
La reconstitution est fondée sur de nombreux bas-reliefs et peintures de la période des Antonins (seconde moitié du XIVe siècle av. J.-C.). Nous voyons l'une des plus grandes cours du palais royal d'Akhet-Aton, entourée de colonnes en bois peintes, avec la grande loggia surmontée du Disque Solaire Aton. Le Pharaon et sa famille, présents au balcon, jettent des fleurs à la foule en liesse venue de tous les points de l'empire (scène tirée d'une peinture du tombeau d'Aï à Tell el-Amarna).

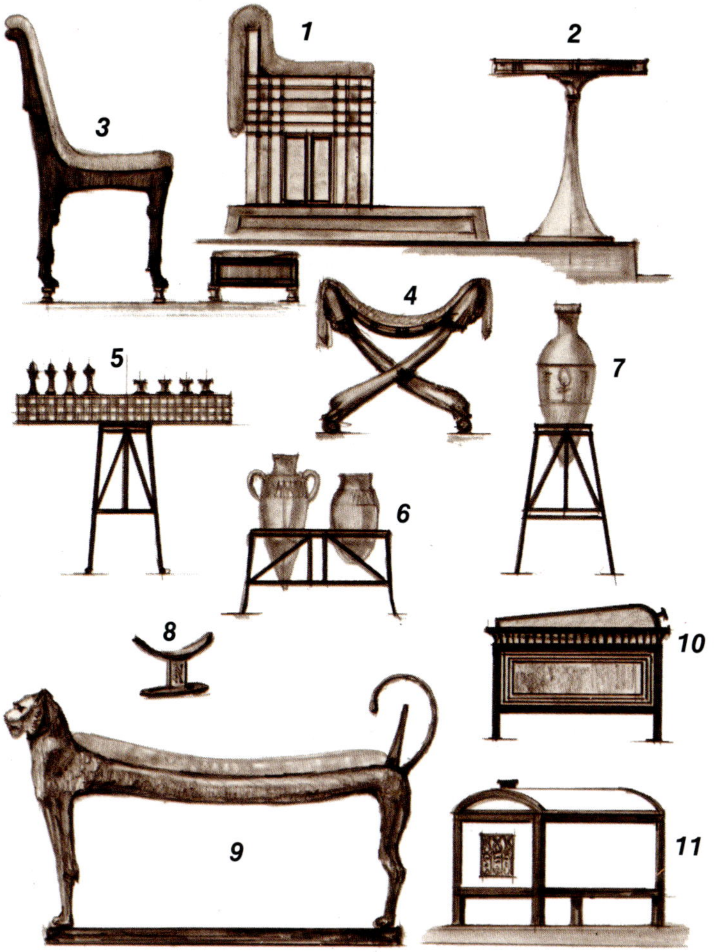

Exemples d'ameublement du palais et de la maison noble

1) *Trône. Dans les représentations aussi bien sculptées que peintes, il apparaît à partir du IIIe millénaire et est destiné indifféremment aux dieux et aux pharaons. Il est constitué d'un cube placé sur un socle repose-pieds; un coussin plat et long en recouvre complètement le siège et le dossier bas.*
2) *Guéridon. Le plateau, de forme circulaire, est soutenu par un seul pied de type campaniforme.*
3) *Chaise. Le siège et le dossier sont recouverts par un coussin et les pieds sont en pattes de lion. Elle est généralement munie d'un repose-pieds.*
4) *Chaise pliante. Elle est du type «en tenaille», resté en usage jusqu'à nos jours.*
5) *Petite table rectangulaire. Elle repose sur un treillis à quatre pieds. Utilisée pour les jeux, genre jeu de dames ou échecs, elle était probablement munie de petits tiroirs.*
6) *Treillis bas servant de support pour vases et amphores.*
7) *Treillis en hauteur pour supporter des amphores.*
8) *Appui-tête. A partir de 3000 av. J.-C. on s'en servit pour dormir, en remplacement d'un coussin.*
9) *Lit. Il est constitué d'un réseau horizontal de bandes de cuir ou de toile que soutient une structure latérale. Sur notre exemple, les côtés sont des profils de lions, très stylisés, modèle très répandu durant le IIe millénaire.*
10) *Coffre, utilisé pour y ranger des bijoux, objets et autres affaires personnelles.*
11) *Coffre à vêtements. Il a parfois plus d'un mètre de haut et ses pieds sont pourvus de patins, afin de faciliter son transport d'une pièce à l'autre.*

Le jardin de la maison égyptienne
Une partie essentielle de la demeure égyptienne était le jardin, et du jardin lui-même le bassin. Nombreuses sont les peintures qui illustrent la zone à ciel ouvert de la maison et l'exemple qui s'y rapporte est tiré du tombeau de Rekhmarê à Gournah. Dans ce détail on a reproduit le jardin comme s'il était vu d'en haut: au milieu, le grand bassin plein d'eau agitée par la brise et rempli de fleurs et de poissons; sur deux des côtés des arbres fleuris donnent de l'ombre; autour, une berge limitée par une rangée rectangulaire d'arbres fruitiers, puis encore une large bande de verdure, délimitée cette fois par de grands arbres alternant avec des massifs de fleurs. Sur un des côtés on voit la façade de la maison, que couronne une solide corniche, et avec un grand portail qui s'ouvre au milieu des arbres.

intérieurs et extérieurs, dans la cour d'Aménophis III à Louqsor; la salle hypostyle des audiences, la grande salle des fêtes et celle du trône, dans des salles analogues du temple de Karnak.

Nous pouvons avoir une idée de la puissante enceinte de murs qui délimitait le centre du pouvoir mondial, ainsi que celle des façades extérieures des palais dans l'enceinte et la Grande Porte de Médinet-Habu.

Toujours en cette période exceptionnelle pour l'art et pour la religion qu'est le règne d'Akhénaton (1372-1354 av. J.-C.), on assiste à une révolution du langage architectonique également pour le centre du gouvernement et les résidences du Pharaon. Dans la ville d'Akhet-Aton à Tell el-Amarna, en effet, le palais ne se présente plus comme une masse bloquée dans un pourtour rectangulaire ou comme un temple rempli de colonnes gigantesques, mais il devient une grande maison-villa au milieu d'autres édifices entourés de larges espaces. Entre l'artère principale (la «Route du Roi») et le Nil, s'étend la longue zone qu'occupent les résidences officielles: complexe qui va d'un vaste péristyle, avec une salle du trône, à une suite de jardins et de cours, entre la maison des hôtes, le harem, les bureaux royaux et les services. Une galerie qui évite la «Route du Roi», relie le palais à l'habitation du Pharaon et de sa famille. Habitation de dimensions modestes, mais remplie de peintures ravissantes représentant des fleurs et des oiseaux jusque dans le pavement, que contournent des galeries avec des colonnes ou de légers piliers en bois peints, qu'embellissent des jardins suspendus descendant graduellement vers la grande artère. Tout autour, les édifices gouvernementaux, et à côté, le temple privé et l'école supérieure pour les futures collaborateurs.

Au nord de la ville, le palais de Hat-Aton («Château d'Aton»), qui est probablement le premier palais construit dans la nouvelle capitale; le schéma est encore enfermé dans des limites en carré et divisé en six espaces à angle droit et symétriques. Deux grandes cours occupent les espaces du milieu reliés à l'unique entrée: la première cour dessert le sanctuaire privé, qui est à gauche, et la zone des services et des magasins, qui est à droite; la seconde, cœur de tout le complexe, est aménagée en jardin avec des arbres avec, à droite, les appartements du Roi et de sa famille et, à gauche, le jardin zoologique avec une longue suite de cages pour les animaux provenant des lointaines terres de l'Empire. Dans le fond, au milieu domine la salle hypostyle avec la salle du trône; à droite, la grande salle des fêtes; à gauche, le jardin privé avec des fleurs, des fontaines et autour, des volières pour les oiseaux exotiques.

Au sud de la ville s'étend Marou-Aton, la vaste résidence estivale du Pharaon. Cette résidence comprend deux grandes enceintes rectangulaires côte à côte. La plus petite est destinée à la méditation religieuse; sur les côtés se trouvent de nombreuses chapelles et petites cellules, un petit temple couvert et une enceinte sacrée ou temple à ciel ouvert; au milieu, le bosquet avec le lac sacré, plein de kiosques et d'autels. L'enceinte la plus grande a aussi des édifices distribués surtout sur les côtés, de façon à laisser un grand espace libre au milieu: à droite, la véritable résidence avec trois petits temples et un jardin avec des pergolas, des fontaines, des canaux et des jeux d'eau; à gauche les écuries pour les chevaux, les remises pour les chars et les chenils du Roi; le parc central possédait un vaste lac artificiel navigable, avec des embarcadères, de petites îles et des kiosques.

Et cependant, les palais, les jardins suspendus et les parcs aménagés d'Akhénaton, bien que splendides et très originaux, étaient bien peu de choses en comparaison de la monumentalité et de la grandeur de ceux qui allaient venir moins de cent ans après avec Ramsès II et Ramsès III, maîtres de tout le monde connu et grands constructeurs. Il est certain que la réputation de leurs demeures et de leurs immenses jardins devait encore se conserver au premier millénaire, lorsque Nabuchodonosor II — et plus de cinq cents ans après — construisit son palais et les célèbres jardins suspendus de Babylone.

Notons enfin que si au IIIe millénaire le palais rivalisait avec la «maison de l'au-delà» du pharaon, au IIe millénaire le tombeau devient peu de chose en face du temple funéraire et du palais où le pharaon recevait les puissants du monde entier.

La maison-palais

L'habitation des nobles et de la haute bourgeoisie était de normes notablement inférieures, comme dimensions et comme richesse, à la demeure du pharaon.

Dans les riches villes du Delta, c'était aux armateurs et aux gros commerçants de posséder des maisons princières, tandis que dans les villes de la Haute-Égypte les demeures plus importantes appartenaient aux princes et aux hommes du gouvernement.

Durant le IIIe millénaire av. J.-C., la demeure princière des vivants est en tout semblable à la demeure princière des morts, de sorte que les maisons de notables dans l'ancienne Memphis, capitale de la Haute et de la Basse-Égypte étaient en substance semblables aux mastabas que l'on voit encore autour des grands tombeaux des pharaons, dans les nécropoles de Gizeh et de Saqqarâh.

Ces maisons-palais avaient l'aspect d'un parallélépipède plus ou moins rectangulaire, à un seul étage, à une seule entrée. Devant, parfois, s'étendait un petit jardin entouré d'un petit mur bas. L'entrée pouvait être en retrait, formant un hall couvert qui, dans les maisons les plus riches avait une ou deux colonnes. Le bloc parallélépipèdique de l'édifice était «creusé» de nombreuses pièces de grandeur différente et d'une ou deux cours à ciel ouvert. D'habitude, les locaux ne recevaient pas l'air et la lumière de l'extérieur mais des cours et de puits d'aération intérieurs.

La distribution des pièces ne s'appuyait pas sur une organisation axiale ou symétrique mais simplement sur les bases des exigences et des possibilités de la famille. Normalement: dans le hall d'entrée donnait une petite loge de gardien; sur la droite partaient les pièces de réception, la salle de réunion de la famille, le bureau et les chambres privées du maître de maison, toutes disposées autour du péristyle de la cour principale; à gauche se trouvaient les petites pièces et les chambres des enfants et les locaux privés de l'épouse, avec sa petite cour personnelle. Çà et là: les divers services, la cuisine, l'office, la réserve. Suivant la position du propriétaire, la salle de réception comportait dans le fond une alcôve où les maîtres de maison, assis sur deux petits trônes, recevaient leurs invités ou leur personnel, et assistaient aux fêtes. Un puits-citerne recueillait l'eau apportée par des ânes ou des serviteurs. Plusieurs petites caves étaient creusées sous la cuisine ou d'autres locaux pour y conserver les vivres ou y ranger des objets.

Sur la fin du IVe millénaire et pendant tout le IIIe av. J.-C., la maison-palais prend une importance et une autonomie toujours plus grandes, tendant à imiter, même si c'est sous une forme mineure, le palais du prince. Le nombre des locaux augmente et leur distribution devient plus ordonnée et plus axiale; et l'édifice s'enrichit de colonnes, fût-ce en bois peint, dans les halls d'entrée, les portiques et à l'intérieur des salles. Le jardin s'enrichit de bassins, fontaines, pergolas, arbres, fleurs et, enfin, de kiosques pour le repos et les repas à l'air libre.

Dans la ville d'Akhet-Aton, sur les côtés du centre citadin — c'est-à-dire le grand temple et le palais d'Akhénaton — se développent deux petites cités-jardins composées de lots égaux et rectangulaires, chacun avec sa villa-demeure et son jardin aménagé: des unités toutes semblables nées certainement d'un projet-type unique. Des maisons avec des locaux petits mais nombreux disposés même sur deux plans; avec de jolis halls d'entrée, des vérandas, et des portiques à balcons jusque sur le plafond et sur le pavement. Et des jardins de dimensions modestes mais pleins de serres fleuries, de volières, de pergolas ombragées, de kiosques, de petits lacs et, à l'extérieur de la maison, la toujours présente petite chapelle consacrée à Rê-Aton, Soleil et vie de l'univers.

Après Akhet-Aton, les demeures recommencent à être gigantesques autour des palais de Thèbes ou dans les richissimes villes du Delta. Les locaux destinés aux maîtres de maison sont de plus en plus nombreux, avec antichambres, salles de bains, salles de massages et de soins du corps, cabinets d'aisances. Le lit des époux est sous un baldaquin à doubles rideaux pour maintenir l'intérieur plus frais. Un nombre suffisant de chambres avec salles de bains et toilettes est destiné aux logements des hôtes de passage. Chaque membre de la famille a ses propres serviteurs et les locaux qui leur sont réservés.

Il n'y avait pas d'esclaves au service de la maison-palais ni dans le palais du pharaon. Les prisonniers de guerre étaient préposés aux travaux des champs dans les domaines de l'État et ce n'est qu'en 1500 av. J.-C. qu'ils sont donnés aux officiers de l'armée en paiement et deviennent propriété privée. Le prisonnier-esclave, toutefois, n'était pas traité comme une bête de somme; au contraire, on a des cas comme celui d'un riche barbier qui, ayant acheté un prisonnier-esclave, lui enseigne son métier, lui donne une de ses nièces pour épouse, le libère finalement de tout lien en en faisant son associé.

La maison égyptienne était décorée de meubles de petites dimensions et réduits à l'indispensable, car les objets les plus encombrants étaient rangés dans les sous-sols, et le vestiaire trouvait place sur les divers rayons des espaces creusés exprès dans l'épaisseur des murs, ou dans de nombreuses corbeilles, ou encore dans de petits coffres. Bijoux et objets de toilette étaient rangés dans des coffrets précieux. Il y avait abondance de guéridons en tous genres et pour tous les usages: à un ou plusieurs étages, à un seul pied évasé ou à quatre pieds, guéridons porte-fleurs, porte-vases, porte-plats et guéridons spéciaux pour jouer aux échecs. Il y avait également de nombreux sièges, fauteuils, escabeaux et chaises pliantes (voir p. 25); et principalement des meubles petits, légers, de facture souvent précieuse et toujours raffinée, sans grande différence entre ceux du pharaon et ceux des notables et des artisans qui les avaient créés et fabriqués. Dans la chambre à coucher, depuis le IVe millénaire av. J.-C. on utilisait une alcôve à baldaquin en bois peint et laqué d'or, qui renfermait un lit avec des bois et des pieds travaillés. Dans l'alcôve-baldaquin de la reine il y avait même un petit salon; les familles les plus aisées se servaient d'appuitête à chevalet pour dormir plus au frais.

Il y avait de nombreux coussins pour les sièges et des tabourets pour les pieds, et aussi pour s'asseoir par terre; ainsi qu'une profusion de tapis, peaux de bêtes, tissus brodés. Les fenêtres, fermées tout au plus par des grands panneaux, étaient protégées par des rideaux. Dans les premières époques, il y avait aussi des tentures en guise de portes que l'on manœuvrait de haut en bas avec un rouleau placé sur l'architrave.

Il y avait de ravissants services en céramique, en cuivre et plus tard en bronze, avec des coupes pour se laver les mains, de petites fioles et des ampoules pour les huiles parfumées, des miroirs et des essuie-mains. On se servait de couteaux à longue lame et à manche recourbé, de cuillères de taille et de forme diverses et très décorées. Les menus les plus riches comportaient: dix plats de viandes différentes; cinq de volailles et oiseaux; dix de fruits; quinze types de pain, des fromages frais, des galettes, d'innombrables gâteaux au miel; six genres de vin et de bière.

A certaines époques les hommes comme les femmes étaient complètement rasés et portaient des perruques. Le pharaon lui-même ne portait pas la barbe, puisque ce qui le distinguait (en présence des dieux) était une barbe postiche.

Normalement, les hommes portaient un pagne (plus ou moins près du genoux) et les femmes une robe ajustée arrivant à la cheville et retenue par une bretelle. Pour les fêtes, hommes et femmes se paraient de riches colliers, bracelets, et autres bijoux sur d'amples robes plissées et presque transparentes. Les enfants étaient presque toujours nus bien que portant des bracelets et des boucles d'oreille; les jouets qu'ils préféraient étaient les poupées en bois peint, vêtues de couleurs vives et parfois avec des bras mobiles et animés par des fils.

Les fêtes et les réceptions étaient courantes et fréquentes, aussi naquirent bientôt de véritables règles de «bienséance» qui ont influencé le comportement en société de tous les temps. De la *Sagesse* du vice-roi Ptahhotep (vers 2500 av. J.-C.), qui fut un modèle pour toute l'Égypte ancienne nous tirons: «Quand tu seras invité chez une personne de qualité, tu accepteras tout ce que l'on t'offrira en remerciant profondément. Adresse-toi à elle mais sans insistance et pas trop souvent. Ne lui parle que si elle t'adresse la parole. Puisque tu ne sais pas encore ce qui pourrait lui déplaire, parle lorsqu'elle t'invite à le faire et ta conversation lui sera agréable... ne discute pas avant de lui avoir donné le temps de réfléchir. Si elle révèle son ignorance et t'en donne l'occasion fais qu'elle n'ait pas à avoir honte, mais traite-la avec délicatesse. Ne parle pas trop, ne lui coupe pas la parole, ne l'agresse pas par tes discours, ne la fatigue pas, afin qu'une autre fois elle n'évite pas ta conversation...»

Ces perles de sagesse, qui furent fameuses dans tout le monde connu touchent aussi à la personnalité de l'homme: «Que tes pensées ne soient ni orgueilleuses ni humbles... si tu es agité calme-toi, l'homme affable franchit tous les obstacles, celui qui s'agite tout le jour n'a pas un seul bon moment.»

Ptahhotep, parlant de la science et de la littérature, ajoute: «Elles sont une bénédiction pour qui les saisit et une malédiction pour qui les fuit... mais on ne doit jamais être orgueilleux de son propre savoir, de ses propres capacités, puisqu'il n'y a pas de limites dans l'art ni dans la science et que personne ne peut arriver à la perfection... Ecouter est la plus belle chose qui existe.»

Fête dans le jardin de la villa d'un haut fonctionnaire du moyen-empire (IIe millénaire)
La fête se déroule autour du bassin du jardin. Dans le fond apparaît la façade à portique de la grande maison. A gauche, le pavillon en bois où se tiennent le maître de maison et son épouse, leurs petits enfants et les conseillers privés. Sur la rive, deux groupes de jeunes filles se livrent à des danses acrobatiques rythmées par les battements de mains d'un troisième groupe aux sons d'un petit orchestre à côté du pavillon. Les différentes scènes sont tirées des tombeaux des nobles à Thèbes; celle de la danse des tombeaux de Saqqarâh: tombeau de Ank-ma-Hor et de Kagemmi.

La petite maison

Comme il existe un écart entre le palais du pharaon et la maison du noble ou du grand bourgeois, il existe un écart encore plus accentué entre cette dernière et la maison de la moyenne et de la petite bourgeoisie, c'est-à-dire la maison des artistes, des artisans, des petits entrepreneurs et commerçants qui vivent en dehors du palais du roi, en complète autonomie économique.

Connue comme modèle de base de tout le développement urbain, la petite maison, surtout au début de la création de la ville, est un élément d'environ 80 mètres carrés par unité familiale. Elle est divisée en trois zones successives: entrée, salle de repos, cuisine. La première zone peut être distribuée en deux espaces distincts pour le vestibule et la salle de séjour, et parfois s'y trouve insérée l'alcôve des parents; la seconde peut comprendre aussi l'atelier; la troisième comprend l'office et le dépôt pour les provisions et les ustensiles. La cuisine est souvent munie soit d'un four en angle avec une forme en cheminée soit d'un foyer ou *brasero* en pierre au milieu. Des caves sont creusées sous la cuisine et ailleurs pour la conservation des vivres, la réserve d'eau, le rangement des objets. Il y a souvent une petite cour ou un puits d'aération intérieur avec un escalier qui mène au toit plat aménagé pour le séjour en plein air; une porte unique sur la rue; et des ouvertures pour l'air et la lumière dans le puits d'aération ou dans le plafond. Dans la pièce d'entrée il y a toujours l'édicule pour le culte religieux de la famille.

Dans les maisons plus aisées, la salle centrale avait un ou deux piliers où se détachait le nom du propriétaire. Les murs en brique crue étaient peints à l'intérieur et à l'extérieur et plus ou moins décorés par le propriétaire lui-même. Le sol était en terre battue, parfois recouvert d'un enduit peint en rouge. On suppose que chaque unité était habitée par un noyau familial unique. Rares sont les cas de doublement de la superficie disponible afin d'y englober une autre unité immobilière, ce qui fait penser que la vie dans la maison était très limitée. D'autre part les exigences étaient très modestes même quand les conditions économiques s'amélioraient: peu de vêtements, de meubles, d'ustensiles et même de nourriture. En conséquence de l'éducation morale et religieuse des anciens Égyptiens, l'ambition dominante restait la belle et la grande maison pour l'audelà comme nous le voyons pour le village des artisans à Deir el-Medineh.

Intérieur de la maison d'un riche artisan
L'axonométrie donne une idée de la succession ininterrompue des habitations sur les côtés de la petite rue d'un quartier d'artisans. Les toitures arrivent à des niveaux divers et sont percées de puits d'aération pour éclairer et aérer les locaux. La coupe indique la succession des locaux de la rue au mur de séparation avec l'extérieur ou avec une autre rangée symétrique de maisons. Au début nous voyons la pièce d'entrée avec l'alcôve des époux dans la paroi de laquelle est creusé l'édicule pour le dieu tutélaire. Viennent ensuite: la salle de séjour ornée de la colonne centrale sur laquelle est inscrit le nom du propriétaire; l'atelier, puis le petit escalier qui accède à la terrasse où un pavillon en forme de parapluie permet le séjour à l'air libre. Enfin la cuisine avec la réserve, le four et le foyer en pierre. Des caves en sous-sol complétaient la cuisine et l'atelier (la reconstitution est fondée sur les maisonnettes du type de celles d'Illahoun et du village de Deir el-Medineh).

La famille

Si les différences entre la maison de la grande et de la petite bourgeoisie sont importantes, il n'en est pas de même en ce qui regarde la famille.

Dans l'ancienne Égypte, elle est monogamique; seul le pharaon se permet un ou plusieurs harems (comme les princes et les puissants des derniers siècles) mais sans que cela entache le moins du monde les rapports entre mari et femme.

L'usage est le lien familial profondément ressenti même lorsque l'autorité paternelle fait place à une égalité de devoirs et de droits entre les composants de la famille. En effet, en 2700-2500 av. J.-C., lorsque pour la première fois dans l'histoire, à la puissance paternelle et au droit d'aînesse on substitue l'égalité de tous les droits, la mère reste toujours la déesse du foyer domestique c'est-à-dire la «déesse Isis de la maison»; le respect mutuel se renforce; le «respect du père» et l'affection filiale pour la mère sont les vertus cardinales qui subsistent aux siècles suivants.

Exceptés les manquements et les carences morales de quelques-uns, carences qui appartiennent à l'humanité de toutes les époques, ces idéaux et ces principes moraux étaient communs à tous, même au pharaon; tous devaient en rendre compte dans l'audelà, dans le jugement de l'âme à laquelle tous croyaient fermement.

On rappelle à l'époux: «Si tu es sage, reste chez toi, aime tendrement ton épouse, nourris-la et habille-la bien, mais comble-la de caresses et satisfais ses désirs. Si tu t'en éloignes ta famille se désunira, au contraire ouvre-lui tes bras, appelle-la, montre-lui toute ton affection.»

A partir de 2400 av. J.-C. nous voyons des scènes peintes où l'épouse est toujours auprès de son mari, avec tous leurs enfants, même lorsqu'il reçoit ses propres employés, lorsqu'il assiste à des fêtes et des danses, et lorsqu'il va à la pêche avec son harpon le long du Nil ou à la chasse avec son boomerang dans les marais et aux confins du désert. Nous voyons, à la fin de la journée, les époux jouer ensemble aux échecs. Même là où le pouvoir tribal reprend le dessus et où l'épouse est moins influente, un lien de tendre affection unit les deux époux, partageant ce grand amour qui attache Isis à Osiris.

Cette union sacrée familiale atteint à des sommets de très grande humanité avec la révélation d'Akhénaton (1372-1354 av. J.-C.), qui deviendra lui-même, avec sa famille idéale, un exemple pour tous, un témoignage visible de l'amour universel d'Aton situé dans la famille. Donc un lien divin qui unit toutes les familles entre elles et à celle du pharaon.

Cinq cents ans plus tard toute cette spiritualité s'affaiblit et l'unité familiale ne subsiste que pour des intérêts économiques et circonstanciels. Le mariage devient un simple contrat entre le père de la fiancée et le futur époux puis entre les intéressés directs eux-mêmes. Un contrat préliminaire dans lequel sont même précisées les clauses d'indemnité en cas de divorce. En effet, pour sa propre part l'époux précise: «Je t'ai prise pour épouse, tu m'as apporté de l'argent, si je te quitte et te déteste je te rendrai cet argent, plus le tiers de ce que j'aurai gagné avec toi.» L'épouse répond: «Tu as fait de moi ton épouse, tu m'as donné de l'argent; si je t'abandonne

La famille est le thème dominant, surtout dans les tombeaux des nobles, depuis les premières dynasties. Dans la seconde moitié du IIIe millénaire av. J.-C., les époux sont souvent représentés de la même taille et presque identiques, entourés de leurs enfants. Comparons deux exemples tirés des peintures de cette période et plus précisément du tombeau de Sennedjen, de 2700 environ av. J.-C. et de celui d'Inherka de 2600 environ av. J.-C. Dans la première: l'homme est torse nu; les époux portent la couronne de fleurs et la calotte, la fille est rapetissée et vêtue comme la mère; un serviteur tient un éventail en forme de voile et verse des huiles parfumées; tous les hommes portent la barbe courte, chose rare dans la coutume antique. Dans la seconde: les époux portent le même vêtement (le mari a une allure plus lourde); les enfants sont de proportions normales, entièrement nus et avec la coiffure classique à cheveux bouclés et avec une tresse frisée sur le côté; devant il y a un guéridon rond(peut-être avec un jeu type «dames»); les enfants jouent aussi avec des oiseaux apprivoisés; un serviteur tient un coffret et une statuette d'Osiris. Il est évident que l'on représente deux moments de la vie dans la maison; le premier, cérémonieux; le second, de distraction dans l'intimité de la famille.

et aime un autre homme, je te restituerai ce que j'ai reçu et ne réclamerai rien de ce que j'aurai gagné avec toi.»

Ils sont bien loin, maintenant, les temps où l'épouse était pour l'homme «un champ fertile, la bénédiction de la maison» (Ptahhotep, 2500 av. J.-C.); il reste le respect, la courtoisie, mais l'amour vivifiant d'Isis et d'Osiris devient de plus en plus incompréhensible et irréalisable même dans le pays du Nil.

Toutes les peintures exécutées durant la brève période atonienne décrivent des scènes de la vie familiale du «Pharaon hérétique». Nous le trouvons constamment représenté avec son épouse Néfertiti, la «belle qui vient ici», et ses filles (par ordre de naissance: Mérit-Aton, Maket-Aton, Ankh-Senpa-Aton, Néfer-Aton, Néfer-Rê, Sétépen-Rê).

Ce n'est plus la figure dominante du Pharaon, mais le couple royal porteur de la divinité elle-même et dont les liens familiaux sont cimentés par une tendresse constante. Ces sentiments sont révélés à travers le réalisme puissant de l'art nouveau. Nous les voyons bavarder, recevoir, jouer, monter en char, adorer le Dieu Unique, toujours ensemble. Une telle affection se propage partout, et lorsque la famille royale se montre à la loggia pour dispenser ses dons, elle incarne le message de l'amour divin de la famille universelle qui lie chaque famille à Dieu.

A peine son prophète est-il mort que ce lien universel disparaît rapidement. La personne du roi redevient inaccessible et détachée de ses familiers. Avec les mêmes signes de l'effondrement final, coutumes étrangères et crises sociales et religieuses participent à l'affaiblissement du lien affectif et religieux de la famille.

La terre et la mer

Les activités essentielles qui ont donné naissance à l'Égypte ancienne sont sans aucun doute celles qui se déroulaient sur la terre fertile, sur le fleuve et la mer, car terre et eau furent réellement la chair et le sang de l'Égypte.

Il est certain que l'agriculture occupe la plus grande partie de la population, et la propriété terrienne est toujours la plate-forme la plus importante du pouvoir politique comme du pouvoir religieux.

Les premiers pharaons étaient des rois cultivateurs. Amenemhat Ier (1991-1962 av. J.-C.) se glorifie ainsi devant son fils: «J'ai cultivé le blé, vénéré le dieu du froment de chaque vallée du Nil. Personne n'a connu la faim ou la soif durant mon règne.» Les nobles, face au jugement divin pour leur entrée dans le ciel d'Osiris rappellent les travaux d'irrigation faits pour améliorer la culture des champs et le bien-être des paysans. L'essence de l'éthique égyptienne et de sa pensée spirituelle la plus élevée, contenue dans le mythe de la mort et de la résurrection d'Osiris, jaillit du monde agricole. La même impulsion qui met en mouvement l'intelligence potentielle exceptionnelle de ce peuple, s'identifie avec la cause principale de la fertilité des champs, c'est-à-dire les crues annuelles du Nil.

Passé l'hiver des anciens Égyptiens (qui s'identifiait avec les mois de la sécheresse, funeste pour la vie des champs), avec l'apparition à l'horizon de l'étoile Sirius — déesse Mère primordiale — se lève le vent du Nord et il tombe du ciel une grosse larme d'Isis qui fait croître le Nil aux sources inconnues, c'est-à-dire au-delà des piliers du monde. Alors, pendant quatre jours le «Nil vert» chargé de limons, baisse, puis pendant quinze autres jours suit le «Nil rouge» chargé d'une boue fertile. Au début du mois d'août toutes les terres sont submergées, seules émergent les villes et les bourgades comme des îles dans un immense marais sans fin. Au solstice de notre hiver, l'immense lagune se retire et disparaît et les hommes retrouvent la bonne terre; le travail se déroule dans une joie indicible parce que, où est passée la désolation, renaît la vie. Après sa mort aussi, l'homme se souvient de ces moments comme d'une vie paradisiaque, vécue en labourant la tendre terre noire avec des charrues en bois que tirent de petits bœufs à longues cornes; en semant avec le panier au bras les volées de grain; en moissonnant avec des faux en dents de scie; en rassemblant les gerbes sur l'aire pour les faire battre par trois bœufs qui tournent en rond, et enfin en les lançant en l'air pour séparer le grain de la balle. Heures inoubliables d'un travail vécu comme une fête continuelle au milieu des jeux, des chants, des plaisanteries et surtout des bavardages de gens heureux en communion avec la terre généreuse qui renaît et donne la sécurité du lendemain.

Ces moments de vie, parmi les plus beaux pour des millions de gens d'il y a quatre mille ans, sont comme «filmés» et immortalisés dans presque tous les tombeaux les plus importants d'Égypte.

Outre celle des céréales, une autre grande fête était la récolte du raisin et le pressage avec les pieds dans de grandes cuves en maçonnerie. Mener les bêtes au pâturage, à la belle saison, était aussi une fête. Puis venait la récolte de l'orge et du mil, qui poussaient d'eux-mêmes, et la récolte du précieux papyrus; ce dernier était en effet utilisé pour faire les cordes, les sandales, les barques, et, réduit en bandelettes, tissé et battu pour faire le papier et les pinceaux pour écrire et peindre.

Beaucoup plus complexes étaient les travaux pour régulariser les inondations et le travail des champs. Travaux qui comportaient une expérience unique pour l'époque, et qui mettaient en évidence: 1) des connaissances en astronomie, en agriculture, en trigonométrie, en hydraulique, en construction; 2) des capacités exceptionnelles pour la prévision et l'organisation qui jouaient

Deux détails extraits de la grande scène de la vie dans le royaume de Ialou (le paradis égyptien) peinte dans le tombeau de Sennedjen à Deir el-Medineh. Dans les deux scènes on voit les deux époux ensemble durant les labours, les semailles, les moissons et enfin le glanage du blé.

sur des milliers d'hectares de terres; 3) des connaissances — rappelons-le, qui remontent à quatre mille ans av. J.-C., lorsque les autres peuples essayaient encore de sortir de l'âge de pierre — du calendrier astronomique; 4) des instruments pour mesurer, niveler, creuser les canaux, construire des berges, des ponts, des écluses, régulariser et élever l'eau. Tout cela comportait évidemment une chaîne de coopération tout le long du cours du Nil, chaîne qui a certainement toujours été la colonne vertébrale de l'union entre la Basse et Haute-Égypte.

La connaissance du calendrier astronomique était le résultat d'observations et de contrôles très anciens sur le parcours du soleil par rapport aux étoiles fixes. Chaque année était divisée en trois saisons: la saison de l'inondation, *Akhit* (du 15 juin au 15 octobre); la saison des semailles, *Perit* (du 15 octobre au 15 février); la saison des récoltes et des grosses chaleurs, *Shemou* (du 15 février au 15 juin, fin de l'année égyptienne).

En mathématiques, les Égyptiens connaissaient les principales opérations, quelques types de fractions, le développement des surfaces et des volumes et aussi quelques principes de trigonométrie qui leur permirent de développer de grands réseaux de canalisation et de lotissement agraires; de façon évidente, ils avaient des instruments assez perfectionnés, puisqu'ils leur permirent, plus tard, de construire les Grandes Pyramides.

Pour ce qui est de l'outillage, on voit peint sur un tombeau de Deir el-Medineh un outil que l'on utilise encore aujourd'hui dans les campagnes égyptiennes et que l'on appelle le *shadouf*. Il consiste en une longue perche en équilibre sur un support de poutres en bois ou en maçonnerie, manœuvrée à la main. La perche fait fonction de grand balancier avec le seau pour élever l'eau ou d'autres poids à une extrémité, et à l'autre il y a un contrepoids constitué par un bloc de boue ou de pierres. L'utilité de cette machine est évidente pour irriguer les champs et soulever n'importe quel poids: un instrument, donc, extrêmement intéressant pour soulever aussi les blocs des pyramides et des temples en l'absence de poulies et de treuils.

Le progrès de la science agraire fait qu'au IIIe millénaire av. J.-C. naît le grand aménagement du Fayoum au sud de Memphis, qui rendra cultivable une grande région autour du lac de Moëris (cinq fois plus grand à l'époque qu'aujourd'hui), en canalisant et en drainant des milliers d'hectares autrefois marécageux et stériles. Ce grand travail s'étendit aussi à la construction de villages. En effet, chaque travailleur de la terre avait en propriété sa maison avec un jardin d'environ 1500 mètres carrés, et était associé avec une équipe de cinq ouvriers et leur propre contremaître; ouvriers et contremaître formaient des communautés solides qui, chaque année, discutaient de l'État, pour la livraison des produits et le règlement des salaires.

La navigation sur le Nil est elle aussi particulièrement favorisée par la nature: en effet, de même que le courant aide à remonter le fleuve du sud au nord, c'est-

Détail d'un bateau avec pont de commandement à proue, tiré du tombeau d'Ousirhat à Gournah.

à-dire vers la mer, un léger vent presque constant du nord au sud aide à le remonter de Basse en Haute-Égypte; aussi le Nil est non seulement le fécondateur de la terre mais aussi le moteur et le réseau routier de toute l'Égypte. Cette immense artère la relie au sud, au Soudan, pays de l'or et de l'ivoire; au nord à la Méditerranée, donc au Liban, pays du précieux bois de cèdre; au centre, avec la piste des caravanes qui, de Coptos, par l'Ouadi Ham Mamat, mène à la mer Rouge et ensuite au mystérieux royaume de Pount (Abyssinie? Pakistan?) d'où proviennent la myrrhe, l'encens, les épices, l'ambre jaune et l'or blanc: tous produits de grande importance pour l'ancienne Égypte, tellement que Sahourê (2500 av. J.-C.) accomplit une grande expédition, montant et démontant les bateaux nécessaires pour la traversée de la mer Rouge. Par la suite, la piste qui longe le désert sera aménagée avec des abris pour le repos, des dépôts d'eau constamment réapprovionnés et un chantier naval sur la mer Rouge.

Avec la VIe dynastie (2350-2180 av. J.-C.) on construit l'ancêtre du canal de Suez, qui met en communication la mer Rouge avec la ville de Bubastis puis avec la Méditerranée. Il semble que durant la XXVIe dynastie (609-524 av. J.-C.), c'est-à-dire quand Rome et Athènes étaient à peine nées, les navires égyptiens faisaient le périple de l'Afrique en doublant les colonnes d'Hercule et en retournant par le canal de Bubastis.

Des bateaux de toute dimension voyageaient par le Nil: des barques construites avec des cannes de papyrus, ou des bandes de palmier, des felouques de dix mètres, d'énormes radeaux capables de transporter sur des centaines de kilomètres les si pesants obélisques de plus de trente mètres de long. Il y avait des navires spécialement construits et de grandes dimensions, ceux qui déjà en 2620 av. J.-C., avec Snefrou, chef de lignée de la IVe dynastie, reliaient Byblos à Memphis: une flotte d'au moins quarante bateaux de cinquante mètres de long, et soixante autres plus petits, pour transporter d'énormes chargements de bois de cèdre.

Il est certain qu'au début du IVe millénaire av. J.-C., la technique des constructions navales devait déjà être passée par des siècles d'expériences. On a des témoignages de l'existence de bateaux à voile déjà avant les pharaons et il y a la très ancienne image de Soleil-Rê qui navigue avec les «deux embarcations du ciel». Avec la technologie de la coque avance du même pas celle très importante de la voile. Des voiles de beau lin, de grandes dimensions et parfaitement gréées par de nombreux cordages, permettaient déjà au IVe millénaire av. J.-C. la navigation en Méditerranée à des navires de cinquante mètres avec un chargement complet.

Souvent, le mât était un grand trépied de troncs; et une grande cabine émergeait de la partie centrale. Les rames étaient en forme de lances et les timons semblables à deux grandes pales équilibrées sur les côtés ou sur un chevalet exprès. Souvent, le timonier était protégé par un auvent. Les couleurs et les décorations étaient toujours très vives et très nombreuses.

La barque, instrument essentiel de la vie quotidienne, était aussi partie intégrante de toute fête religieuse, et pour cela on la gardait jalousement au cœur de chaque temple. Elle était le véhicule par excellence, dans ce monde comme dans l'autre, aussi bien pour les hommes que pour les dieux: le véhicule de Vie le long d'un Nil sans fin.

5000 ANS D'ART

Le musée égyptien du Caire

Les plans de l'imposant édifice qui accueille actuellement le musée égyptien du Caire, à Midan el-Tahir, furent élaborés par l'architecte français Marcel Dourgnon, lauréat d'un concours international. Le musée rassemble aujourd'hui la plus importante collection d'art égyptien du monde.

L'intérêt des Européens pour les antiquités égyptiennes s'était fait sentir dès la fin du XVIIIe siècle: la campagne napoléonienne de 1798, la découverte de la Pierre de Rosette l'année suivante et surtout, la publication des dix-huit volumes de la *Description de l'Égypte*, entre 1809 et 1816, non seulement donnèrent une orientation rigoureuse et systématique à l'étude de la civilisation égyptienne, mais aiguisèrent l'appétit de ceux qui avaient déjà commencé à collectionner des objets antiques. En effet, sur le sol égyptien, résidaient habituellement de nombreux personnages qui ne dédaignaient nullement les dons dispensés par des pachas bien trop munificents. Les consuls des pays européens furent parmi les premiers qui rassemblèrent les antiquités. Les collections ainsi constituées, furent ensuite vendues en Europe et formèrent le noyau d'origine des œuvres égyptiennes dans les musées européens, tels que ceux de Paris, Londres, Berlin et Turin. C'était un dommage considérable pour le patrimoine artistique et archéologique du pays: si grave que déjà en 1830, un savant courageux, Champollion, demanda au pacha Mohammed Ali de fonder un service pour la sauvegarde des monuments. La dispersion sembla cesser en 1834, lorsque sur les rives du lac Ezbekiah, fut fondé un premier musée, et que les objets commencèrent à être classés.

Ce premier embryon fut bientôt transféré dans un endroit plus adapté, dans la citadelle du Caire: les pièces étaient si peu nombreuses, qu'elles furent toutes regroupées dans une seule salle! En 1855, l'archiduc Maximilien d'Autriche les vit et demanda au pacha Abbas de lui donner quelques antiquités: le pacha lui donna tout ce qu'il y avait dans cette pièce, et c'est ainsi que le premier musée originel égyptien du Caire, est aujourd'hui visible... à Vienne. Heureusement, le 1er juin 1858, Auguste Mariette, l'un des directeurs du musée du Louvre, invité lui-aussi en Égypte pour recueillir des antiquités, avait réussi à se faire nommer *Mamour*, c'est-à-dire directeur des fouilles. Les nombreuses pressions sur khédive Saïd pour la conservation des monuments égyptiens, l'appui très influent du consul français et celui d'importants hommes d'affaires français, eurent comme résultat que l'on accorda à Mariette l'usage de l'ancien siège d'une compagnie fluviale à Boulac, un petit port à côté du Caire. Mariette s'y transféra et créa le musée national qui devait être le premier de toute l'aire médio-orientale: l'inauguration officielle eut lieu le 18 octobre 1863. En 1891, les collections furent transférées au palais de Gizeh, puis enfin en 1902, dans ce musée, où elles se trouvent depuis lors.

Groupe colossal d'Aménophis III avec sa femme Tyi; haut de plus de 10 mètres, il vient de Médinet-Habu.

1

2

3

4

1) *Statue en diorite noire représentant Képhren: le dieu Horus est représenté sous forme de faucon sur la nuque du Pharaon.*

2) *Statue en bois de Ka-aper, «premier prêtre écrivain» qui vécut à Memphis; on l'appelle aussi «Statue de Cheikh el-Beled», ce qui veut dire maître de village.*

3) *Statue du scribe accroupi exécutée en calcaire peint avec des yeux incrustés; elle date de la IVe dynastie et provient d'une tombe de Saqqarâh.*

4) *Statue en granit de la reine Hatchepsout représentant le Pharaon revêtu de ses habits et portant une fausse barbe, provenant de Deir el-Bahari.*

5) *Groupe de Ra-Hotept Nofrit, provenant de Meïdoum, non loin de la pyramide de Snefrou; il s'agit d'un général des armées et grand-prêtre.*

6) *Porteuse d'offrandes, en bois recouvert de stuc et peint, provenant de Deir el-Bahari (XIe dynastie).*

7) *Le nain Seneb et sa famille: c'est un petit groupe, parfait, en calcaire peint, datant de la VIe dynastie.*

5

6

7

Ci-dessus: statue-cube de Semmut avec la princesse Nefru-Ra, en granit rose, provenant de Karnak (XVIIIe dynastie).

Ci-dessus: statue de Mentouhotep Ier. Exécutée en grès gris et peinte, elle provient de l'ensemble funéraire de Deir el-Bahari (XIe dynastie).

Ci-dessous: modèles de soldats provenant d'Assiout (Moyen-Empire) en files par quatre.

Ci-dessus: tête de Néfertiti, femme d'Akhénaton, exécutée en quartzite et provenant de l'atelier de Thoutmose à Tell el-Amarna.

Ci-contre: colosse architectural d'Akhénaton en grès, provenant de Karnak.

Ci-dessous: autel domestique avec la famille d'Akhénaton, provenant de Karnak.

Ci-contre: **trésor de Toutânkhamon** *«Naos des vases canopes»: vue d'ensemble de la chapelle en bois doré avec les déesses Isis et Sekhet protégeant les vases canopes situés à l'intérieur.*

Ci-dessus: *statue de la déesse Isis dont les yeux et les sourcils sont fortement soulignés de noir.*

Ci-contre: *coffret en bois dit «de la chasse». Sur les deux côtés sont peintes des scènes de guerre où Toutânkhamon attaque des hordes d'ennemis.*

Ci-dessus et ci-contre: vue d'ensemble et détail du trône doré; en bois revêtu d'or avec des pierres dures et des pâtes de verre enchâssées. Dans le détail, Ankhesenamon huile le corps de son époux, Toutânkhamon.

Ci-contre: le Ka royal de Toutânkhamon, d'une hauteur d'environ 1,73 mètre, représente le double du Pharaon qui, au moment de sa mort, le suivit dans l'au-delà.

Ci-dessous: couche funéraire aux côtés en forme de vaches dont la tête est caractérisée par des cornes lyriformes enserrant le disque solaire.

Ci-dessous: le dieu Anubis, en bois peint avec de la craie noire: les oreilles, les yeux et les colliers sont recouverts d'or.

Ci-dessus: détail du troisième sarcophage anthropoïde en or massif: le souverain tient le sceptre et le flagellum *dans ses mains.*

Ci-contre: quelques-uns des bâtons de commandement du Pharaon.

Ci-contre: pectoral avec les emblèmes solaires et lunaires: la partie centrale du bijou est constituée d'un scarabée en calcédoine formant, en même temps, le corps d'un faucon aux ailes déployées.

A droite: masque funéraire de Toutânkhamon, en or et pierres précieuses reproduisant presque fidèlement les traits du souverain. Le lourd némès est d'une grande élégance: raies bleues et or avec les symboles de la royauté sur le front en lapis-lazuli, turquoise et cornaline.

Ci-contre: **statue de Ramsès II** *Ce colosse de Ramsès II en granit rose fut trouvé à Memphis et fut transporté sur la place de la gare en 1954. La statue colossale a 10 mètres de hauteur. La double couronne représente l'union entre les provinces du Nord et du Sud. Au dos de la statue, on trouve une plaque avec les titres du Pharaon. L'un de ces titres est «Le Taureau», symbole de fertilité. Entre les jambes de la statue, se trouve un relief de la femme de Ramsès (Bent-Anath), qui était l'une de ses deux cents enfants. En effet, trois de ses filles étaient aussi ses épouses. Une réplique de cette statue se dresse sur la route qui mène à l'aéroport du Caire.*

Ci-dessous: la porte Bal el-Muzainin (Porte des Barbiers), est la plus importante des huit portes qui donnent accès à la mosquée d'al-Azhar.

LA NOUVELLE CAPITALE
Les grands monuments du Caire

Durant la période prédynastique l'Égypte était divisée en une confédération avec à la tête de chaque région, un souverain ou chef politique ayant chacun sa propre capitale. Bouto était la capitale de la Basse-Égypte, celle de la Haute-Égypte était Nekheb; avec l'union des deux royaumes, sous Narmer, la ville de Memphis devint la première capitale de l'Égypte unifiée. Au cours des siècles, on changea plusieurs fois de capitale mais avec l'arrivée d'Alexandre le Grand, en 332 av. J.-C., celle-ci fut transférée à l'ouest du Delta, à Alexandrie, où elle resta durant toute la période ptolémaïque et romaine. Après que l'Islam ait été introduit en Égypte, plusieurs capitales de caractère militaire furent fondées pour se réunir par la suite en une seule ville. En 969, fut élevé une nouvelle cité, al-Qahira, de nos jours le Caire, qui signifie la Victorieuse. C'est, depuis lors, la capitale de l'Égypte et le centre de l'Islam. La nouvelle cité se développa rapidement; durant l'époque ayyubide on édifia la Citadelle et la construction d'une grande muraille fut commencée pour entourer al-Qahira. L'époque des Mamelouks (de 1250 à 1517) inaugura une grande période de construction et d'urbanisme qui se poursuivit sous les Ottomans qui favorisèrent en outre d'importantes activités commerciales. Au cours du règne de Mohammed Ali et de ses successeurs la ville se développa encore. Après la révolution de 1952, avec la relance de l'économie, une vive poussée démographique se manifesta au Caire. Avec ses douze millions d'habitants, c'est actuellement la ville la plus peuplée d'Afrique et c'est aussi un centre politique, culturel et économique important pour le Moyen Orient.

La mosquée du sultan Hassan (à gauche) et celle de al-Rifai (à droite). La première est l'une des mosquées monumentales les plus célèbres et les plus belles du Caire. Construite entre 1356 et 1363, avec ses 8000 mètres carrés environ, elle représente l'une des œuvres les plus remarquables de l'architecture islamique. La mosquée al-Rifai fut élevée par une femme, la princesse Khoshiar Hanen, et terminée en 1912. A l'intérieur se trouve la tombe de la famille royale d'Égypte, du khédive Ismail Pacha au roi Farouk.

Ci-dessus et ci-contre: *deux images de la riche décoration architectonique à l'intérieur de la mosquée du sultan Hassan et l'un des élégants minarets de la mosquée al-Rifai.*

A droite: **mosquée Mohammed Ali** *Construite en 1830, cette mosquée est devenue l'emblème du Caire. Elle comprend deux parties: la mosquée proprement dite et la cour, au centre de laquelle se trouve la belle fontaine des ablutions. La mosquée est l'œuvre de l'architecte grec Youssef Bochna, qui résidait en Turquie et l'éleva en prenant pour modèle Sainte-Sophie à Istanbul. De forme carrée, elle est surmontée d'une coupole de 21 mètres de diamètre et haute de 52 mètres, et s'appuie sur quatre piliers carrés. Caractérisé par une grande quantité d'albâtres, l'intérieur est illuminé par de nombreux lampadaires concentriques en cristal suspendus à des chaînes.*

Ci-dessus, à gauche: mosquée d'Ibn Tulun, construite entre 876 et 879 et dont le plan reflète celui de la mosquée de Samarra, en Iraq.

Ci-dessus, à droite: les minarets de la mosquée d'al-Azhar.

Ci-contre: la tour moderne du Caire dans l'île de Gezira.

Ci-dessous: la mosquée du sultan Barquq.

<u>Ci-dessus</u>: *le Nil vu de l'hôtel Nile Hilton.*

<u>Ci-dessous et ci-contre</u>: *une salle du musée d'Art islamique inauguré en 1903 et, à droite, une image du Musée copte avec une fontaine couverte par une coupole en bois s'appuyant sur quatre colonnes de marbre; au centre de la voûte, un lampadaire de 366 lampes représentant les jours de l'année.*

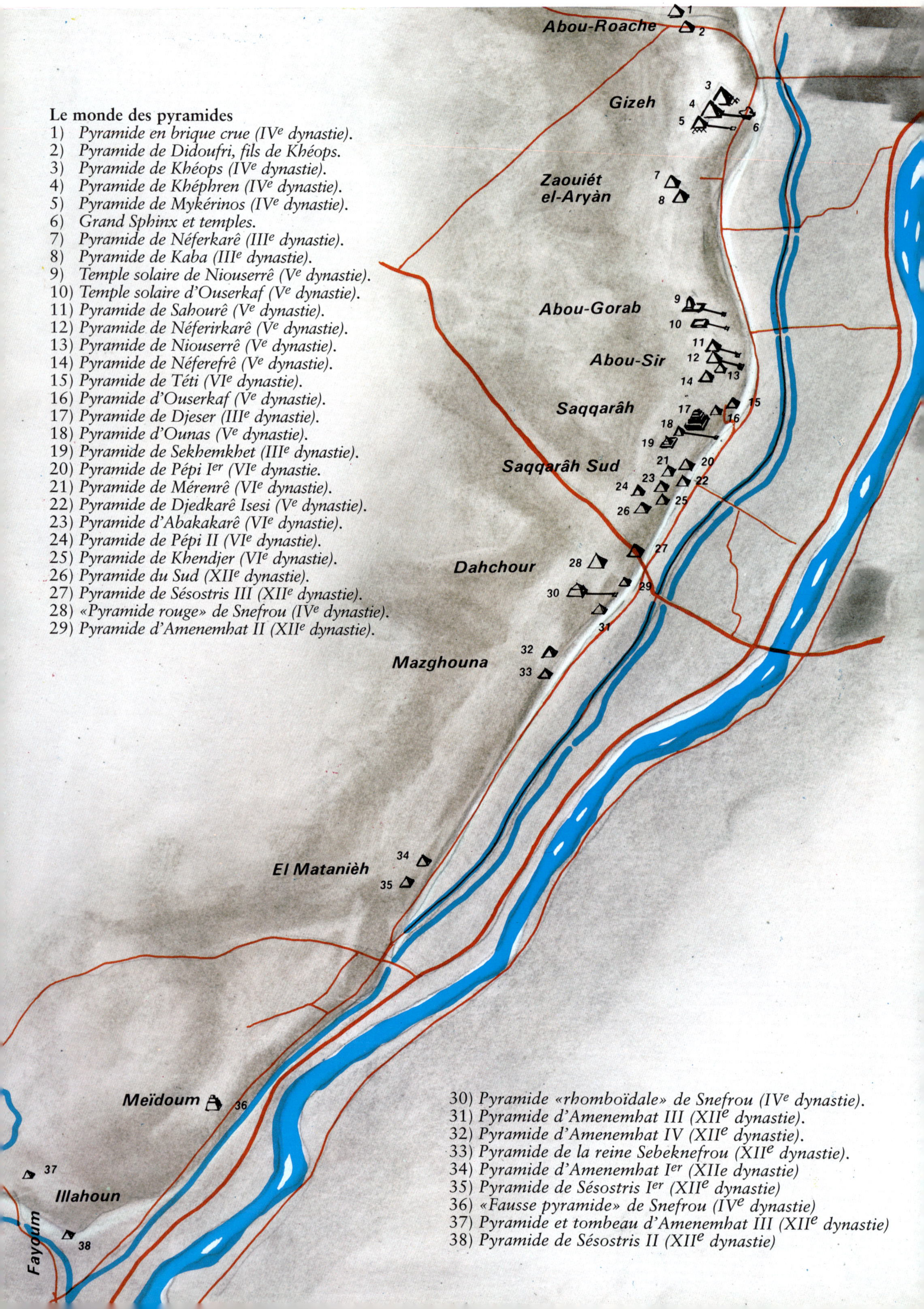

Le monde des pyramides

1) *Pyramide en brique crue (IVe dynastie).*
2) *Pyramide de Didoufri, fils de Khéops.*
3) *Pyramide de Khéops (IVe dynastie).*
4) *Pyramide de Khéphren (IVe dynastie).*
5) *Pyramide de Mykérinos (IVe dynastie).*
6) *Grand Sphinx et temples.*
7) *Pyramide de Néferkarê (IIIe dynastie).*
8) *Pyramide de Kaba (IIIe dynastie).*
9) *Temple solaire de Niouserrê (V^{e} dynastie).*
10) *Temple solaire d'Ouserkaf (V^{e} dynastie).*
11) *Pyramide de Sahourê (V^{e} dynastie).*
12) *Pyramide de Néferirkarê (V^{e} dynastie).*
13) *Pyramide de Niouserrê (V^{e} dynastie).*
14) *Pyramide de Néferefrê (V^{e} dynastie).*
15) *Pyramide de Téti (VIe dynastie).*
16) *Pyramide d'Ouserkaf (V^{e} dynastie).*
17) *Pyramide de Djeser (IIIe dynastie).*
18) *Pyramide d'Ounas (V^{e} dynastie).*
19) *Pyramide de Sekhemkhet (IIIe dynastie).*
20) *Pyramide de Pépi Ier (VIe dynastie.*
21) *Pyramide de Mérenrê (VIe dynastie).*
22) *Pyramide de Djedkarê Isesi (V^{e} dynastie).*
23) *Pyramide d'Abakakarê (VIe dynastie).*
24) *Pyramide de Pépi II (VIe dynastie).*
25) *Pyramide de Khendjer (VIe dynastie).*
26) *Pyramide du Sud (XIIe dynastie).*
27) *Pyramide de Sésostris III (XIIe dynastie).*
28) *«Pyramide rouge» de Snefrou (IVe dynastie).*
29) *Pyramide d'Amenemhat II (XIIe dynastie).*
30) *Pyramide «rhomboïdale» de Snefrou (IVe dynastie).*
31) *Pyramide d'Amenemhat III (XIIe dynastie).*
32) *Pyramide d'Amenemhat IV (XIIe dynastie).*
33) *Pyramide de la reine Sebeknefrou (XIIe dynastie).*
34) *Pyramide d'Amenemhat Ier (XIIe dynastie)*
35) *Pyramide de Sésostris Ier (XIIe dynastie)*
36) *«Fausse pyramide» de Snefrou (IVe dynastie)*
37) *Pyramide et tombeau d'Amenemhat III (XIIe dynastie)*
38) *Pyramide de Sésostris II (XIIe dynastie)*

LA MONTÉE VERS L'ÉTERNITÉ

«Le monde des pyramides»: ainsi peut-on appeler une série de nécropoles plus précisément situées sur la rive ouest du Nil qui, de l'antique cité de Létopolis arrive presque jusqu'à Hérakléopolis.

Au nord et au sud de Memphis plus de quatre-vingts pyramides créent une chaîne continue de cinquante kilomètres. Certaines sont à degrés et beaucoup à faces planes, entourées d'une myriade de mastabas, c'est-à-dire de tombeaux en forme de parallélépipède légèrement tronco-pyramidal. Presque en tête de cette série de monuments dominent les pyramides de Gizeh.

Les plus anciens tombeaux des pharaons sont semblables au palais-château de la Ire dynastie, puis viennent les pyramides à degrés et, enfin, celles à faces planes. S'il est facile pour nous de comprendre comment le palais du pharaon vivant devient «palais» du pharaon défunt (de même que la maison du prince vivant devient, avec le mastaba, la maison du prince défunt), il n'est pas pour autant facile de saisir la corrélation de la pyramide avec le monde des vivants et avec l'au-delà.

Le palais — résidence munie de tours du roi — a, comme nous l'avons déjà vu, des origines antérieures au IVe millénaire av. J.-C.; peut-être le tombeau royal gardait-il aussi, à cette époque, les mêmes caractéristiques de forme. Nous en avons des exemples très évidents avec le tombeau de Aha (vers 2900 av. J.-C.) et avec celui d'Oudimouh, qui vient peu après. Et il faut remarquer que tandis que le premier est du type vide — en quoi il est semblable à une demeure réelle où la salle centrale fait fonction de chapelle funéraire (c'est-à-dire de «chambre du roi») — le second est du type massif, faisant ainsi fonction de chapelle funéraire creusée dans la roche. Dans les deux cas on retrouve le rite préhistorique du mort conservé dans ou sous sa propre maison.

Avec l'avènement de la pyramide, le simulacre de la maison est balayé et tout lien avec le monde réel ou avec la tradition est aboli. Le saut inattendu, apparemment inexplicable, se vérifie à l'époque de Djeser (2700 av. J.-C.) et avec des ouvrages dont les projets sont dus au grand architecte Imhotep. En effet, dans ce merveilleux ensemble architectonique qui se trouve au centre de Saqqarâh, nous trouvons trois sortes de constructions de caractéristiques essentiellement différentes: la magnifique enceinte, qui reprend l'architecture traditionnelle des palais royaux; les superbes édifices massifs et d'autres à colonnes qui offrent des perspectives entièrement nouvelles à l'architecture du monde ancien tout entier; l'expression volumétrique hermétique de la pyramide à degrés qui domine de très haut au centre de l'ensemble, construction qui ne se réfère en rien à l'architecture traditionnelle ou à l'architecture inventée par l'architecte Imhotep lui-même! Comment expliquer cet abîme de conception qui sépare l'ouvrage majeur d'Imhotep des autres, qui renie toute forme quelconque d'un ensemble architectonique, expérimenté et inventé par l'auteur même du projet? Dans la construction de la pyramide nous apparaît «écrit» en signes très clairs le retournement de la tradition. Au début de la construction est un mastaba de plan carré (presque le double du tombeau d'Oudimouh). Sous le mastaba massif est creusé l'hypogée du pharaon. La maison-tombeau subit deux agrandissements, mais tout s'élabore suivant la tradition. Tandis que l'on procède au deuxième agrandissement, sans cause apparente, le programme est radicalement abandonné et sur le mastaba apparaît — comme une grande cloche protectrice — la première pyramide à quatre degrés, qui disparaît à son tour sur trois de ses côtés sous la pyramide définitive à six degrés.

Pourquoi, vient-on à se demander encore une fois, le tombeau traditionnel, simulacre de la maison des vivants, est-il «englouti» par une forme entièrement neuve, même pour l'inventeur lui-même? D'autres questions se posent si l'on considère que, cent ans après à peine, la pyramide à degrés comme somme d'une superposition de mastabas de superficie de plus en plus petite, forme que nous trouvons concrétisée architectoniquement, quelques siècles après, dans les temples à degrés (appelées *ziggourats*) de Sumer, et perfectionnée dans celles de Babylone deux mille ans plus tard. Expressions fondamentalement très différentes mais qui peuvent donner une référence architectonique, fût-elle embryonnaire, à la pyramide d'Imhotep. Quelle référence, par contre, pouvons-nous trouver pour les pyramides à faces planes entreprises seulement cent vingt ans après Djeser?

Le saut de la pyramide à degrés à la pyramide à faces planes est «inscrit» dans les structures originelles de la pyramide de Meïdoum de Snefrou, fondateur de la IVe dynastie. Sur le plan de la construction, le saut est peu perceptible. En effet, il est presque prévu qu'une pyramide à degrés finisse par être protégée par une couverture à surface continue afin de mieux résister à l'usure du temps; et en outre le concept de la face continue est contenu dans toutes les grandes pyramides, à commencer par celle de Djeser, où la construction se développe en une série de massifs de maçonnerie en dégradé à face plane autour du noyau central (le noyau de la pyramide de Khéops ressemble à un gigantesque obélisque de 146 mètres sans la pointe). Par contre, le saut sur le plan de la forme est d'une tout autre portée, puisque d'une silhouette qui ne serait qu'un faible contact avec la conception architectonique de l'époque, on passe à une autre qui perd tout contact avec la réalité. Considérons en outre que cette dernière «nouveauté» n'est pas due à un caprice momentané mais qu'elle persiste jusqu'à la fin de la VIe dynastie; nous en retrouvons un exemple exaltant à la fin du IIIe millénaire. La période d'or de la pyramide à degrés dure un peu plus de cent ans, celle de la pyramide géométrique durera cinq cents ans!

Il est évident que la raison qui contraignit Khéops à s'engager dans une entreprise aussi coûteuse a dû être importante; aux limites des possibilités humaines, pour réaliser finalement une «absurdité architectonique», soit une pyramide géométrique macroscopique encore plus éloignée de la réalité et des hommes que ne l'avait été celle de Djeser. Puisque cette raison valable, ce «modèle» extraordinaire ne peut se retrouver dans la vie pratique, dans les œuvres déjà réalisées par les Égyptiens, il est nécessaire de diriger l'enquête vers le monde religieux et les expériences qui remontent au-delà de l'histoire.

Nous trouvons des pyramides spirituelles dans la théologie et la cosmogonie égyptiennes, dans cette «science» du monde avant et après la «terre du Nil». Ces signes des «mystères» pyramidaux ont de puissants reflets dans le terreau primordial surgissant du Chaos et d'où jaillit le grand œuf-lotus qui s'ouvre pour faire naître le soleil. De puissants reflets d'analogie substantielle de forme jaillissent de la pyramide de rayons de lumières, laquelle mène les élus comme sur une large voie qui se réduit à un point dans l'infini, un vrai Nirvanâ égyptien rejoint en parcourant le pont qui unit ciel et terre.

Akhénaton, le Pharaon prophète de la religion révélée, reproduit constamment cette pyramide faite de bras sans fin qui descendent du soleil au bénéfice de tous les hommes, personne n'étant exclu, des bras tendus comme pour saisir l'humanité entière et la remporter dans le ciel.

Les «textes des pyramides» eux-mêmes, qui transcendent l'histoire, nous disent: «J'ai marché sur tes rayons comme sur une rampe de lumière pour monter en face de Rê... le ciel a rendu solides les rayons du soleil afin que je puisse m'élever jusqu'aux yeux de Rê... on a construit un escalier vers le ciel afin que je puisse rejoindre le ciel par ce moyen.»

La Grande Pyramide nous apparaît ainsi, et l'on dit la même chose du Sphinx, comme un gigantesque idéogramme exhumé du passé, dans lequel nous «déchiffrons» l'escalier par excellence qui mène à l'éternité. C'est le Verbe qui se manifeste, lorsqu'au commencement du Temps il dit à son image: «Viens à moi.»

Ce gigantesque talisman de pierre devient le témoignage et la certitude concrète de la renaissance de la chrysalide-momie, la base et le terme de l'ascension au Paradis.

Pour le «modèle» de ce talisman gigantesque, introuvable dans tous les siècles précédents, il nous vient instinctivement l'idée de nous référer encore à ce réservoir mystérieux des origines que Platon appelle

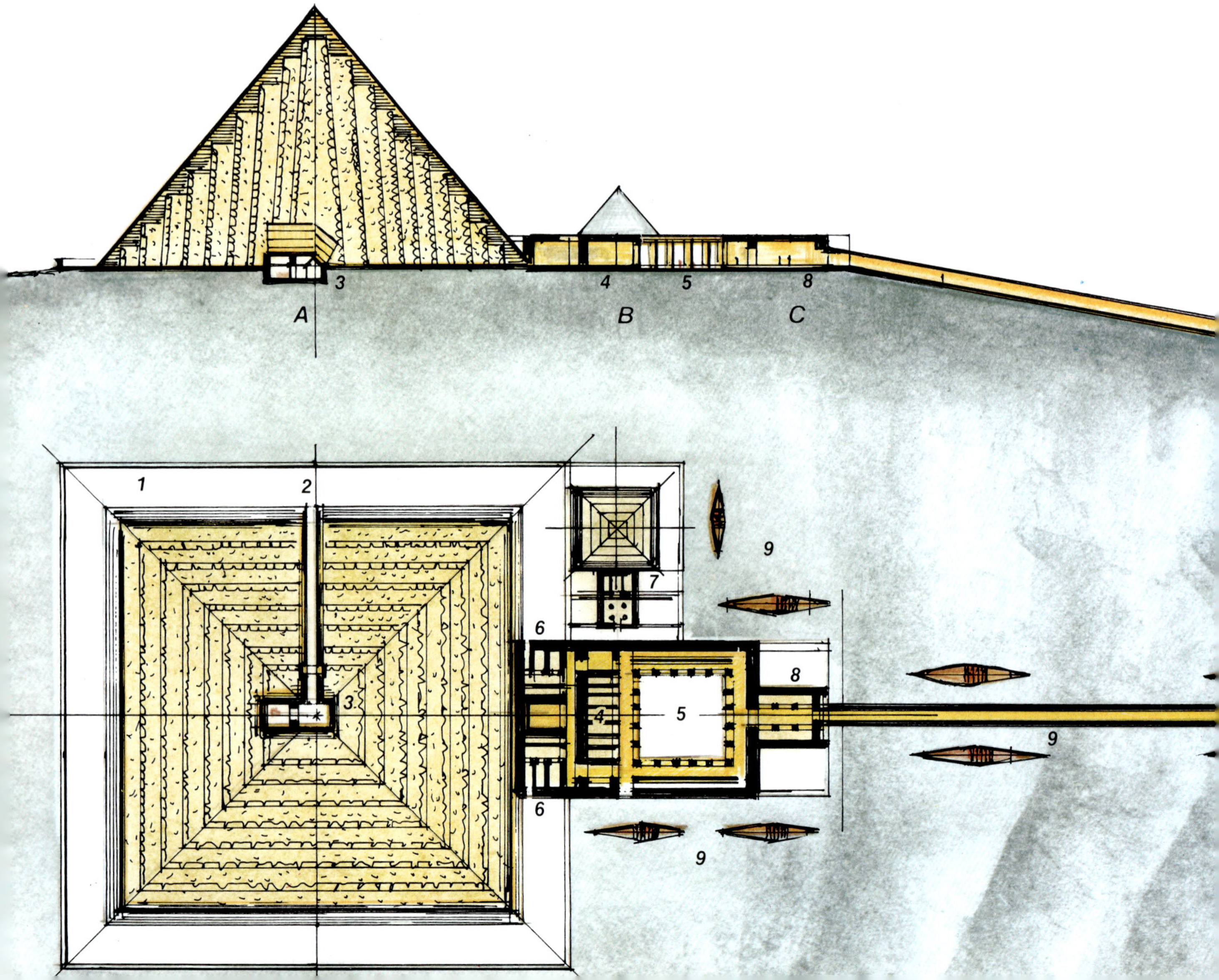

Ensemble monumental de la pyramide
Plan et coupe du schéma-type
A- *Pyramide construite en plans inclinés de pierraille et finie avec de la pierre fine équarrie provenant des carrières de Tourâh.*
B- *Pyramides satellites pour les princesses du pharaon.*
C- *Temple funéraire en amont pour le culte du pharaon divinisé.*
D- *Galerie de communication.*
E- *Temple funéraire en aval pour la purification et l'initiation.*
1) *Enceinte de la pyramide.*
2) *Galerie d'accès à l'intérieur de la pyramide avec ouverture au levant.*
3) *Chambre des trésors et chapelle du sarcophage souterrain.*
4) *Sanctuaire avec sept chapelles pour les dieux et un hall d'entrée pour l'adoration du Pharaon-dieu.*
5) *Cour à portique pour les prêtres et les familiers initiés.*
6) *Magasins des offrandes et cellules des prêtres.*
7) *Petit temple des offrandes et des prières pour la reine.*
8) *Hall d'entrée du temple funéraire.*
9) *Barques sacrées enterrées autour du temple et de la galerie.*
10) *Gardien du «seuil».*
11) *Magasins et cellules des prêtres.*
12) *Sanctuaire de l'«ouverture des yeux et de la bouche».*
13) *Hall d'entrée pour l'achèvement et la purification de la momie.*
14) *Débarquement sur le canal provenant du Nil.*

l'Atlantide. A ce sujet rappelons que le souvenir de l'Atlantide, selon Platon, était parvenu à Solon (600 av. J.-C.) par un prêtre de Saïs, cité très ancienne de la Haute-Égypte; que dans ce souvenir, l'Atlantide est décrite comme un royaume idéal fondé, neuf mille ans avant, par Poséidon dieu de la mer (pour les Égyptiens aussi la terre primordiale naît de l'eau); que l'empire de l'Atlantide s'était étendu jusqu'à l'Égypte: empire d'hommes sages et bons, mais qui ensuite, envahi par la corruption, avait été puni et submergé par la mer même qui l'avait enfanté.

Rappelons enfin qu'un illustre ancêtre de ces prêtres égyptiens conservateurs de la mémoire de l'Atlantide selon Platon, était Imhotep, ce même grand-prêtre qui avait montré la voie pour la montée au ciel avec la première grande pyramide à degrés.

La fonction de la pyramide

Le complexe urbain de la pyramide à faces planes est profondément différent de celui de la pyramide à degrés, comme on peut aisément l'observer en confrontant les ensembles architectoniques de Gizeh et d'Abou Sir avec celui du mausolée de Djeser.

La pyramide à faces planes se développe à l'Est avec l'ensemble continu de trois monuments: le «temple funéraire» qui repose à ses pieds; le «temple en aval» sur la rive du canal; la longue «rampe-galerie» qui relie les deux temples. Tout cet ensemble entrait en fonction au moment des funérailles du défunt.

A la mort du pharaon, le long rite de son «embaumement» et de sa sépulture partait de la demeure-temple même du pharaon. Une fois le corps arrivé avec le cortège des barques sacrées au temple en aval com-

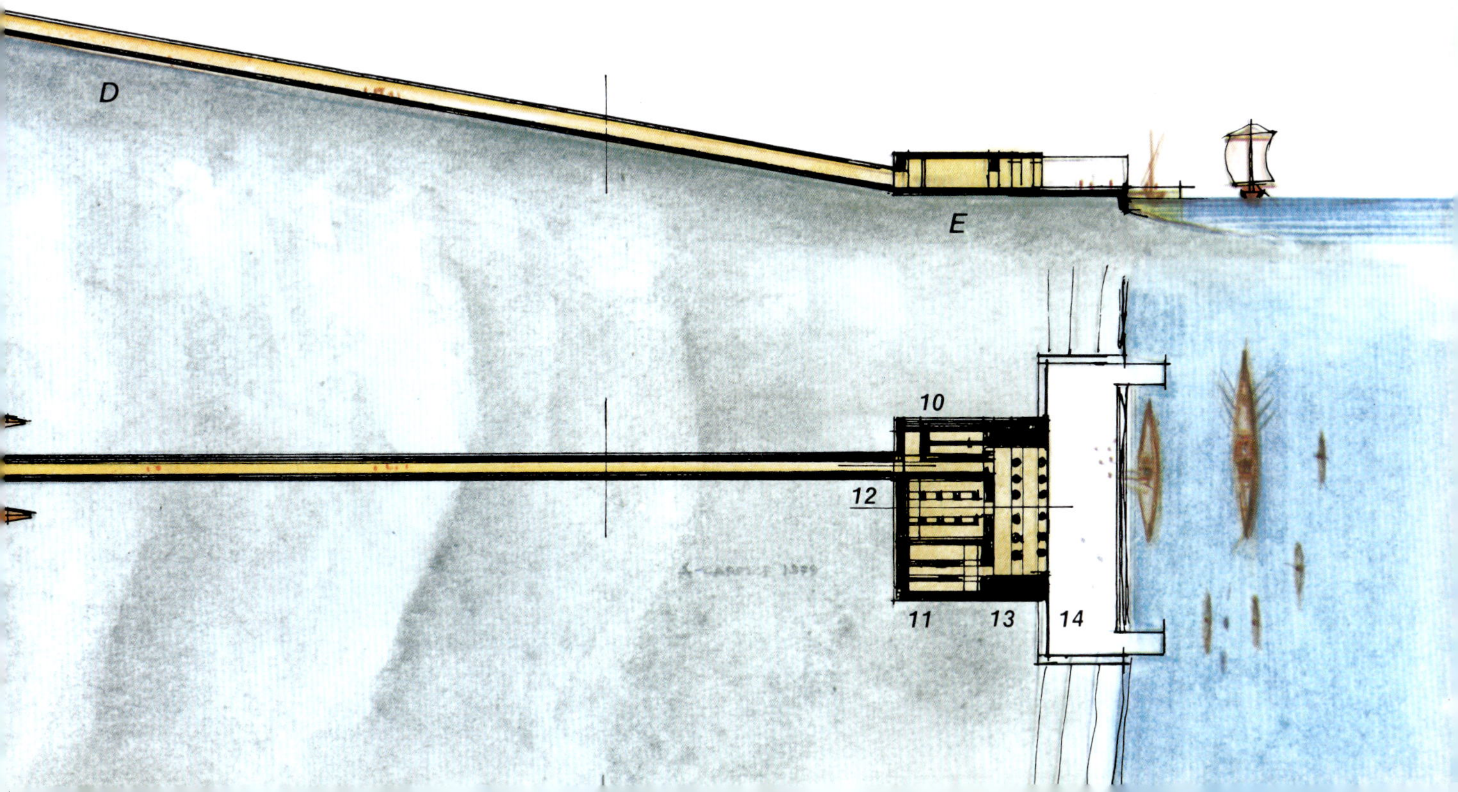

mençaient les cérémonies de «purification» et se terminait aussi la préparation de la momie. La cérémonie principale consistait dans les ablutions de purification semblables au lever du Soleil qui renaît chaque matin du «lac du lis». Devenue pure, couverte d'amulettes propitiatoires, la momie passait chez le «Gardien du seuil», puis entreprenait son voyage d'ascension, dans la galerie couverte aux yeux des profanes, et rejoignait le temple en amont pour la «consécration». Un nombre toujours plus petit d'initiés et de purifiés (en faisaient partie les prêtres et les conjoints) accompagnait le corps dans les grandes salles à colonnes successives et enfin débouchait dans la grande cour centrale. De là, seuls les grands initiés et les héritiers du pharaon avançaient dans le *sancta sanctorum* du temple funéraire, où avait lieu la cérémonie essentielle de l'«ouverture de la bouche et des yeux». C'est l'héritier royal qui procédait à ce rite qui «ouvrait» la communication du défunt avec l'au-delà devant les cinq chapelles c'est-à-dire devant les cinq statues du dieu-roi, une par attribut donné au pharaon au moment de sa «consécration» royale.

Officiellement réuni aux dieux, le défunt était porté par des chemins secrets à la chapelle souterraine. Une fois scellé, le précieux sarcophage était installé au milieu des trésors et de ses objets les plus chers; après quoi les ouvriers-prêtres faisaient le parcours en sens inverse, fermaient les portes de marbre, obstruaient tout passage de façon que personne ne puisse venir troubler l'attente du pharaon en vue de son ascension définitive vers le Soleil.

Une dernière cérémonie secrète était l'installation de la statue du pharaon dans le *serdab*, un petit réduit muré au cœur du temple funéraire, d'où le simulacre du roi «verrait» dans tous les temps à venir les cérémonies et les offrandes faites en son honneur.

Les tombeaux à mastabas

De façon courante, les tombeaux des dignitaires et des nobles situés autour de la pyramide sont en forme de mastabas, mot arabe qui signifie «blanc»: ils sont de plan rectangulaire avec des parois légèrement inclinées, ont une corniche qui tourne tout autour, et une porte unique ou «fausse porte» d'entrée avec ou sans hall d'entrée extérieur. De même que le palais du pharaon défunt était semblable à la maison habitée du vivant du propriétaire du tombeau. Mais le tombeau du type mastaba se modifie suivant un processus inverse de celui du tombeau de type palais, en ce qu'à l'origine il était «plein», pour ensuite devenir «vide». Cela est probablement lié à la constante différence socio-économique; au début les courtisans étaient ensevelis dans de simples fosses, distinctes des tumulus de pierre, autour de la chapelle du roi; avec la progression de la chapelle royale, le tumulus se voit construit en pierre, jusqu'à devenir une véritable maison-palais autour de la grande pyramide.

Étant donné que dans le mastaba plein il n'existait pas de locaux en surface, la «momification» était entièrement exécutée en ville, dans le «palais de la vie». La purification se faisait dans la chambre d'entrée extérieure et se continuait sous un pavillon provisoire érigé sur la couverture du mastaba. Puis le sarcophage placé au milieu de ses trésors et de ses souvenirs, la chambre funéraire était scellée; on remplissait le puits de cailloux et de sable et on le bouchait complètement. Les cérémonies funèbres et les offrandes reprenaient dans la petite chambre d'offrandes extérieures, devant la fausse porte où était représenté le défunt comme s'il participait aux rites en son honneur.

Dans le mastaba vide était creusée une suite de locaux qui répétaient plus ou moins ceux de la maison du défunt; des locaux pour le défunt et des locaux pour ses familiers. Pour cette raison les cérémonies de la purification et de l'ouverture de la bouche se déroulaient à l'intérieur du tombeau-maison avant que le sarcophage ne fût descendu dans le puits sous le pavement et définitivement scellé. De grande importance aussi étaient les rites et banquets funèbres qui se déroulaient, par la suite, dans les diverses salles intérieures. Le défunt y participait par son effigie figurant sur la fausse porte. Ou bien il était magiquement présent, pour chaque parent, de l'intérieur de son *serdab* de sorte que le cercle de famille restait encore intact entre ciel et terre.

Reconstitution imaginaire d'une partie de la nécropole au milieu du IIIe millénaire
Les mastabas, rangés suivant une trame réticulaire, caractérisent le quartier résidentiel des nobles et des hauts fonctionnaires qui s'étend autour du palais du roi. La coupe fait voir l'intérieur de deux mastabas de types différents. En haut celui du type le plus ancien, où l'on a conservé l'aspect de la maison seulement à l'extérieur, puisque l'intérieur est massif comme l'étaient les «maisons» superbes construites autour de la pyramide de Djeser. En bas, le mastaba en usage surtout durant la Ve et la VIe dynasties: même à l'intérieur l'analogie étroite avec la maison des vivants est évidente.

Mastaba à corps massif:

1) *Temple d'accueil avec une stèle dans le fond. Il y a parfois sur la stèle la «fausse porte» avec l'«apparition» du défunt.*
2) *Puits qui mène de la terrasse aux chambres souterraines.*
3) *Antichambre du «trésor» murée à l'entrée.*
4) *Chambre du sarcophage.*

Mastaba reproduisant la maison:

a) *Hall d'entrée.*
b) *Chambre d'entrée et répartition des appartements intérieurs (parents et enfants).*
c) *Cour intérieure ou salle centrale hypostyle.*
d) *Dégagement vers les magasins.*
e) *Petite salle des rites et des banquets funèbres.*
f) *«Fausse porte» et cellule fermée (*heb-sed*) contenant l'effigie du défunt (du côté ouest du mastaba). Cette cellule, appelée* serdab *était, dans les mastabas, toujours située sur le côté occidental, c'est-à-dire dans la direction du règne des morts.*
g) *Puits menant aux chambres souterraines.*
h) *Chambre des dons et du mobilier funéraire du défunt murée à l'entrée.*
i) *Chambre du sarcophage.*

Gizeh

Reconstitution de la nécropole en 2500 av. J.-C.
Gizeh est le nom actuel de l'immense nécropole de l'antique Létopolis (aujourd'hui Le Caire). Elle s'étend sur un plateau, nivelé par l'homme il y a 4500 ans, de 2000 mètres avec un escarpement côté sud-est descendant à 40 mètres de dénivellation, au pied duquel courait autrefois un canal du Nil séparant la zone désertique de la terre fertile. Principaux monuments: le Sphinx dit Abou el-Hol *(«Père de la terreur»); les Grandes Pyramides, une des Sept Merveilles du Monde (les six autres étaient: le Phare d'Alexandrie d'Égypte; le Mausolée d'Halicarnasse; le Temple d'Artémis à Éphèse; le Colosse de Rhodes; les Jardins suspendus de Babylone; la statue de Jupiter de Phidias dans le temple d'Olympie).*
Les pyramides sont placées en diagonale du nord-est au sud-ouest, de façon qu'aucune ne cache jamais le soleil aux autres. Les deux premières sont presque à la même hauteur au sommet, car celle de Khéphren est plus basse mais son assise est plus haute. Les trois ont leur chambre funéraire dans le roc, presque au milieu du corps de la construction. Les pyramides de Khéops et de Mykérinos ont d'autres chambres superposées. Toutes ont leur ensemble monumental complet: temple funéraire en amont, galerie de communication et temple en aval; Khéphren en grande partie conservé, Khéops presque totalement détruit. Le seul en axe par rapport à la pyramide est celui de Mykérinos; celui de Khéphren dévie au sud (au-delà du Sphinx), celui de Khéops au nord. Khéops et Mykérinos ont trois pyramides satellites. Khéphren n'en avait probablement qu'une. Les barques sacrées enterrées autour des temples en amont de Khéops et de Khéphren devaient être nombreuses.

A - *Ensemble funéraire de Mykérinos.*
1) *Pyramide (hauteur: 66 m x largeur: 108 m).*
2) *Trois pyramides satellites.*
3) *Enceinte sacrée.*
4) *Temple funéraire en amont.*
5) *Rampe de descente.*
6) *Temple en aval.*

B - *Ensemble funéraire de Khéphren.*
7) *Pyramide (hauteur: 136,50 m x largeur: 210,50 m).*
8) *Une pyramide satellite.*
9) *Enceinte sacrée et chambres rupestres comme magasins et abris pour les prêtres-ouvriers.*
10) *Temple funéraire et barques solaires.*
11) *Rampe de descente.*
12) *Temple en aval.*

C - *Ensemble funéraire de Khéops.*
13) *Pyramide (hauteur: 146 m x largeur: 233 m).*
14) *Trois pyramides satellites et barques solaires.*
15) *Temple funéraire.*
16) *Rampe de descente.*

D - *Nécropoles à l'est et tombes rupestres.*
E - *Nécropoles au sud.*
F - *Nécropoles à l'ouest.*
G - *Le Grand Sphinx (hauteur: 21 m x largeur: 57 m).*
H - *Temple du Sphinx.*

B
F
7
9
10
13
C
E
15
11
14
16
G
H
12
D

Ci-dessus: **la pyramide de Khéops**
La plus grande des pyramides, vue du bas, donne l'impression d'une immense suite de gradins partant vers l'infini. Cette impression est accentuée par l'absence totale de parement, qui laisse à découvert les blocs intérieurs disposés comme une échelle pour des géants. Des 146 mètres de hauteur de l'origine il n'en reste aujourd'hui que 137 et à la place du sommet il y a un plateau de 10 mètres de large; le volume s'est réduit de 2 500 000 mètres cubes à 2 350 000 mètres cubes, donc environ 150 000 mètres cubes de matériau de valeur équarri soustrait jusqu'en 1800 ap. J.-C. pour les constructions du Caire.
La perfection du paramètre disparu, nous pouvons la retrouver dans les parois intérieures de la Grande Galerie, de 46 mètres de long et de 8,50 mètres de haut maximum qui, à l'intérieur de la pyramide, mène à la «chambre du roi».

Ci-contre: **les Grandes Pyramides de Gizeh**
De la Grande Pyramide de Khéphren, au premier plan, nous remarquons la pointe presque intacte, terminée avec le calcaire des carrières de Tourâh et nous découvrons à droite les ruines du grand temple funéraire. Les deux pyramides ne présentent pas de différences excessives quant à leurs dimensions (à l'origine, Khéops dépassait de 9,50 m celle de Khéphren). En revanche, elles sont remarquables dans celles de l'organisation interne. Car, tandis que la pyramide de Khéphren est une pyramide normale conçue comme un tumulus gigantesque au-dessus de la chambre sépulcrale, celle de Khéops, en plus du fait que la chambre sépulcrale est creusée dans la profondeur de la roche et la «chambre de la reine» creusée à quelques mètres des fondations, semble vouloir protéger l'ensemble monumental qui s'élève au cœur de la pyramide elle-même (la «chambre du roi»), relié à une voie de descente de grandes proportions et de noble allure. Ce pseudo-monument s'élève sur 20 mètres environ, à 40 mètres de l'étage de la pyramide: c'est une tour de blocs de granit d'un poids de 40 à 60 tonnes qui, en coupe, rappelle extraordinairement le Djed «épine dorsale d'Osiris», image d'origine préhistorique (lire les très intéressantes hypothèses de l'ingénieur M. Pincherie: La Grande Pyramide, *Filelfo, 1977).*

La pyramide de Khéphren vue du Sud
Au premier plan on aperçoit les blocs de granit qui revêtaient la pyramide de Mykérinos à la base et sur environ un quart de sa hauteur. Au second plan, la pyramide de Khéphren avec son capuchon caractéristique, dernier morceau demeuré du parement extérieur. La pyramide a 136,50 mètres de haut et 210,50 mètres de large. Les côtés ont une inclinaison de 50 degrés environ et son volume est de 1 600 000 mètres cubes environ. A la base, le parement était en granit rose. Deux galeries partant de la pyramide et de la terrasse au nord mènent à la chambre sépulcrale à moitié creusée dans le roc. Cette pyramide elle aussi, comme toutes les autres, a été violée et plus précisément en 1200 ap. J.-C. par le fils de Saladin: Ali Mohammed.

Ci-contre: **grande porte du Temple funéraire et vue en raccourci de la pyramide de Mykérinos**
Elle est notablement plus petite que les deux autres géantes. A peine 66 mètres de haut et 108 de large. Au XVIe siècle elle avait encore son beau parement aujourd'hui presque entièrement disparu. Du temple funéraire, encore intact au XVIIe siècle et construit en blocs pesant jusqu'à 200 tonnes, il ne reste que quelques ruines. Le magnifique sarcophage de basalte, décoré des typiques «façades du palais» (voir p. 37) s'est perdu en mer alors qu'on le transportait en Angleterre. Même à son époque, l'ensemble de Mykérinos ne naquit pas sous une bonne étoile: construit à la perfection, on dut le terminer à la hâte de sorte que diverses parties furent complétées par des briques crues et s'abîmèrent très vite.

Ci-dessous: **les trois pyramides satellites au sud de la pyramide de Mykérinos**
Selon toute probabilité, seule la première pyramide avait des faces lisses et était revêtue de granit rose. Peut-être cette pyramide était-elle destinée à la reine Khamerenebty II, épouse de Mykérinos.

La barque solaire
En mai 1954, l'archéologue égyptien Kamal el Mallak retrouvait, au sud de la pyramide de Khéops, une «barque solaire» vieille de 5000 ans, peut-être celle-là même qui avait accompagné le corps du Pharaon de Gizeh. Cette embarcation en bois de cèdre, de sycomore et de jujubier, est longue de 46 mètres et large de 6 mètres en son milieu; à la proue et à la poupe elle se termine par un assemblage de lattes de bois en forme de lotus. Au milieu de la barque se trouve une cabine fermée longue de 9 mètres; six paires de rames se trouvaient à bord.

A droite: Dans cette reconstruction idéale on peut voir la grande barque fixée à un traîneau tiré par des bœufs alors qu'un cortège de prêtres porte les offrandes sacrées.

Ci-dessus et ci-contre: *le Sphinx, à l'effigie du roi Khéphren dont la tombe se dresse majestueusement au fond, et une image du temple du Sphinx avec ses deux nefs séparées par six piliers de granit.*

A droite: **reconstitution du temple du Sphinx (IIIe millénaire av. J.-C.)**
Le temple est substantiellement différent de ceux de la IVe dynastie et des suivants. Il suffit de comparer le plan du temple du Sphinx avec celui du temple de Khéphren, pour voir qu'il y a là deux conceptions fondamentalement différentes. En effet, le temple de Khéphren, comme les suivants, se développe symétriquement le long de l'axe vertical qui part de l'entrée; et ses locaux sont «creusés» dans le corps massif de la construction. Celui du Sphinx, au contraire, est symétrique par rapport au centre, suivant l'axe vertical et l'axe longitudinal passant par le centre, et ne possède pas de murs extrêmement solides. Cette dernière construction est plus voisine des vrais mastabas des premières dynasties que des temples de la IVe dynastie et des suivantes. En considérant aussi le matériau et le travail, il faut en conclure que ce temple est d'origine plus ancienne que celui de Khéphren. Par la reconstitution de l'intérieur de ce très ancien temple, nous donnons une idée de ce qu'il pouvait être après sa restauration par Touthmosis IV (1505-1450 av. J.-C.).

<u>Ci-contre</u>: **côté du Grand Sphinx de Gizeh**
Ce gigantesque lion à visage humain, entièrement sculpté dans la roche, a 20 mètres de haut, et environ 74 mètres de long. Selon le Grec Hérodote, il existe sous le sphinx un temple rupestre relié par une longue galerie au lac et à l'île du sarcophage cachés au cœur du rocher qui soutient la pyramide de Khéops. Le monument a été restauré plusieurs fois, et plusieurs fois le sable l'a submergé jusqu'au cou. La restauration la plus célèbre a été celle de Touthmosis IV à qui, alors qu'il reposait à l'ombre du colosse, apparut en songe le dieu du Sphinx Harmakhis, c'est-à-dire le «Soleil à l'horizon», afin de le pousser à cette pieuse entreprise — comme on le raconte sur la stèle entre les pattes du lion. La restauration en blocs de pierre est un travail de l'époque ptolémaïque. Même les Romains s'employèrent à la dégager du sable et placèrent un autel en face du prestigieux monument. Le dernier désensablement date de 1926 et les restaurations continuent.

<u>Ci-dessous</u>: **profil du Sphinx**
On peut voir les mutilations dues, dans ce cas aussi, davantage aux hommes qu'au temps, car la tête émergeant du sable est même devenue la cible des canons des Mamelouks. Le visage a 5 mètres de haut, le tronçon du nez presque 2 mètres. La barbe postiche ajoutée par Touthmosis IV est au musée du Caire.

Le Sphinx illustré par David Roberts

ARCHITECTURE ET INGÉNIÉRIE DANS L'ÉGYTE ANCIENNE
La construction de la pyramide

S'il est difficile de résoudre le problème de cette «absurdité architectonique» qu'est la pyramide, il ne l'est pas moins de retrouver la technique de construction qui a permis sa réalisation. Évidemment nous nous référons toujours aux pyramides de Gizeh et en particulier à celle de Khéops.

En nous approchant de ces mastodontes de pierre, malgré leur détachement absolu de notre monde, nous éprouvons une fascination sans limites. Une émotion indéfinissable nous envahit progressivement, pas tellement en vertu de la masse surhumaine de ces constructions, mais à cause des questions qu'elles nous posent: comment donner un support «logique» à une montagne qui repose sur le vide, à une réalité écrasante privée de racines visibles, sinon en évoquant des images de géants, de demi-dieux?

Depuis plus de cent ans, on tente d'éclaircir le «mystère des pyramides», des flots d'encre sur la construction des pyramides ont été versés pour expliquer comment un travail impossible a pu devenir réalité.

Problème principal: par quel système près de trois millions de cubes de pierre, du poids de 2 tonnes ou plus chacun, ont-ils été apportés et installés à la perfection jusqu'à une hauteur de près de 150 mètres, à une époque où l'on ne connaissait encore ni le fer, ni la roue et encore moins la poulie et le treuil?

La théorie la plus communément admise est celle d'une grande rampe provisoire construite sur un des côtés de la pyramide et qui grandissait avec la pyramide elle-même pour apporter les blocs, un par un, traînés par des centaines d'esclaves, jusqu'au sommet. Il est curieux de voir comment cette théorie peut être encore acceptée par beaucoup. Curieux car il suffit de quelques considérations pour en démontrer l'absurdité. Il faut dire tout d'abord que pour supporter le trafic de tant de blocs pesants et arriver à une telle hauteur, il aurait fallu une rampe en pierre, rampe qui, au fur et à mesure de l'aménagement de la maçonnerie à sec, aurait dû avoir un escarpement d'une inclinaison presque égale à celle de la pyramide. En outre, il faut voir aussi que pour être praticable pour des équipes de vingt-cinq à trente hommes, la rampe devait avoir une inclinaison minimum et une largeur de piste d'au moins 3 ou 4 mètres. Tout cela considéré, la théorie de la rampe provisoire construite à l'extérieur est acceptable uniquement là où l'on se référerait à des hauteurs de l'ordre de quelques mètres. Il est reconnu, en effet, que pour avoir une rampe encore «commode», praticable pour le transport du matériel à la hauteur de 140 mètres, il faudrait construire selon les «parfaites règles de l'art» une masse de maçonnerie d'environ un kilomètre de long, laquelle, en arrivant à la hauteur voulue aurait la même section que la pyramide à laquelle elle s'appuierait! En d'autres termes: pour rendre «possible» l'hypothèse de la rampe extérieure il faudrait construire une masse de maçonnerie trois fois plus grande que la pyramide elle-même; sans compter que celle-ci — de dimensions de plus en plus grandes — rendrait le travail plus dur et plus lent au point de devenir à peu près inutile.

Un autre préjugé qu'il est nécessaire de détruire est celui qui donne l'image romanesque d'une marée d'esclaves, attachés à d'interminables cordes et qui traînent d'énormes blocs. Cette conclusion venue de quelques représentations emblématiques du transport de statues colossales est entièrement imaginaire et n'a pas le moindre sens pratique justement sur le plan du transport de charges de nombreuses tonnes. Un sens pratique qui, en vérité, ne manquait pas aux Égyptiens du IVe millénaire av. J.-C. A cette époque de luttes seulement internes, on ne disposait pas de masses de prisonniers de guerres, pas plus que d'esclaves comme l'imagine l'opinion courante. Enfin il est pratiquement impossible et il serait même néfaste de concentrer les efforts d'une énorme quantité de main-d'œuvre sur le traînage, sur de longs parcours, de centaines ou de milliers de quintaux. Au contraire nous voyons souvent des peintures qui montrent l'utilisation des animaux pour le transport de poids et pour l'exécution de travaux trop pénibles pour la seule force humaine. Nous voyons des ânes portant des charges, des paires de bœufs tirant la charrue ou tirant des chariots chargés de baldaquins, d'offrandes, de mobilier et de lourds sarcophages. Par contre, il y a de très nombreuses images d'hommes et de femmes qui, en longues files, portent seuls ou par couples des objets très souvent pas du tout pesants. On peut en conclure que pour des charges de nombreuses tonnes, à partir du IVe millénaire les Égyptiens , comme tous ceux qui vinrent ensuite, recouraient à l'aide efficace des bêtes de somme et de trait disponibles.

Quant à la technique de construction des pyramides, on a formulé dernièrement des théories dignes d'intérêt, mais qui souffrent encore de plusieurs erreurs enracinées dans la théorie couramment acceptée ou même ne répondent pas entièrement et clairement à toutes les exigences de ce problème important.

En dernière analyse, la plus valable et complète des hypothèses est celle qui se déduit des informations les plus anciennes qui nous soient parvenues à ce sujet, c'est-à-dire de celles que nous vous rapportons ici, en les transcrivant des «Histoires» d'Hérodote de 455 av. J.-C.: «A certains il fut commandé le transport des pierres des carrières jusqu'au Nil... à d'autres le transport le long du fleuve dans de grandes barques... on travaillait pendant trois mois sans interruption par roulement d'équipes de 100 000 hommes... Il fallu dix ans pour construire la route le long de laquelle étaient traînés les blocs de pierre, ouvrage qui n'était sûrement pas inférieur à celui de la pyramide, faite de pierres carrées décorées de figures et d'animaux. Dix ans employés à faire cette route et les chambres creusées dans la roche qui sert de base aux pyramides... Vingt ans furent nécessaires pour exécuter la Grande Pyramide... revêtue de pierres taillées, polies et jointes à la perfection.

Vue et plan de la «Machine à balancier» en action
A-B *Position du bras en partance:*
A - *accrochage du bloc à soulever;*
B - *accrochage du filet avec de petits cailloux pour le contrepoids.*
C-D *Position du bras à mi-course.*
E-F *Position du bras à l'arrivée:*
E - *décrochage du bloc;*
F - *décrochage et vidage du contrepoids.*
La manœuvre était dirigée au moyen de leviers de bois et guidée par des cordes de bas en haut.

La machine est faite de poutres de bois et de troncs de palmiers étroitement liés. Le bras oscillant était muni d'un trou central afin de pouvoir tourner autour de la pointe du soutien faite en bois ou en pierre. L'échafaudage de soutien était ancré ou garni de pierres à la base, de façon à ne pas osciller durant les opérations. La machine était faite de façon à pouvoir être démontée en pièces transportables et remontée. L'exemple reconstitue une «machine à balancier» capable de soulever des blocs de 200 à 300 quintaux à une hauteur de 10 mètres de la base.

La Pyramide fut ainsi réalisée: d'abord comme une suite de degrés avec une série de paliers... puis, dès que les paliers étaient finis, les pierres restantes étaient soulevées avec des machines avec de petites poutres (morceaux de bois courts).

Les machines portaient les pierres du sol au premier niveau, là elles étaient chargées sur d'autres machines déjà prêtes et soulevées jusqu'au second niveau et de celui-là au troisième et ainsi de suite, car il y avait autant de machines que de paliers dans la suite de gradins.

On paracheva d'abord les parties les plus hautes de la pyramide puis les suivantes et enfin les parties les plus basses et celles de la base».

Hérodote, deux mille ans après la construction, ne pouvait être plus clair; et l'on a du mal à croire, pour cela, que tant d'hypothèses puissent avoir dévié d'un tel témoignage à moins de l'ignorer totalement. Hérodote parle de pyramide faite en un premier temps en degrés, et nous savons que sous l'épais parement externe la pyramide est en degrés; Hérodote parle de machines pour soulever les pierres d'un degré à l'autre, et nous voyons peintes sur un tombeau de Deir el-Medineh des machines à balancier pour soulever des poids sans poulie ni treuil. «Machines» qui sont encore en usage et qui l'étaient certainement au temps de Khéops pour soulever les pierres d'un degré à l'autre.

Des rampes provisoires pour traîner le matériel, on en construisait certainement jusqu'à de modestes hauteurs, de 10 à 20 mètres au maximum et on en a trouvé trace dans la pyramide à degrés inachevée de Sekhemkhet à Saqqarâh, antérieure à celle de Khéops; mais pour des hauteurs exceptionnelles et pour des constructions d'un autre type, comme celles des Grandes Pyramides, la technique égyptienne doit avoir eu certainement des ressources beaucoup plus avancées que celles que lui attribuent de nombreux spécialistes de notre époque.

La machine pour construire

Hérodote est le premier à citer cette prodigieuse «machine», ancêtre de nos grues qui, il y a cinq mille ans, servait à soulever le matériel d'un degré à l'autre de la Grande Pyramide.

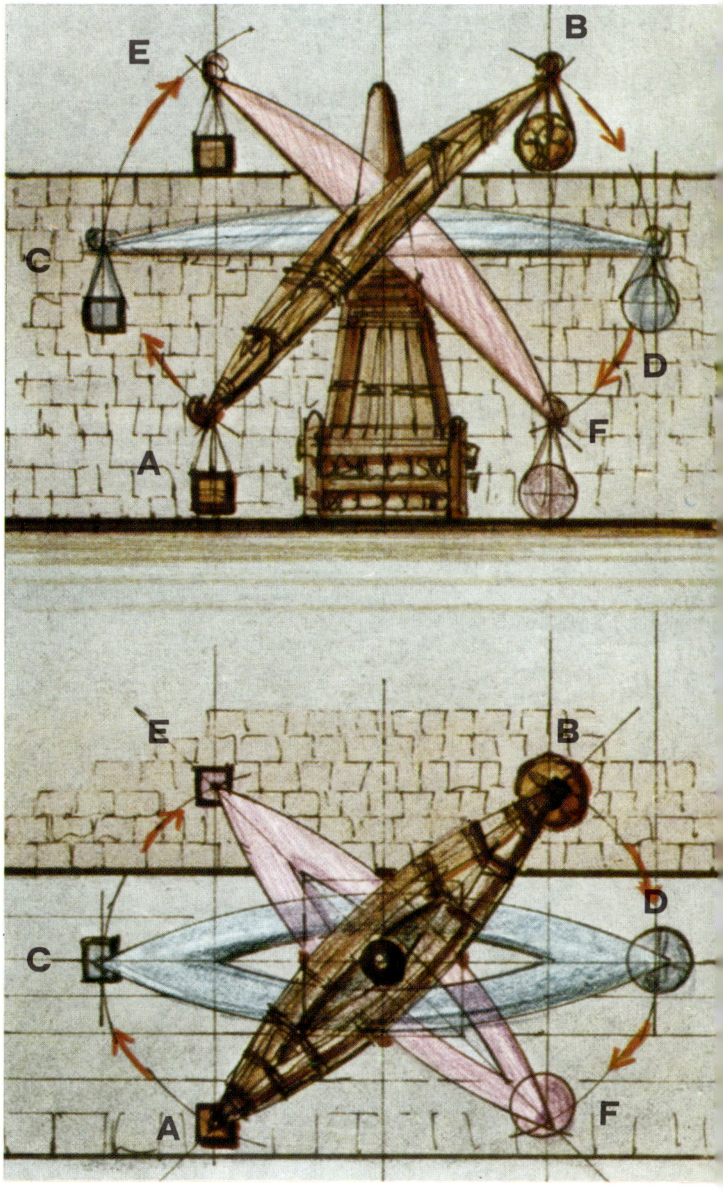

Comme on l'a déjà dit, on peut voir aujourd'hui encore en action sur les canaux d'Égypte, une machine à balancier, appelée en arabe *shadouf*, utilisée pour monter l'eau et en substance identique à celles peintes il y a quatre mille ans dans les tombeaux de Deir el-Medineh. Il n'y a pas de raison de douter que ce genre de machine n'ait pas déjà été employé à l'époque des premières dynasties et que les machines pour soulever les matériaux de construction n'aient été construites d'après le même principe.

C'est un principe d'ailleurs très simple, aujourd'hui encore exploité dans de nombreux pays. La machine, dans le modèle ancien, se présente comme un grand balancier en équilibre sur un pilier ou sur un treillis de poutrelles, libre de tourner horizontalement et en diagonale. A une extrémité est accroché un seau et à l'autre le contrepoids correspondant fait de boue ou de pierres. Dans la reconstitution, le système jouit du champs maximum de rotation en réduisant le pivot en selle en pivot en cône qui pénètre dans la fente des bras du balancier, de sorte que ces derniers puissent accomplir une rotation complète sur le point d'appui. Toute la machine est construite en troncs courts liés ensemble. A la base du point d'appui il y a un panier rempli de sable, de façon à assurer la stabilité de la machine durant le mouvement des bras. A une extrémité de la balance, enfin, se trouve un filet pour faciliter le déchargement du sable; et à l'autre extrémité un autre filet pour maintenir les blocs de calcaire.

Dans l'illustration de la page 69 on a dessiné en perspective et en plan les principales positions prises par la machine durant le travail. Dans la position A-B, le contrepoids est complètement au niveau supérieur et le poids est maintenu au niveau inférieur. Dans la position C-D le balancier est en équilibre et parallèle aux degrés. Dans la position E-F le contrepoids est descendu au niveau inférieur et le bloc est monté au niveau supérieur. La machine est constamment manœuvrée et guidée avec des cordes et des leviers. Une fois le chargement arrivé et décroché en haut, le sable est déchargé en bas et porté à la main et à dos d'ânes, au palier supérieur; un nouveau bloc est prêt à être accroché en bas et on recommence l'opération.

Il est évident que les machines étaient construites selon la dénivellation à franchir et le poids à soulever. Pour les blocs de 2 tonnes environ à porter à 6 mètres de dénivellation, une machine de 8 mètres de haut au maximum pouvait mettre un peu plus d'une demi-heure, de sorte qu'un bloc arrivait à 100 mètres en six heures et sur le chantier à grande hauteur, on pouvait décharger des machines en chaîne sur les quatre côtés, soit environ deux cents blocs par jour.

Pour les monolithes de 40 à 50 tonnes, en nombre limité, il n'y avait pas besoin de chaînes de machines mais d'une ou deux balances construites exprès secondées de leviers et de contrepoids avec des systèmes semblables à ceux utilisés plus tard pour ériger les obélisques.

Ces balances particulières, utilisées pour les grosses charges avaient certainement des sections et des dimensions appropriées. De fait, pour leur construction on employait, comme pour la construction des grands bateaux, des poutres en cèdre du Liban de 50 mètres.

Le chantier de la pyramide

Il est possible, en intégrant la description soigneuse d'Hérodote à la connaissance de la structure des Grandes Pyramides, d'obtenir une reconstitution valable de ce vaste chantier qui se développa depuis les carrières de pierre jusqu'au haut-plateau de Gizeh, en 2600 av. J.-C.

Pour la Grande Pyramide de Khéops en particulier, nous avons deux catégories bien distinctes de matériau: des monolithes de granit et des blocs de calcaire. Par leur nombre et leur poids ces matériaux donnent lieu à deux types de chantiers, que nous appellerons «chantier des monolithes» et «chantier des blocs». Rappelons encore que les constructions étaient faites avec des «maçonneries à sec» c'est-à-dire sans l'aide de mortier ou d'un liant quelconque mais avec des blocs simplement appuyés, ou mieux, «montés» les uns sur les autres.

Le «chantier des monolithes» s'étendait sur plus de 800 kilomètres, de Gizeh aux carrières de granit de l'Ile d'Éléphantine encore visible près d'Assouan. La pierre est de très loin plus dure que le calcaire, les blocs pèsent jusqu'à 50 ou 60 tonnes, en revanche leur nombre est limité à environ 70 morceaux et les hauteurs de montage vont de 40 à 60 mètres environ, pour la base de la pyramide.

Dans les carrières d'Assouan, le granit affleure en surface; donc pour ôter la croûte rocheuse et arriver au banc le plus compact, la technique employée était d'enflammer la surface par de grands feux et ensuite de la refroidir avec de l'eau froide; de sorte que la surface, toute fissurée par l'écart de température, pouvait être déplacée plus facilement. Par la percussion continue à la massette ou au marteau, de gros morceaux de dolérite (pierre cristalline noirâtre, plus dure que le granit, que l'on trouve dans la mer Rouge) on libérait la partie supérieure et le côté inférieur du monolithe, puis on procédait à la dislocation du côté intérieur et de la face inférieure, créant de larges tranchées qui permettaient l'intervention des tailleurs de pierre pour le détachement complet et pour l'ébauche. Les ouvriers travaillaient avec des masses en pierre ou en bois et des ciseaux en dolérite, peut-être aussi en alliages de cuivre inconnus de nous. Dans les entailles et les fentes, ils inséraient en force des coins en bois qui, mouillés, exerçaient une bonne poussée d'éclatement du monolithe de la roche. Le bloc était préventivement fixé à un chariot spécial, et une fois libéré, descendu avec des cordes et des contrepoids le long de la rampe préparée jusqu'au Nil. Il est probable que l'on profitait de la crue pour diminuer les distances entre la carrière et le fleuve; de toute façon pour l'embarquement comme pour le débarquement on procédait à des étayages spéciaux de la barque afin que l'embarcation se maintienne au niveau du quai jusqu'à la fin de l'opération et pour éviter — surtout dans le cas des longs et pesants obélisques — que le monolithe ne se rompe.

Avec sa lourde charge, la barque était entraînée par le courant du Nil et guidée depuis la terre ferme. Dans la zone de Memphis, la grande barque et ses guides prenaient le canal qui les menait à Gizeh. Là, le quai du temple en aval et le pavement de la longue galerie étaient déjà prêts. Présenté et purifié avec l'eau sacrée, le monolithe commençait sa pénible montée vers la pyramide, 40 mètres plus haut. De nombreuses paires de bœufs étaient attelées au bloc; et de nombreux hommes mêlés aux bœufs pour guider leurs efforts en tête et sur les côtés, et qui lubrifiaient les rouleaux avec du petit lait. Une organisation rigide et un entraînement parfait faisaient que toutes les actions étaient exécutées comme par un organisme unique.

Au sommet de la rampe, le groupe important qui traînait le monolithe de granit trouvait les degrés intérieurs de la pyramide déjà construits jusqu'au point d'appui de la «Chambre du Roi» (c'est-à-dire à 40 mètres de la plate-forme) et, au nord, le pavement incliné en pierre de ce qui serait la Grande Galerie. Cette nouvelle rampe était à 25°, plus courte mais plus raide que la première, aussi d'autres paires de bœufs étaient ajoutées aux premières, et sur les côtés, des machines et des hommes participaient aux efforts des animaux; des leviers équilibrés poussaient à la base et empêchaient tout mouvement de retrait du monolithe. Pour le montage des monolithes verticaux supérieurs intervenaient des rampes provisoires et des machines capables de monter des blocs de plusieurs tonnes encore 20 mètres plus haut.

Le «chantier de blocs» de calcaire n'avait pas de grands problèmes de poids (2 tonnes en comparaison de 40 et plus des monolithes) ni d'encombrement, mais avait celui très sérieux du nombre des éléments (près de trois millions) et des hauteurs d'opération du chantier, en considérant, par exemple, que pour la seule hauteur à 60 mètres de la base, on devait monter et aménager de façon parfaite environ vingt mille blocs.

Ce qui était relativement facile c'était l'extraction et le transport des blocs de parement des carrières de calcaire de Mokattam et de Tourâh en face de Memphis, et de ceux destinés au remplage des maçonneries concentriques de carrières voisines de la pyramide elle-même. Mais le problème majeur était de faire parvenir le plus rapidement possible la plus grande partie du matériel et, par conséquent, l'organisation de centaines d'ouvriers spécialisés dans les carrières, et les transports et la mise en œuvre. Donc un travail à la chaîne dans les carrières, sur la piste et les canaux pour apporter les pièces jusqu'au chantier à la base de la pyramide.

Nous sommes maintenant arrivés à la phase principale, la construction elle-même. La pyramide mentionnée par Hérodote est initialement à degrés: en un premier temps elle est montée sans revêtement externe et chaque nouveau degré devient le palier où travaillent hommes et machines pour soulever le matériel au niveau supérieur; la pyramide, en somme, fait fonction de support du chantier pour sa propre construction (ce qui se vérifie, du reste, dans n'importe quelle construction à plusieurs étages).

Le squelette portant de la pyramide de Khéops a environ 20 degrés avec des girons de 5 mètres et des élévations de 6 mètres. Dimensions excellentes pour qu'une machine à balancier de dimensions moyennes puisse y travailler commodément pour saisir et soulever des blocs d'environ un mètre cube.

Sur chacun des versants de la pyramide en construction travaillent des machines en chaîne: dix environ à la base, qui diminuent au fur et à mesure que la construction se resserre jusqu'à ce qu'elles arrivent à être à cinq au dixième palier et à une, de grandes dimensions, au dernier.

Autour des équipes d'ouvriers préposés aux machines grouille une foule d'hommes, de femmes, d'enfants, d'ânes, qui transportent l'eau, la nourriture, des pierres de contrepoids, des morceaux de bois et du sable pour aplanir, des rouleaux pour traîner et des poutres pour soulever. Entre un palier et l'autre des pierres en saillie ou des rampes raides creusées dans le degré même, permettent à toute cette armée de se déplacer continuellement de la base au dernier palier (aujourd'hui encore il y a des gamins agiles qui accomplissent l'escalade de la pyramide de Khéops en un peu plus d'un quart d'heure).

Sur le niveau le plus élevé se répète constamment la très importante opération de l'adaptation et de la mise en œuvre de tout le matériel pour réaliser le degré suivant, opération de grande technique et de grande précision puisqu'il faut manœuvrer et installer parfaitement des blocs de dizaines de quintaux, sur des distances de centaines de mètres en plat ou en hauteur. De telles opérations se déroulent en partant de points fixés exactement au préalable suivant les axes cardinaux, et en utilisant des instruments comme: fils à plomb, équerres avec les côtés en rapport 3-4-5, fils, perches, piquets, en somme tout un outillage perfectionné par des centaines d'années d'expérience en arpentage. A l'exécution de chaque étage les experts les plus importants interviennent, sous la direction du grand-prêtre-architecte et sous la surveillance directe du pharaon; et tous s'efforcent de faire en sorte que ces mastodontes de «maçonnerie à sec» à faces inclinées, soient portés à la perfection (4500 ans après on a relevé des erreurs de l'ordre du millimètre et du dixième de millimètre).

Le revêtement externe, pour lequel on emploie la meilleure pierre des carrières de Tourâh, commence dès que l'on met en œuvre le pyramidion. Cette pierre est la seule pierre pyramidale de la construction qui s'insère par un pivot dans celles du dessous et qui est placée au sommet, plaquée d'or et portant gravés les signes sacrés. Le revêtement est exécuté en remplissant chaque degré — jusqu'à ce qu'il s'ajuste à celui du dessus, faisant ainsi progresser la face plane de la pyramide — avec des pierres taillées et polies de façon parfaite et dont les joints ne dépassent pas le demi-millimètre. Pour les ultimes finitions, des tailleurs de pierre éprouvés utilisent des échafaudages provisoires en bois, qui reposent sur le degré inférieur et sont démontés et remontés plus bas à chaque fois. Les travaux terminés, on obtient quatre faces triangulaires d'environ 20 000 mètres carrés chacune, parfaitement lisses et orientées sur quatre points cardinaux.

Avec la pyramide de Khéphren, presque aussi grande que celle de Khéops, les problèmes du «chantier des blocs» sont à peu près les mêmes; ceux du «chantier des monolithes» se trouvent allégés des transports le long des rampes, dans le magnifique temple de la vallée fait de granit rose.

Avec la pyramide de Mykérinos la construction est ramenée à environ un tiers de moins quant à la hauteur; en conséquence toutes les difficultés sont alors extrêmement réduites.

Les pyramides satellites de Gizeh, à degrés hauts et à faces lisses, sont de dimensions modestes et il en est ainsi de presque toutes les autres pyramides disséminées de Gizeh au Fayoum (celle d'Ounas, à Saqqarâh, ne fait pas 20 mètres). Pour celles-là on n'a pas eu recours à une technique complexe et spécialisée comme pour les Grandes Pyramides, et il est certain qu'en la circonstance, se soit retrouvé utile l'emploi de la rampe extérieure provisoire.

Il s'agit, de toute façon, de constructions modestes, même en ce qui regarde l'exécution, aussi n'ont-elles pas résisté aux injures du temps.

Les Grandes Pyramides nous apparaissent toujours davantage comme une parenthèse exceptionnelle dans l'art de construire, des mastodontes dus à des hommes, du dernier ouvrier au Grand-Prêtre Architecte auteur des projets et directeur des travaux, dotés de qualités et d'une expérience extraordinaires. Tellement extraordinaires que passées les générations qui vont de 2700 à 2500 environ, le prodige ne s'est plus reproduit, comme si l'immense élan magique naissant du passé se fût épuisé en ce dernier témoignage formidable.

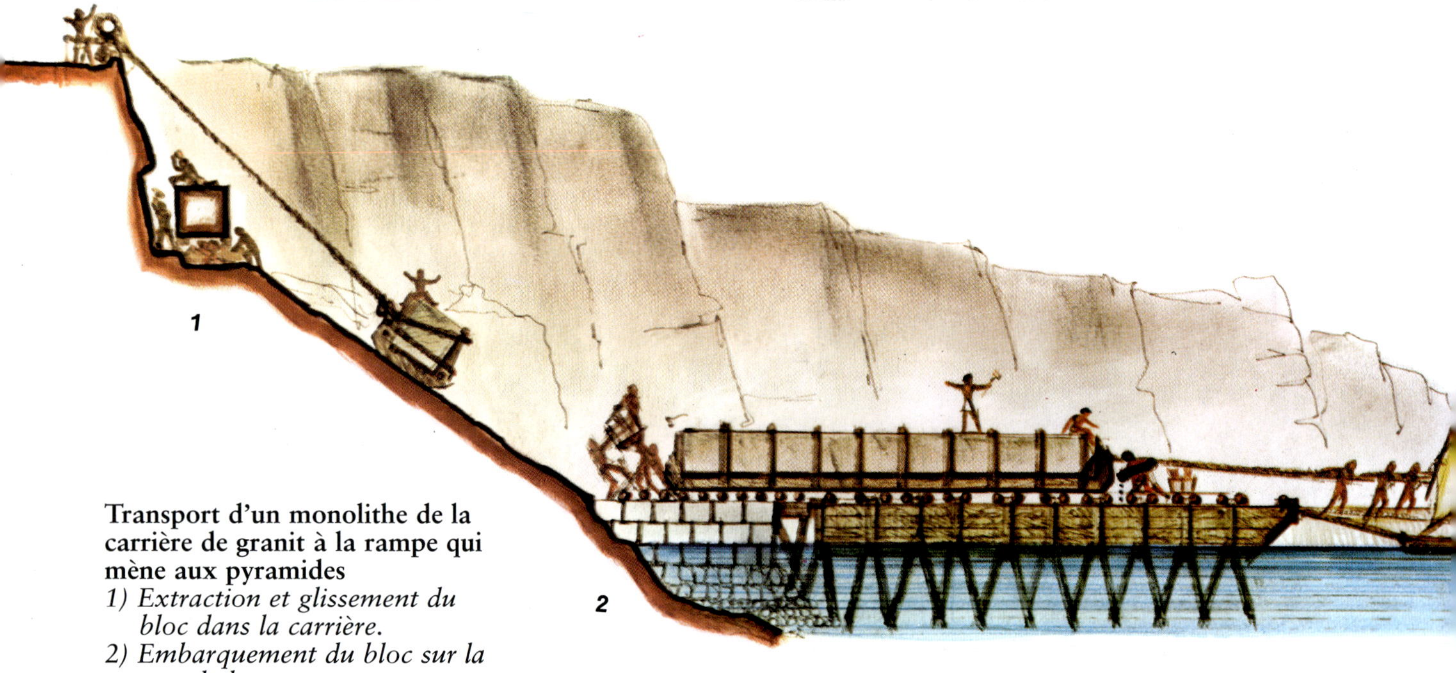

Transport d'un monolithe de la carrière de granit à la rampe qui mène aux pyramides
1) Extraction et glissement du bloc dans la carrière.
2) Embarquement du bloc sur la grande barque.
3) Halage de la barque le long du fleuve et des canaux.
4) Transport du bloc sur la rampe de pierre qui relie l'embarcadère à la pyramide.

Coupe schématique de la pyramide de Khéops
Le dessin montre la pyramide (C), l'hypothétique pyramide intérieure (A) et le monument en forme de Djed (B).
1) Chambre souterraine.
2) «Chambre de la reine».
3) «Chambre du roi».
4) Grande Galerie.
5) Transport des monolithes par traînage.
6) Soulèvement des monolithes.

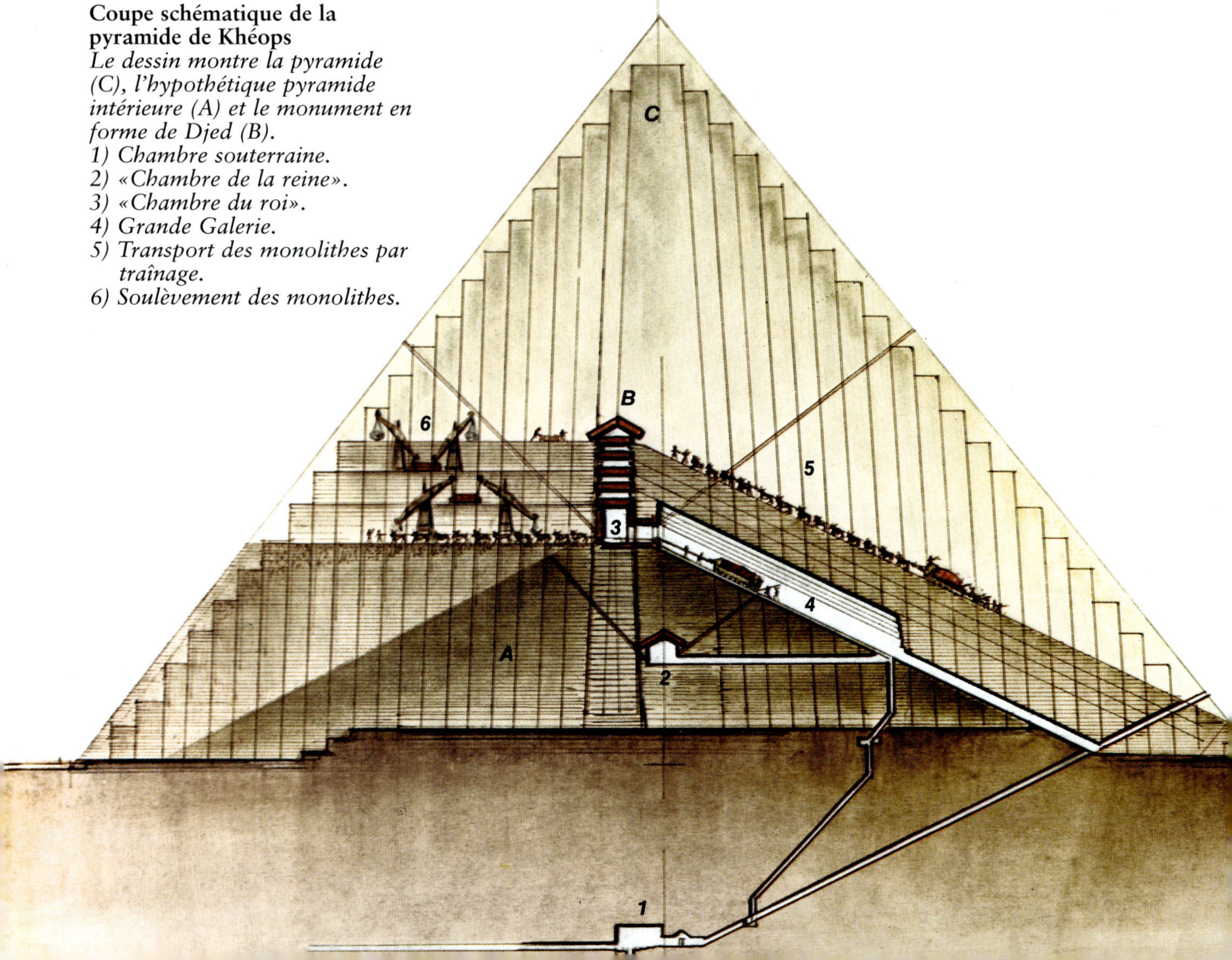

Vue de la pyramide
La pyramide, privée de son revêtement, est construite par degrés successifs. Différentes suites de «machines à balancier» soulèvent les blocs de pierre d'un étage à l'autre. Au sommet, une machine à balancier géante est en train d'achever les structures finales du revêtement extérieur, visibles sur le côté droit.

Saqqarâh

Reconstitution de la grande nécropole dans son développement entier

La nécropole a environ 8 kilomètres de long et 1 de large. Y sont représentées toutes les principales dynasties: de la Iʳᵉ à celles de l'époque saïte, perse et ptolémaïque. Le centre idéologique est l'ensemble funéraire de Djeser, qui s'élève comme une citadelle à laquelle sont adossés des pyramides et des mastabas de toutes les époques. Au nord s'étendent en éventail de superbes tombeaux allant de la pyramide de Téti au Sérapeum. Il y a au sud les importants vestiges de l'ensemble funéraire de Sekhemkhet, lequel tenta de surpasser Djeser, mais ne réussit pas même à terminer l'installation générale.

S - *Sérapeum: Hypogée des dieux Apis, animaux sacrés de Ptah, dieu de Memphis.*
E - *Hémicycle avec les statues de Poètes et de Philosophes (parmi lesquels Platon, Héraclite, Protagoras, Homère, Pindare), construit par Ptolémée Iᵉʳ..*
1) *Mastaba de Ptahhotep et d'Akouhotep.*
2) *Mastaba de Ti.*
3) *Galerie des Babouins.*
4) *Galeries des Ibis.*
5) *Hésyrê.*
6) *Horus Oudimouh.*
7) *Horus Aha.*
8) *Horus Djed.*
9) *Reine Mernith (ces derniers sont des tombeaux en forme de palais de la Iʳᵉ dynastie.*
10) *Mastaba d'Ank-ma-Hor.*
11) *Mastaba de Kagemmi.*
12) *Mastaba de Mereruka.*
13) *Mastaba de Ka-em-Heset.*
T - *Pyramide de Téti (fondateur de la VIᵉ dynastie) avec un temple funéraire et une pyramide satellite.*
O - *Pyramide d'Ouserkaf (fondateur de la Vᵉ dynastie) avec un temple funéraire et deux pyramides satellites.*
Z - *Ensemble funéraire de Djeser.*
14) *Terrasse au nord.*
15) *Temple funéraire avec un* serdab *contenant la statue du pharaon.*
16) *«Maison du Nord».*
17) *«Maison du Sud».*
18) *Terrasse avec des édifices et un autel de l'*heb-sed.
19) *Petit temple et temple à colonnes cannelées.*
20) *Porte du Sanctuaire et «Colonnade» d'entrée.*
21) *Façade du «Palais du Cobra».*
22) *Tombeau des murs au sud.*
23) *Magasins et portique.*
24) *Terrasse devant la Grande Pyramide à degré et les trois autels principaux.*
U - *Pyramide d'Ounas.*
25) *Temple funéraire.*
26) *Rampe-galerie monumentale.*
27) *Barques sacrées enterrées.*
28) *Temple en aval et embarcadère.*
29) *Première file de mastabas au sud des murs de Djeser: Ha-ishouef, Vizir Ounefert, Ounas-Ankh, Princesse Idout, Vizir Mehou. Seconde file: Reine Kenout, Reine Nebbet.*
30) *Mastaba de Mehou-ka-irer.*
31) *Mastaba de Neferer-Ptah.*
32) *Tombeau de Ptah-irou-Ka.*
K - *Ensemble funéraire d'Horus Sekhemkhet (ensemble reconstitué comme s'il avait été terminé).*

NECROPOLE SEPTENTRIONALE
NECROPOLE MERIDIONALE
1
2
3
4
5
6
7
8
9
10
11
12
13
14
15
16
17
18
19
20
21
22
23
24
25
26
27
28
29
30
O
T
Z

A gauche, ci-contre et ci-dessus: **la citadelle funéraire de Djeser**
La pyramide de Djeser est la première grande construction parachevée en pierre équarrie (hauteur 62,50 m, base 125 x 109 m). La pyramide fut construite en trois phases principales: la première se limitait à ériger un grand mastaba*; la seconde développait sur celui-ci une pyramide à quatre degrés; la troisième adossait sur la façade ouest du* mastaba *la pyramide définitive à six degrés. On a découvert sous la pyramide un nombre extraordinaire de galeries, de passages et de chambres. A la base de l'énorme puits central, entièrement isolé, se trouve le tombeau du roi, en granit, entouré de magnifiques stèles en majolique bleuté. Plus bas, il y a les galeries ayant leurs propres entrées, avec les tombeaux de la famille royale.*

A gauche, en bas: **la pyramide d'Ounas**
L'ensemble funéraire du dernier pharaon de la Ve dynastie comprenait la pyramide, le temple et la galerie, menant au temple en aval. La pyramide est de dimensions modestes et était déjà en ruines en 2000 av. J.-C., lorsque Ramsès Ier la fit restaurer.

Mastaba de Mereruka
Il reproduit probablement la maison princière de Mereruka, dit aussi Meri. Maison comprenant tous les appartements destinés au maître de maison, à son épouse Ouatet-Khethor et à ses enfants, et en outre celui faisant fonction d'appartement de réception. Les décorations, ayant trait aux thèmes habituels, mais avec des détails apportant des scènes et des solutions originales, sont superbes. On voit en haut la série des porteurs d'offrandes. En bas, un détail de chasse et de pêche, avec une atmosphère que remplissent merveilleusement arbres et animaux.

Mastaba de Ti

C'est l'un des plus beaux tombeaux, aussi bien pour l'expression artistique atteinte que pour la synthèse très raffinée du modelé et l'équilibre de la composition. Ti était un grand personnage de la Vᵉ dynastie: «ami unique», «chef des secrets», «chef des travaux du roi», «directeur des pyramides» de Néferkarê et de Niouserrê. Son épouse Néferhepes était princesse. Parmi les scènes qui décorent la grande cour avec douze piliers et la chapelle, celles représentant des familiers et celles de chasse et de pêche sont pleines de vivacité. Œuvres d'artistes exceptionnels comme l'illustrent les deux reproductions présentées. En haut: détail du cortège d'hommes avec des offrandes; en bas: détail du cortège de femmes elles aussi avec des offrandes. Les figures sont traitées avec solennité et avec une délicatesse inimitable, et la série défile devant nos yeux en donnant nettement l'impression du mouvement et de la lente progression de ces nobles créatures du génie humain.

A gauche: **mastaba de Ptahhotep**
Le tombeau est en commun avec son fils Akhouhotep, qui ajouta les locaux à droite de la Salle tétrastyle. Dans la chapelle de Ptahhotep en particulier, il y a de magnifiques bas-reliefs peints où se répètent les scènes des offrandes, et on note des détails originaux (comme celui des lévriers sous le siège de leur maître, et celui du serviteur qui lui masse les jambes). Dans les scènes des jeux sur l'eau on a l'image d'Ankhen-Ptah, probablement principal artiste et créateur de l'œuvre.

Nous reportons ci-contre des détails des offrandes et des scènes animées de rameurs qui semblent danser dans leurs barques.

Mastaba de Kagemmi
Le tombeau est celui d'un autre puissant et sage Grand-Prêtre de Téti, qui avait aussi la charge de surintendant de la pyramide du Pharaon. La construction est à demi massive, comme le mastaba primitif, et à demi occupée par des salles à piliers, des chambres et des magasins. Les décorations des pièces accessoires sont encore plus riches que celles qui sont réservées aux chambres funéraires menant au serdab. Les scènes de pêche et d'offrandes de l'entrée et les bas-reliefs de la salle à piliers représentant des jeux et des danses, les travaux de la ferme et un jugement rendu dans le Tribunal de Téti sont magnifiques.

Ci-contre, en haut: *détail d'un serviteur versant le grain dans une volière. Il est intéressant de voir la représentation des volières en plan, tandis que les animaux et les hommes sont représentés en perspective.*

Ci-contre, au milieu: *détail de chasse et de pêche dans les cannaies lacustres. Les eaux, comme toujours, pullulent de gros poissons. Les hommes sont armés de filets, de harpons et de masses, avec lesquels ils capturent et tuent des hippopotames.*

Ci-contre, en bas: *bas-relief avec une théorie de jeunes filles dansant. Les danseuses, aux cheveux courts et portant un mantelet attaché au cou, plient le corps en arrière, comme pour exécuter un «saut périlleux». La même danse se retrouve dans le tombeau d'Ank-ma-Hor, même si, ici, les danseuses diffèrent des précédentes: elles portent des costumes différents et ont les cheveux*

Mastaba de la princesse Idout
Cette princesse de la VIe dynastie occupe le tombeau d'un propriétaire inconnu, de la Ve dynastie. Il y a de nombreuses chambres, décorées de scènes courantes, scènes consacrées à la vie sur les canaux et les fleuves, et des scènes de sport nautique qui prennent deux chambres entières. Sur cette page nous rapportons des détails des opérations finales des offrandes. En haut un contrôleur fait l'inventaire de la propriété; en bas, deux scribes assis par terre, notent les approvisionnements. Remarquer les trousses pour les pinceaux et les couleurs, les rouleaux de parchemin et le scribe avec deux pinceaux de réserve coincés sur l'oreille.

Ci-contre: l'abattage d'un taureau. Deux serviteurs s'apprêtent à couper les différentes parties de la bête, armés de longs couteaux.

Ci-dessous: une barque qui emporte des rameurs, des porteurs d'offrandes et des bergers, est suivie d'un troupeau de vaches et de taureaux qui passent le fleuve à gué. Les eaux sont pleines de poissons et un crocodile regarde de la rive. Il y a une très belle scène avec le petit veau que porte un matelot, qui se tourne vers la mère attendrie.

<u>*Ci-dessus*</u>: **le colosse de Ramsès II**
Devant un pylône du temple de Ptah s'élevaient des statues colossales de Ramsès II. De ces figures, de 13 mètres de haut à l'origine, deux ont été retrouvées; une de celles-ci se trouve aujourd'hui place de la gare du Caire. Non loin du pylône ont été trouvés de nombreux fragments de deux autres statues colossales assises.

Memphis

Da la très ancienne capitale Mennof-Rê, appelée Memphis par les Grecs, qui s'étendait sur 15 kilomètres de Gizeh à Saqqarâh, avec au centre la citadelle aux «murailles blanches» — peut-être commencée par le grand Imhotep, et remplie de temples et de sanctuaires de tous les dieux du monde antique — de la ville où Phéniciens, Juifs, Arméniens, Grecs, Libyens et Soudanais avaient un quartier à eux, il ne reste que peu de traces.
Son déclin a commencé avec la création d'Alexandrie. Au IVe siècle ap. J.-C. c'est déjà un océan de ruines. Les rares temples encore debout, parce qu'ils étaient utilisés comme églises chrétiennes, sont démolis avec la naissance du Caire et le tout devient un chantier pour la nouvelle ville.
Il ne reste aujourd'hui que quelques ruines ramenées au jour par les fouilles entreprises au XVIIIe siècle. Les plus importantes sont celles du fameux temple de Ptah, où l'on couronnait les pharaons et celles d'une chapelle de Séthi Ier, toutes à courte distance du village actuel de Saqqarâh.

Sphinx en albâtre d'Aménophis II
C'est le plus grand des sphinx existants réalisés en un seul bloc (haut de 4,50 m et long de 8 m); à une époque il était à côté de l'entrée du Temple de Ptah.

Dahchour

La zone est à 2 kilomètres des pyramides de Saqqarâh Sud et comprend cinq pyramides. La première, de Sésostris III (1840 av. J.-C.), est en briques crues, autrefois revêtue de pierre de Tourâh travaillée. Plus au sud, la pyramide en pierre d'Amenemhat II (1900 av. J.-C. environ), suit celle en briques crues d'Amenemhat III; plus loin, les deux pyramides de Snefrou, prédécesseur de Khéops: l'une appelée la «pyramide rouge», deux fois plus large que haute (100 m x 215 m de large), l'autre est la célèbre «pyramide rhomboïdale» dont nous présentons l'image. C'est la mieux conservée de la nécropole; elle doit son nom à sa forme curieuse; presque au milieu, ses faces passent de 50°40' d'inclinaison (inclinaison presque conservée dans les pyramides de Gizeh) à 43°. Une autre singularité est due à deux portes d'entrée qui mènent à deux chambres recouvertes de degrés comme la grande galerie de la pyramide de Khéops. La «pyramide rhomboïdale» avait au sud une pyramide satellite, de 26 mètres de haut à l'origine, au nord-est un édicule en briques crues faisant fonction de temple funéraire et une rampe qui la reliait au temple en aval.

Meïdoum

Presque à hauteur du Fayoum, vers le Nil, se trouve la «fausse pyramide», autre œuvre très originale de Snefrou, premier de la IVe dynastie. Elle se présente actuellement comme un haut gradin sur lequel pointent les deux degrés plus petits. Telle qu'elle apparaît aujourd'hui, elle peut offrir l'aspect d'un temple solaire, mais à l'origine elle avait un aspect différent ainsi que la trahit l'énorme quantité de débris accumulés à la base. D'autres degrés devaient doubler les faces de la base actuelle, de sorte que le tout se présentait comme une pyramide à huit degrés, très pointue, et son sommet annonçait peut-être l'aspect du troisième obélisque émergeant du tronc de pyramide réalisé cent ans plus tard dans les temples solaires d'Abou-Gorab.
On pense que l'on aurait même commencé un parement ultérieur pour terminer le tout en une pyramide à faces lisses et que cette variante se serait arrêtée très vite.

La ville d'Akhet-Aton vue d'en haut
La reconstitution de la splendide capitale née en 1376 av. J.-C. par la volonté d'Akhénaton et qui disparut avec la mort de son créateur, est tirée des interminables études que l'on fait depuis le début du siècle sur les quelques vestiges restés à Tell el-Amarna, zone située à environ 20 kilomètres d'Hermopolis, 280 kilomètres au sud du Caire et 350 km au nord de Thèbes. La ville s'étendait, sur près de 15 kilomètres, comme une grande bande le long de la rive orientale du Nil. Dans les montagnes rocheuses en arrière de la ville (c'est-à-dire à l'est et non à l'ouest comme dans les autres villes), on était en train de créer la longue nécropole; entre les deux s'insérait le village des artisans de la ville des vivants et de celle des morts.
L'axe principal de la ville était déplacé vers le Nil et formé d'une grande avenue, de 100 mètres de large, appelée la «route du Roi», axe qui reliait la grande porte du nord à celle du sud. A 800 mètres, presque parallèle, il y avait la «route du Grand-Prêtre» et enfin, à 400 mètres encore environ, la «route des artisans». Pratiquement, la «route du Grand-Prêtre» divisait la ville en deux grandes bandes: celle vers le Nil, dégagée par la «route du Roi» et destinée aux résidences du roi, des fonctionnaires, aux services du port et des dirigeants; celle vers l'intérieur à l'est, dégagée par la «route des artisans» destinée à tous les autres citoyens. Tout autour, au pied de la chaîne rocheuse qui s'étend comme une grande exèdre en arrière d'Akhet-Aton, il existe encore de nombreuses stèles de démarcation.

Petite tête de granit représentant l'une des filles d'Akhénaton, exécutée dans le style particulier à l'art amarnien caractérisé par un réalisme exacerbé.

Tell el-Amarna

Le palais d'Akhénaton

Entre le monde des pyramides et le monde des temples et des sanctuaires, y compris celui de Thèbes, s'insère (sur le triple plan géographique stylistique et idéal) celui d'Akhénaton, le «Pharaon hérétique». Ce monde qui apparaît à peine dans l'histoire de l'Égypte — quelques dizaines d'années face à plus de trois mille — est certainement produit par l'élan transcendantal qui part du Sphinx, mûrit dans l'expérience d'Imhotep et réapparaît enfin dans les pyramides. Cette aspiration au Dieu-Homme, qui se manifeste comme un éclair dans la conscience de tous, est la même qui hante, pendant des siècles, l'esprit de quelques initiés et principalement les artisans du monde des pyramides. La révélation d'Akhénaton a sa concrétisation dans la ville d'Akhet-Aton, «Horizon d'Aton», à Tell el-Amarna et en particulier dans la maison du Pharaon. Cette maison, comme tous les ouvrages de la ville, n'a ni dimensions colossales ni structures à défier le temps et la nature, mais est à la mesure de l'homme et en communion avec l'ambiance, car elle a été conçue pour la vie temporelle et spirituelle de l'homme et de sa famille. La maison naît sur un plan surélevé de la «route du Roi»; au-dessus, trois suites de jardins suspendus l'entourent et une rampe carrossable, avec une suite de degrés pour les piétons, la relie à la route. L'aire est faite pour la plus grande partie d'un petit parc de 3500 mètres carrés, rempli d'arbres et de fleurs. Mari et femme ont leur appartement, composé d'une chambre avec une alcôve, d'une salle de bains et d'une garde-robe. Le Pharaon a aussi un petit atelier de peinture où l'on a trouvé des pinceaux en fibre de palmier et des «crayons» en arêtes de poisson. Les enfants ont six petites chambres autour de leur propre cour. Toutes les parois, le plafond et même le pavement, sont décorés et peints avec des scènes de la vie extérieure au milieu des fleurs, des arbres, des animaux domestiques et des oiseaux.

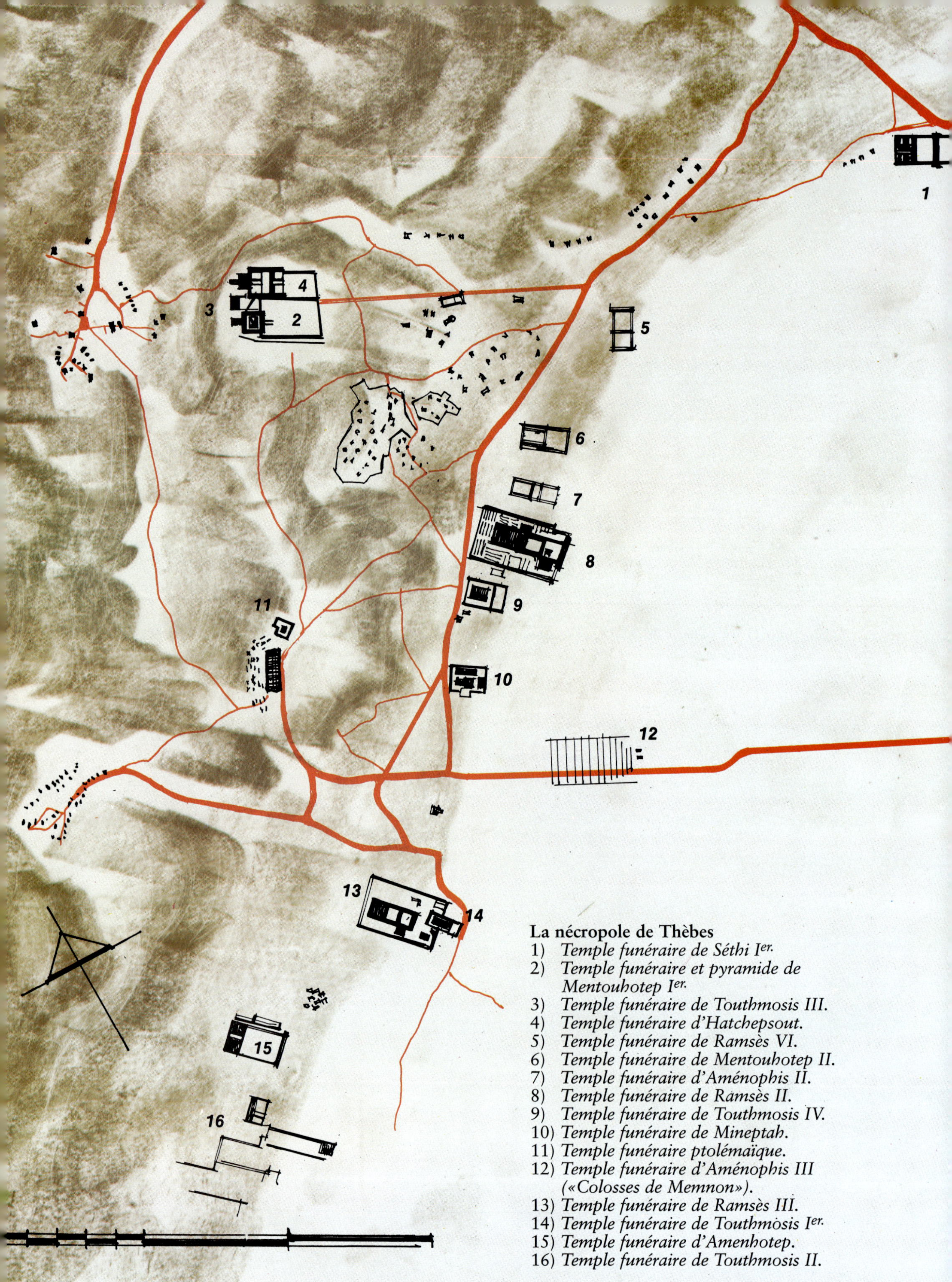

La nécropole de Thèbes

1) *Temple funéraire de Séthi Ier.*
2) *Temple funéraire et pyramide de Mentouhotep Ier.*
3) *Temple funéraire de Touthmosis III.*
4) *Temple funéraire d'Hatchepsout.*
5) *Temple funéraire de Ramsès VI.*
6) *Temple funéraire de Mentouhotep II.*
7) *Temple funéraire d'Aménophis II.*
8) *Temple funéraire de Ramsès II.*
9) *Temple funéraire de Touthmosis IV.*
10) *Temple funéraire de Mineptah.*
11) *Temple funéraire ptolémaïque.*
12) *Temple funéraire d'Aménophis III («Colosses de Memnon»).*
13) *Temple funéraire de Ramsès III.*
14) *Temple funéraire de Touthmosis Ier.*
15) *Temple funéraire d'Amenhotep.*
16) *Temple funéraire de Touthmosis II.*

LE MONDE DE L'AU-DELÀ
La nécropole de Thèbes

Avec l'extraordinaire développement artistique, technique et religieux auquel il participait, il est normal que depuis les origines, l'Égyptien se soit proposé, comme thème central, celui de son identité et de son rapport avec l'univers. Sa pensée est fondée essentiellement sur la dualité ou mieux sur une dualité qui jaillit de l'unité et s'accomplit dans la trinité.

Depuis le IIIe millénaire, toute la création est conçue comme matière et esprit dans une mesure différente, aussi à un bout trouvons-nous le monde de la matière inerte et à l'autre celui du pur esprit. Ainsi le royaume de la Terre est-il la limite opposée au royaume du Ciel, et chaque «rencontre» entre l'homme et l'autre royaume détermine l'entité réelle et la vitalité de chaque individu. Pour cela la manifestation de toute créature et de toute chose est due au *Ka*, c'est-à-dire au souffle divin que le «grand dieu» Rê infuse à la matière inerte. Tout cela est la répétition éternelle de l'instant où l'Absolu a conscience de sa propre image et prononce les paroles sacrées «Viens à moi». Ainsi le caillou, la montagne, le Nil, la mer, l'Égypte elle-même, se distinguent et participent de la divinité par leur *Ka*, par le dieu qui est cause et manifestation de leur propre être.

Dans l'homme, pivot de la création, microcosme entre terre et ciel, se produit le même processus universel. En effet, le dieu Khnoum, auteur de la race humaine, modèle deux figures identiques, le *Khet*, qui est la matière inerte, le corps humain; et le *Ka*, qui est le souffle divin, le corps spirituel. De cette superposition, qui donne naissance à toute créature humaine, naît le *Ba*, l'âme de chaque homme, c'est-à-dire que naît la conscience de soi-même, la propre volonté distincte de celle du Créateur. Le miracle de la création se répète, comme un acte de conscience de l'homme, qui devient ainsi la seule créature dotée de volonté et de conscience propres, donc responsable de ses actes.

La vision particulière de l'Égyptien, dans ce rapport immanent et transcendantal, est que sa vie, ses actes, ne sont pas détachés du tout, en ce que avec son âme opère parallèlement le *Ka*, son double divin, le «témoin qui est dans la barque de la vérité», et pour cela ses actes participent constamment de la vie universelle.

Dans cet ordre cosmique, le *Ka*, homme-esprit, détermine aussi le champ d'action, le genre de vie par lequel l'homme-âme doit apporter sa contribution et donc développer sa propre personnalité selon les desseins divins.

Tout le peuple égyptien s'identifie ainsi avec l'image d'une immense pyramide où chaque degré est le champ d'action de l'individu et le sommet est celui de la mer. De sorte que les œuvres de chacun deviennent cause et soutien de celles du pharaon, et à son tour le pharaon devient intermédiaire entre le monde fini et le monde infini.

L'harmonie universelle est continue entre le monde de cette vie et celui de l'autre. Puisque le *Ka* du peuple égyptien n'est pas temporaire mais éternel, de même la «pyramide» terrestre se continue par la pyramide céleste; et la société formée sur cette terre naît comme projet de la réalité divine qui trouve sa conclusion dans le ciel. Le pharaon devient le garant de ce rachat total et son action de père absolu et protecteur continue aussi après la mort, c'est pourquoi s'adressant à tous ceux qui vivent dans la souffrance et la misère, il appelle de toute sa voix: «Tendez vos bras ô créatures nées de la parole de Dieu, puisque celui qui tombe, moi je le relèverai, celui qui pleure je le consolerai... je ferai tout ce que m'a permis le Seigneur qui est bon».

Durant le IIIe millénaire prévaut le concept selon lequel la société terrestre est l'expression directe des plans divins; ainsi le *Ka* du pharaon devient une force qui entraîne vers l'éternité de sorte que la pyramide terrestre se reflète exactement dans la pyramide divine. Au IIe millénaire le *Ba* acquiert une importance plus grande également pour le pharaon et le jugement divin s'étend toujours davantage à tous les hommes. La vie perd ainsi le mystère du rite et prend la signification d'une mission à accomplir; et les comportements moraux ne sont plus la règle du savoir-vivre mais deviennent des conditions *sine qua non* pour franchir la grande épreuve, des lettres de créance pour s'assurer l'au-delà. Avec la décadence de la cohésion sociale et de la tranquillité économique, la recherche des lettres de créances morales, la vision d'une récompense possible pour ses propres actions, se font de plus en plus incertaines et angoissantes puisque la victoire définitive du bien sur le mal, soit de la vie sur la mort, n'est même plus garantie aux puissants. Le pharaon lui aussi est comme tous ces hommes hantés par la question de savoir si la momie est bien la chrysalide d'où surgit la vie éternelle, ou bien si elle est la seule façon de s'accrocher à un embryon de vie inconnue. «Les tombeaux des grands constructeurs — dit l'Égyptien désillusionné – ont disparu. Qu'en est-il advenu? J'ai écouté les paroles d'Imhotep et de Hergederf devenues règles et conseils qui ne passeront jamais, mais que sont devenus leurs tombeaux? Les murs sont tombés et les tombeaux n'existent plus comme si eux-mêmes n'avaient jamais existé. Il n'y a personne qui vienne de l'au-delà nous parler d'eux, pour apaiser nos cœurs jusqu'à ce que nous rejoignions le monde dans lequel ils s'en sont allés. Mon cœur, reste en paix, seul l'oubli te donnera la sérénité».

Dans une telle incertitude, une brève parenthèse est celle d'Akhénaton qui, avec la religion de l'égalité, de l'amour et du contact direct avec Dieu, rend à tous les hommes la foi dans la Rédemption universelle. Six cents ans plus tard, à l'Époque saïte (666-524 av. J.-C.), la grande spiritualité égyptienne palpite encore dans la conscience individuelle conquise, dans l'égalité des hommes devant Dieu et dans une foie renouvelée dans la providence divine. Ce sont les derniers échos de la profonde piété antique, qui a suscité de puissants et si lumineux reflets dans la pensée des peuples qui croissent autour de l'Égypte, c'est-à-dire les peuples de la Grèce et de la Palestine.

Maison des morts
Maison de la vie

Lorsque le *Ka* se sépare du *Khet*, c'est-à-dire lorsque l'esprit divin abandonne le corps, le soutien vital disparaît, puis vient la mort. Si pour toutes les choses créées la mort correspond à la destruction de l'individu, elle provoque aussi pour l'homme la libération de son *Ba*, c'est-à-dire de son âme et détermine le début de la vie dans l'hypersensible, au-delà du royaume terrestre. Puisque dans la pensée égyptienne il n'y avait pas de solution de continuité entre le royaume de la Terre et le royaume du Ciel, et que les actes des vivants avaient un contact direct avec celui des morts, les rites funéraires et le culte des défunts prenaient la plus grande importance.

Dans le rite funéraire, la première grande opération était celle de la momification du cadavre; «modèle» matériel voulu et habité par le *Ka* divin et pour cette raison souvent indispensable au défunt comme terme pour conserver sa connaissance de lui-même et de sa propre identité jusqu'à ce qu'il se fût identifié avec le Dieu Rê.

Durant la préhistoire, et ensuite dans les usages des gens ordinaires, le cadavre était ramené à la position fœtale (comme pour le faire entrer dans le sein de la Déesse Mère), puis cousu dans la peau d'un animal, enfermé dans une grande outre en cuir, et enfin enterré dans le désert; le climat sec et chaud était particulièrement indiqué pour conserver le corps longtemps. Selon l'importance du défunt et les ressources des parents, par la suite on créait une chambre sépulcrale dans le fond d'un puits où, autour de la dépouille mortelle, on déposait des objets utilisés par le défunt, des figurines et des semences. Puis sur le puits obturé on érigeait un tertre de cailloux. Le culte se déroulait avec des offrandes de nourriture et de boissons sur le tertre, accompagnées de paroles évocatrices telles que: «Lève-toi et prends cette nourriture que nous t'offrons...»

Déjà avec la IVe dynastie, la momification était devenue un art spécial et donc dépendait des possibilités financières et de la puissance politique des membres. Hérodote fait référence à trois procédés d'embaumement. Le plus économique était accessible même aux moins aisés et consistait en un soigneux lavage interne et une dessiccation au sel comme dans les temps antiques. Le plus onéreux, c'est-à-dire celui qui réussissait à maintenir le plus possible les traits du défunt, durait des mois et n'était accessible qu'à peu de gens car il coûtait 26 kilogrammes d'argent, somme fabuleuse pour l'époque.

La momification s'effectuait dans la «Maison de la vie» (nom qui s'étendait aussi au tombeau, ce qui est emblématique de la pensée égyptienne). Pour les plus aisés, aux lavages nombreux faisaient suite de soigneuses opérations chirurgicales par lesquelles on ôtait, outre le cerveau, les viscères, le foie, les intestins, les poumons; ces parties du corps étaient momifiées à part et placées dans des vases («canopes») consacrés aux quatre fils d'Horus.

Ces opérations complexes étaient guidées par une profonde connaissance de l'anatomie et de la médecine. Les «médecins supérieurs» et les «médecins de palais» connaissaient entre autres, l'huile de ricin, les clystères, divers types d'anticonceptionnels et un analgésique à base d'hellébore. Les traités de chirurgie, de thérapeutique externe et d'anatomie qui, durant la XIIe dynastie (2000-1800 av. J.-C.) reprirent les études beaucoup plus anciennes sont célèbres. L'École de Saïs (600-500 av. J.-C.) avec son «médecin-chef» est célèbre dans tout le monde grec. Rappelons en outre que les Grecs identifièrent Imhotep avec le dieu de la médecine Esculape, et que Hippocrate compose son traité de gynécologie en puisant largement dans un texte égyptien.

Le corps momifié du défunt était à la fin enveloppé dans de très longues bandelettes de lin entrelacées à la perfection, parmi lesquelles on insérait au fur et à mesure des amulettes de toute espèce et de toute taille, en suivant point par point un cérémonial de prières et de consécrations. Chaque phase du rite funèbre était dirigée par des prêtres particuliers, héritiers d'expériences secrètes et de connaissances magiques qui en faisaient une classe puissante et recherchée.

La momie, continuellement purifiée par de l'eau lustrale et des prières, était complétée avec l'image sculptée ou peinte de son propre *Ba*, puis enfermée dans une ou plusieurs caisses qui, plus tard, prendront la forme même de la momie et seront peintes avec l'image de son propre *Ka*.

La procession funéraire partait de la «Maison de la vie». En tête il y avait le baldaquin fleuri avec le précieux sarcophage, suivi par les parents avec les «pleureuses» (femmes et fillettes qui fondaient en larmes en se jetant continuellement de la terre sur la tête). Puis le long cortège du mobilier funéraire constitué des meubles, vêtements, bijoux du défunt et jusqu'aux «figurines» de ses barques, de ses maisons, de ses magasins remplis d'«ouchebti» c'est-à-dire de «figurines» de ses fidèles, comme pour représenter qu'ils continuaient leur devoir dans l'au-delà. Une fois arrivée au Nil, la procession reprenait sur le fleuve sacré, source et vie de l'Égypte, et avec lui commençait en imagination le voyage pour le Nil céleste. Une étape idéale était Abydos, le plus grand sanctuaire d'Osiris, où tout Égyptien rêvait d'avoir au moins sa sépulture symbolique, c'est-à-dire une stèle à côté de la grande relique du Dieu roi des vivants et des défunts.

Arrivé à sa propre nécropole, le cortège rejoignait le tombeau. Dans la chapelle ou dans la chambre des offrandes s'accomplissaient les rites de purification de la momie avec eau et encens. Puis commençait la fonction finale et essentielle de l'«ouverture des yeux et de la bouche». En tête des parents et des «pleureuses» un prêtre lisait les formules magiques du «Livre des Morts». La momie se trouvait devant la stèle sacrée, qu'est censé soutenir le dieu Anubis, tandis que la fille et l'épouse pleuraient, inconsolables. Le *Kher-heb* à la peau de léopard, c'est-à-dire l'héritier du défunt en tenue de prêtre, aspergeait la momie de parfum et l'encensait. Deux prêtres desservants versaient des onguents et procédaient à l'ouverture des yeux et de la bouche avec le scalpel et l'antique hachette sacrée en silex. Cette fonction magique avait un effet direct sur le plan astral de sorte que le *Ba* du mort pouvait finalement «voir» et «parler» dans l'au-delà en ce que la fonction même réclamait, deux actes fondamentaux de la création: la naissance des créatures humaines et divines, respectivement, par les «yeux» et par la «bouche» de Rê.

Avec cette cérémonie prenait fin la préparation du défunt pour le grand voyage. Le sarcophage avec tout son mobilier funéraire était descendu dans la chambre souterraine, tout était scellé, et le puits obturé jusqu'au sommet et muré. Puis commençait l'autre phase très importante pour le rapport entre vivants et défunts: le culte du mort.

Le culte est fondé surtout sur les prières et sur les offrandes qui constituent l'«aliment spirituel» en faveur non seulement du défunt mais aussi des célébrants. Les prières sont le colloque entre le *Ka* vivant et le *Ka* mort, de même que les supplications et les manifestations d'affection et de regrets sont le colloque entre le *Ba* du vivant et celui du défunt. Prières et supplications assurent l'appui du *Ka* de la famille, donc l'intégrité du *Ka* du vivant et l'acheminement vers la fusion de l'âme du mort avec son propre es-

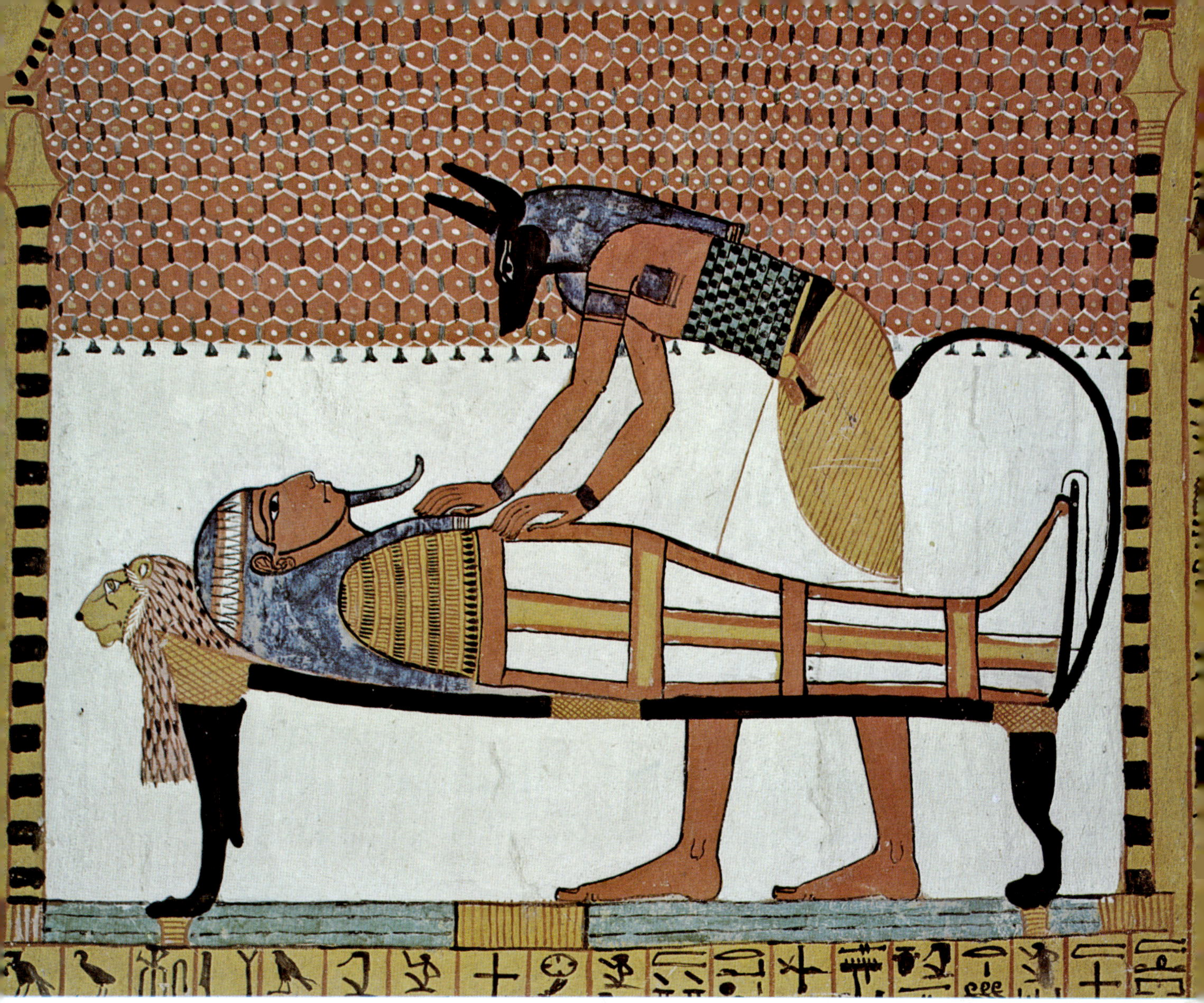

prit. Les offrandes ont le même pouvoir en ce qu'elles alimentent aussi bien le propre *Ka* des invités au banquet funèbre que celui du voyageur dans l'au-delà. Le lait de figues, le pain, la bière et le blé (symbole de la résurrection) alimentent le corps et l'âme; tandis que l'eau, le nitrate et l'encens alimentent le corps spirituel. La communion entre vivants et défunts est d'autant plus complète lorsque l'on sent la présence du *Ka* de tous et, dans la «rencontre» alternent avec les prières et les versets magiques les demandes d'aide, de conseils, et aussi les lamentations et les remerciements, de sorte que le contact est continuel et que la famille reste unie à celui qui voyage dans la barque du Soleil.

Cette continuité avec la vie se manifeste pleinement dans les peintures qui sont partie intégrante de la «Maison de la vie» du défunt. Il y a de nombreux tombeaux où le propriétaire, représenté sur les montants des portes, semble venir à notre rencontre pour nous servir de guide dans sa maison et nous présenter les siens et son épouse; pour nous raconter sa vie quotidienne, ses voyages, ses entreprises, illustrant aussi sa gloire au service du pharaon et ses œuvres de bienfaiteur paternel envers ses amis et ses serviteurs. Comme en un film magique nous assistons au merveilleux spectacle d'une vie sereine, heureuse où, chez tous, éclate la joie de vivre; d'une vie terrestre qui se reflète continuellement dans la vie paradisiaque de l'au-delà.

Ci-dessus: le dieu Anubis touchant le cœur et l'estomac de la momie en la fixant dans les yeux pour la réveiller et l'accompagner dans le voyage dans l'au-delà. Ainsi se perpétue le rite accompli par Anubis, qui aida Isis à recomposer les membres épars d'Osiris et à le réveiller. La scène se déroule sous un baldaquin aux rideaux à demi baissés, semblable à celui sous lequel était transporté le défunt. Remarquer le magnifique «lit anatomique» en forme de lion avec une longue queue en boucle.

Le voyage dans l'au-delà

Au début de l'histoire, il y a le pharaon qui guide son peuple, ordonné comme dans une immense pyramide, pour se rattacher à la pyramide astrale. La route à suivre lui est indiquée par les textes sacrés qui résument toute la science de l'univers visible et invisible. Nous trouvons un écho de cette science très ancienne pour la première fois dans les «textes des pyramides», gravés sur les parois des chambres sépulcrales de la pyramide d'Ounas (2400 av. J.-C.).

Lorsque le pharaon finira par devenir son propre guide, il y aura de nombreux «livres des morts», «textes des sarcophages» et «livres de la Douat», destinés à toute âme en route pour l'au-delà. Ces textes présupposent la connaissance du royaume des morts à travers la foi religieuse, et contiennent des règles de comportement, des formules magiques, des rituels sacrés, des prières secrètes, de façon à mettre le voyageur en mesure de surmonter les différentes épreuves qui l'attendent. Tout ceci va d'une synthèse étroite du rapport entre l'âme et l'esprit universel à une casuistique de plus en plus profuse qui complique les rapports et les remplit d'images démoniaques, de visions infernales, au fur et à mesure que progresse la conscience individuelle et que diminue la puissance de la foi ancienne. Même l'équilibre et la continuité entre vie terrestre et vie supraterrestre varient et oscillent entre deux extrêmes: soit fuir une immortalité toujours moins compréhensible pour s'ancrer désespérément dans la vie terrestre, soit exalter la vie supraterrestre pour se libérer de cette vie tourmentée et angoissante.

On trouve un exemple touchant du mépris de la vie et de l'admiration de l'au-delà dans le chant d'un poète de 1790 av. J.-C. environ: «Voici, la mort se tient devant moi comme la guérison de l'infirme, comme la sortie au grand air après une longue maladie. Aujourd'hui la mort se tient devant moi comme un parfum de myrrhe; comme un repos sous la tente aux heures de brise... aujourd'hui la mort se tient devant moi et m'attire comme la vue de sa maison pour celui qui si longtemps a été prisonnier».

Le grand et ultime voyage commence par la séparation du *Ka* spirituel du corps matériel. Le *Ba*, âme de l'homme est détaché de la vie terrestre et tourne désorienté autour du cadavre. La compatissante Isis l'accueille sous ses grandes ailes affectueuses et le confie au savant dieu Anubis afin qu'il le réconforte et lui serve de guide et de soutien jusqu'au jugement divin.

Tous deux se dirigent vers les confins du monde et exactement vers l'une des quatre montagnes qui soutiennent le ciel: celle à l'ouest d'Abydos, la ville sacrée d'Osiris. Ce très haut mont dépassé, l'âme, avec le bateau de Kheper descend dans la «galerie de la nuit» où coule le fleuve des Enfers. Anubis réussit à mener la barque sur les rapides vertigineux et continuels du fleuve sillonné par les sinuosités du gigantesque serpent Apophis (animal chtonien qui pénètre dans l'Amentit souterrain). La barque, finalement, pénètre au cœur des Enfers, dans le royaume des «choses secrètes».

Les berges et les eaux mêmes du fleuve grouillent d'êtres monstrueux qui se jettent sur les voyageurs. Des babouins gigantesques tentent de les capturer avec un grand filet; des serpents armés de longs couteaux affilés, des dragons qui crachent le feu, des reptiles à cinq têtes et affamés, jaillissent continuellement de la terre et des eaux. Ce ne sont que hurlements, menaces terribles, lamentations déchirantes d'ombres

Transport de la momie à la Nécropole

1) *Dans la «Maison de la vie» on prépare la momification du cadavre. Les parties internes du corps sont préparées séparément et placées dans quatre vases canopes.*
2) *Un prêtre lit le rituel. La momie est enveloppée dans des bandes de lin, dans lesquelles sont placés des talismans, et couverte du masque sacré.*
3) *Le cortège descend vers le fleuve avec le catafalque de la momie et le mobilier funéraire.*
4) *Le cortège avance avec les barques vers le tournant du sanctuaire d'Abydos.*
5) *Débarquement du cortège sur les rives de la nécropole.*
6) *La momie avec sa barque et son précieux mobilier est portée sur les degrés en pente raide creusés dans la roche.*
7) *On accomplit la cérémonie finale de l' «ouverture de la bouche et des yeux». Les pleureuses, l'épouse et les enfants enlacés aux pieds de la momie, exhalent leurs dernières lamentations.*
8) *Le tombeau est déjà prêt.*
9) *Une partie du mobilier a été portée dans la chambre des offrandes.*
10) *Le trésor a déjà été portée dans la chambre réservée à cet usage.*
11) *Dès que l'installation des offrandes et de la momie dans la salle du sarcophage sera terminée, les pièces seront murées et les accès, remplis de cailloux et de sable, seront scellés.*

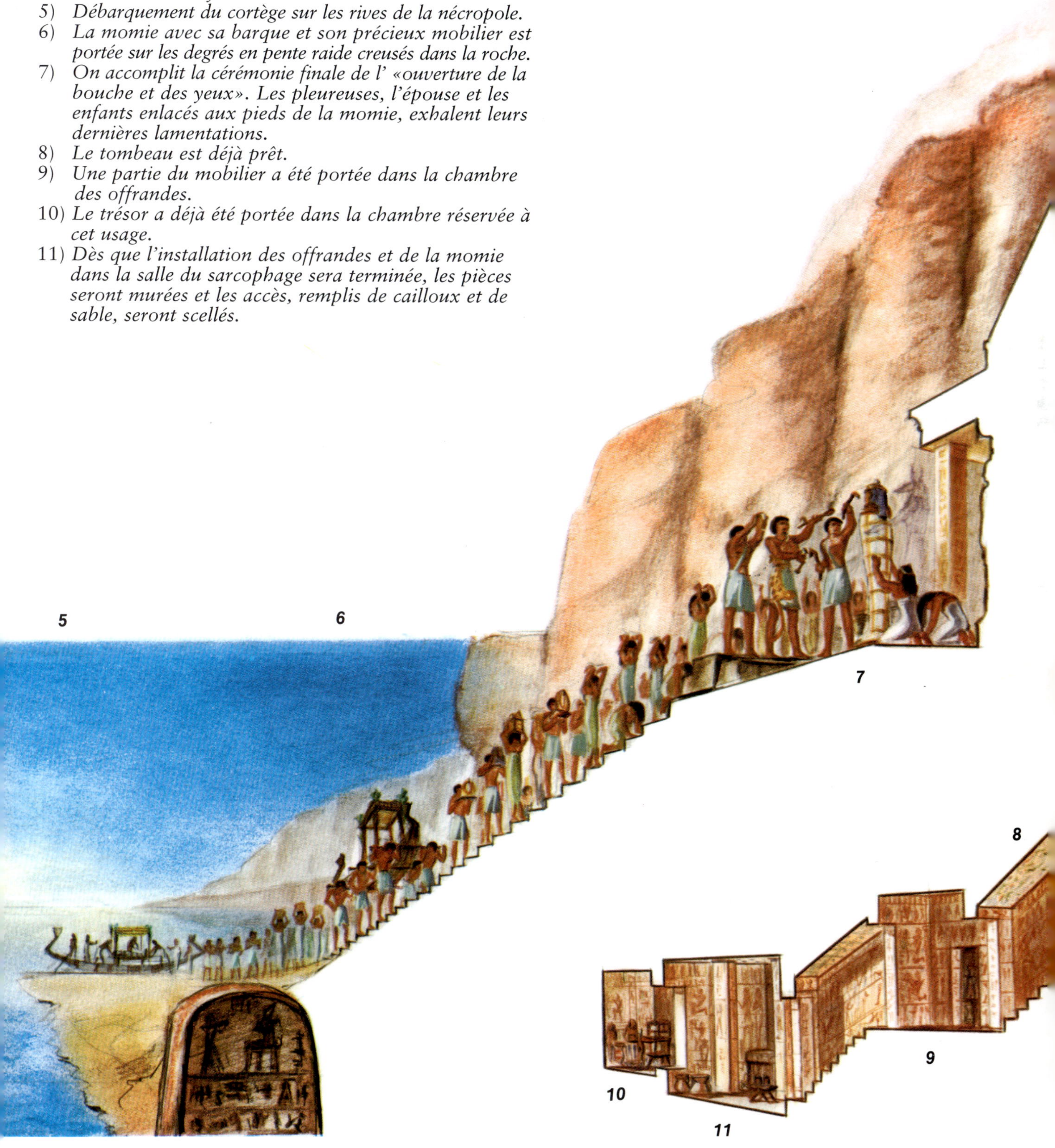

a b c d

Le voyage dans l'Au-delà

a) *Séparation du Ka (esprit) et du Ba (âme).*
b) *Anubis guide affectueusement le défunt.*
c) *Commencement du voyage sous la protection d'Isis.*
d) *Arrivée à la montagne occidentale, porte des Enfers.*
e) *Descente sur le fleuve de la «galerie de la nuit».*
f) *Des babouins gigantesques tentent d'entraver la barque.*
g) *Les «ennemis d'Osiris» assiègent la barque.*
h) *Le serpent Apophis tente de barrer l'accès.*
i) Épreuve des Sept Portes de sortie.
l) *Épreuve des Dix Pylônes d'entrée.*
m) *Montée de l' «Escalier de Justice». Y assistent tous les Dieux-Ka du créé.*
n) *Jugement final devant Osiris. Anubis pèse le cœur avec la plume. Thot et le monstre Amenuit surveillent.*
o) *L'âme rachetée se purifie dans le «lac du lotus».*
p) *Vie éternelle dans les paradisiaques «champs de Ialou»; chasse, pêche, travail, le long du «Nil céleste».*
q) *Jonction avec le Ka immortel, montée et identification avec l'Etre suprême-Rê.*

errantes, d'êtres refusés par l'esprit, de larves humaines sans tête et ennemies d'Osiris. A la défense et au réconfort prodigués par Anubis collaborent des êtres divins lumineux qui, en silence, se serrent autour de la faible âme du défunt presque détruite par l'épouvante.

Finalement on arrive aux limites du royaume ténébreux de la Douat. Pour en sortir il faut franchir sept portes, et pour entrer dans la grande salle d'Osiris il faut passer par dix pylônes. Chacune des portes est gardée par une divinité: le dieu sorcier, le dieu gardien, le dieu interrogateur. Pour passer, l'âme doit connaître les paroles magiques voulues, et le nom secret du Gardien du Seuil, après quoi elle peut dire: «Ouvrez-moi la porte, soyez mes guides». Passées les sept portes commence le passage des sept pylônes et chaque dieu maître du pylône lui révèle son nom secret pour l'éternité.

Après le dernier pylône, l'âme entre dans la «Grande salle de justice d'Osiris». Tout autour se tiennent les dieux de l'univers, les *Ka* cosmiques, images

i l m n

e f g h

du dieu absolu lui-même dans lequel ils se reflètent en mille couleurs comme en un gigantesque kaléidoscope (dans le tombeau de Touthmosis III sont représentés 741 dieux). Au milieu s'élève une pyramide à degrés que l'âme, fatiguée de sa longue épreuve, monte toujours aidée du bon Anubis. Sur la plate-forme, au sommet de la pyramide, il y a quatre grands-juges, c'est-à-dire les couples qui ont donné origine au créé: Shou et Tefnout (air de feu); Geb et Nout (terre et ciel). Ces juges, pure expression de la création divine et pour cela de la Justice et de la Vérité, sont présents avec Osiris. Aux pieds du dieu roi de l'au-delà, il y a la gigantesque balance pour la «pesée du cœur».

Le moment culminant est ainsi arrivé, l'âme est seule devant le dieu suprême et doit démontrer qu'elle «n'a jamais rien fait de mal contre personne».

De grands et lumineux idéaux ont guidé celui qu'on juge pendant toute sa vie: «Si tu es grand après avoir été petit, si tu es riches après avoir été pauvre ne sois pas avare de tes richesses parce qu'elles te sont venues comme un don de Dieu... Si donc tu cultives tes champs et qu'ils sont fructueux, ne remplis pas seulement ta bouche, souviens-toi de ton voisin, car l'abondance t'a été donnée par Dieu...». Ptahhotep, dans ses maximes que l'on répéta pendant deux mille cinq cents ans avertit: «Ne sème pas la crainte parmi les hommes car Dieu te combattra dans la même mesure, en ce que, à celui qui prétend conquérir la vie par la violence Dieu lui ôtera le pain de la bouche; lui ôtera ses richesses et le réduira à l'impuissance. Ne sème pas la crainte parmi les hommes, donne-leur une vie de paix et tu obtiendras par la paix ce que tu devrais obtenir par la guerre, car c'est la volonté de Dieu.»

Mais le plus grand «monument» que l'Égypte antique ait donné à l'éthique mondiale est contenu dans les phases que prononce Nefertêm-Rê au Grand Jugement: «J'ai donné du pain à l'affamé, j'ai donné à boire à celui qui avait soif, j'ai vêtu celui qui était nu, j'ai fait passer le fleuve à celui que n'avait pas d'embarcation, j'ai enseveli celui qui n'avait pas d'enfants». Que l'on remarque que ces piliers de la bonté humaines sont répétés dans de nombreux mastabas,

o p q

donc qu'ils font partie des idéaux qui, trois mille ans auparavant, préparaient la voie qui menait au Royaume des cieux.

Pour revenir au voyage dans l'au-delà, une fois que l'âme a révélé ses actions, son cœur — qui les contient — est «pesé». Anubis lui-même pose le petit vase avec le cœur sur un plateau, et sur l'autre met le contrepoids, c'est-à-dire la plume de Maat, déesse de la Vérité, et enfin débloque la balance.

Le dieu Thot note les opérations, tandis que de la terre émerge le monstre Amenuit, crocodile-léopard-hippopotame, prêt à engloutir l'âme perdante et à l'entraîner dans les ténèbres de Sokaris.

Si le cœur est plus léger que la plume, l'âme est «justifiée» et le *Ka* spirituel lui redonne la vie pour l'éternité. Certains papyrus représentent ce moment enchanteur avec l'image de la momie étendue au sommet d'une pyramide à degrés, contemplant l'espace infini, tandis que huit astres blancs semblent descendre et la pénétrer lentement.

Ensuite commence la vie dans le Paradis, c'est-à-dire dans les «Champs de Ialou»: d'abord, l'âme se purifie de tout déchet terrestre en se baignant dans le «lac du lotus»; après quoi, redevenue pure et jeune comme dans le sein de la Déesse Mère Mout, elle croît et travaille, heureuse, dans les champs du Paradis et réunie aux siens, va à la chasse et à la pêche le long du Nil céleste. Dans cet enchantement de la vie dans la nature, dans ce retour à l'âge d'or du royaume d'Osiris sur la terre, filtre progressivement le royaume solaire du pur esprit: les âmes purifiées montent toujours plus haut le long de l'échelle tissée par les rayons lumineux d'Aton-Rê jusqu'à ce qu'elles atteignent la «Barque de la Vérité».

La dernière étape du Grand Voyage vers l'éternité prend trois aspects importants. Le premier est déjà contenu dans la pensée antique où la personnalité humaine, une fois régénérée et «justifiée», continue à opérer en tant que partie du tout et de la volonté divine, s'unissant à l'armée d'Horus pour combattre le mal et la souffrance sur terre. Le second, c'est-à-dire l'anéantissement de son âme dans le Nirvanâ égyptien, se reflète dans une très belle image des «Contes de Sinouhé»: «... fut enlevé au ciel et ainsi se trouva uni au disque du Soleil et son corps retourna à celui qui l'avait engendré.» Le troisième, la découverte de son propre Être dans l'Absolu, est chanté par l'âme béatifiée: «Je suis Rê et Rê est moi... l'Être est en moi, le non-Être est en moi... je suis maître de l'âme de Dieu qui m'enferme dans son sein.»

Ci-dessous: l'embarcation du dieu Khnoum emmène les esprits des rois précédents pour protéger le voyage du pharaon dans l'au-delà (tombeau de Séthi Ier).

La Vallée des Rois

Surtout dans les temps passés, la vallée apparaissait comme une gorge terrifiante étrangère à la vie terrestre, perdue parmi les rochers brûlés par le soleil. Pourtant, dans les entrailles de ce désert, il y a encore les images d'un monde plein de dignité, d'un grand équilibre, qui incitent au respect et à la méditation. Outre des trésors artistiques comme les décorations des parois et les constructions des hypogées, les tombeaux étaient remplis de témoignages précieux. Presque tous violés et vidés de leurs objets d'une valeur inestimable du temps des pharaons — à l'époque ptolémaïque, beaucoup furent profanés et renferment encore des traces des anciens «touristes» — aujourd'hui les tombeaux des grands rois de la XIXe et de la XXe dynasties gardent la séduction de leur grandeur architectonique et de leurs peintures. L'ensemble funéraire de ces dynasties thébaines se distingue des précédents dans son organisation monumentale: en effet, à l'époque des pyramides, le tombeau et le temple funéraire étaient accouplés et le tombeau avait une affirmation primordiale. Avec la nécropole thébaine, le temple funéraire se dresse grandiose, aux confins du désert et de la terre fertile; le tombeau devient lui aussi un temple, mais aux dimensions limitées et jalousement caché au cœur du désert. Généralement, ces hypogées s'étendent suivant un axe longitudinal, selon la structure traditionnelle du temple. Une longue galerie, divisée en deux ou trois secteurs, mène au temple souterrain; celui-ci est composé d'une ou plusieurs salles à piliers, agrémentées d'une sacristie et de chambres d'offrandes; vient ensuite le sanctuaire avec la salle du sarcophage et les chapelles du trésor. Quelques tombeaux ont des déviations latérales, comme celles d'Aménophis II et de Ramsès II (gigantesques et inachevées) et plusieurs étages comme celle, superbe, de Séthi Ier. Celui d'Hatchepsout a un très long corridor en arc, qui descend à environ 30 mètres pour arriver à quelques pièces seulement. L'iconographie des tombeaux royaux ne s'attarde pas sur la continuité de la vie dans l'au-delà, mais concentre toute son attention sur la continuité de la vie du pharaon en contact avec les dieux et sur sa victoire sur la mort comme démonstration de sa divinité. Pour cela, elle reprend et illustre ce qui a été commencé avec les textes des pyramides dans le tombeau d'Ounas, reléguant la gloire de sa vie terrestre dans le temple funéraire et celle de sa vie divine dans le temple de l'hypogée. Également, dans ce temple se concentrent tous les rapports secrets avec le monde hypersensible représentés et divisés selon les textes sacrés (livres de «l'ouverture de la bouche», «de ce qui est dans la Douat», «des Portes») et la cosmogonie occulte; ce qui fait que le passage du monde extérieur au sanctuaire du sarcophage devient un véritable voyage initiatique qui mène à l'identification avec le Ciel, avec Rê l'Etre Suprême.

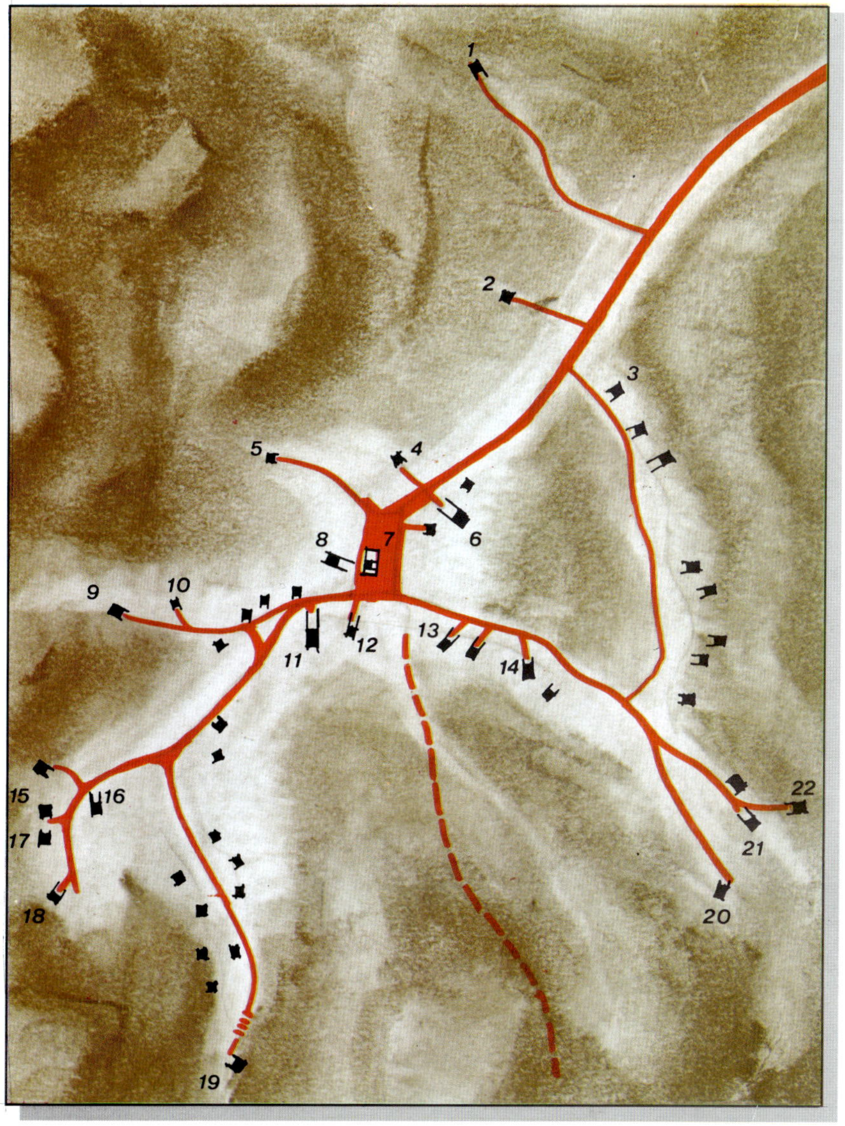

1) *Ramsès VII.*
2) *Ramsès IV.*
3) *Ramsès III (tombeau jamais occupé).*
4) *Ramsès II.*
5) *Mineptah II.*
6) *Ramsès IX.*
7) *Toutânkhamon.*
8) *Ramsès VI.*
9) *Aménophis II.*
10) *Horemheb.*
11) *Ramsès III.*
12) *Amenemhat.*
13) *Ramsès Ier.*
14) *Séthi Ier.*
15) *Sethnekht.*
16) *Mineptah Ier.*
17) *Touthmosis III.*
18) *Séthi II.*
19) *Touthmosis III.*
20) *Touthmosis IV.*
21) *Prince Montou Khopechef.*
22) *Reine Hatchepsout.*

Ramsès IX
L'accès au tombeau est précédé d'un escalier creusé dans la roche, avec une rampe centrale pour descendre les objets pesants. La galerie et les deux petites chambres latérales sont décorées de scènes extraites du «Livre des morts», de celui des «Litanies solaires» et enfin du «Livre de ce qui est dans la Douat». La salle du sarcophage a un plafond décoré de scènes astrales.

Détails de la paroi de la galerie
Ci-contre: la barque solaire de Khnoum guidée par des serpents bienveillants, par des ancêtres et par les dieux Hathor et Horus. Ci-dessous: deux génies protecteurs avec le serpent Sokaris et le Scarabée du Soleil naissant.

Ramsès VI

Dans ce tombeau comme dans le précédent, un long corridor divisé en trois secteurs. L'hypogée est limité à deux locaux: le premier abrite le sarcophage de granit (environ 3 x 2 x 2,80 m) et rapporte des scènes du «Livre des Portes» aux parois et des scènes astrales au plafond; le second est disposé en forme de croix et est décoré de scènes du «Livre des Cavernes».

Ci-contre et ci-dessous: détails du magnifique plafond de la salle du sarcophage où domine la déesse Nout (répétée deux fois) qui enveloppe la sphère occidentale et la sphère orientale. Les deux hémisphères sont remplies par les dieux stellaires qui forment le grand cortège suivant les barques solaires qui naviguent sur le Nil céleste.

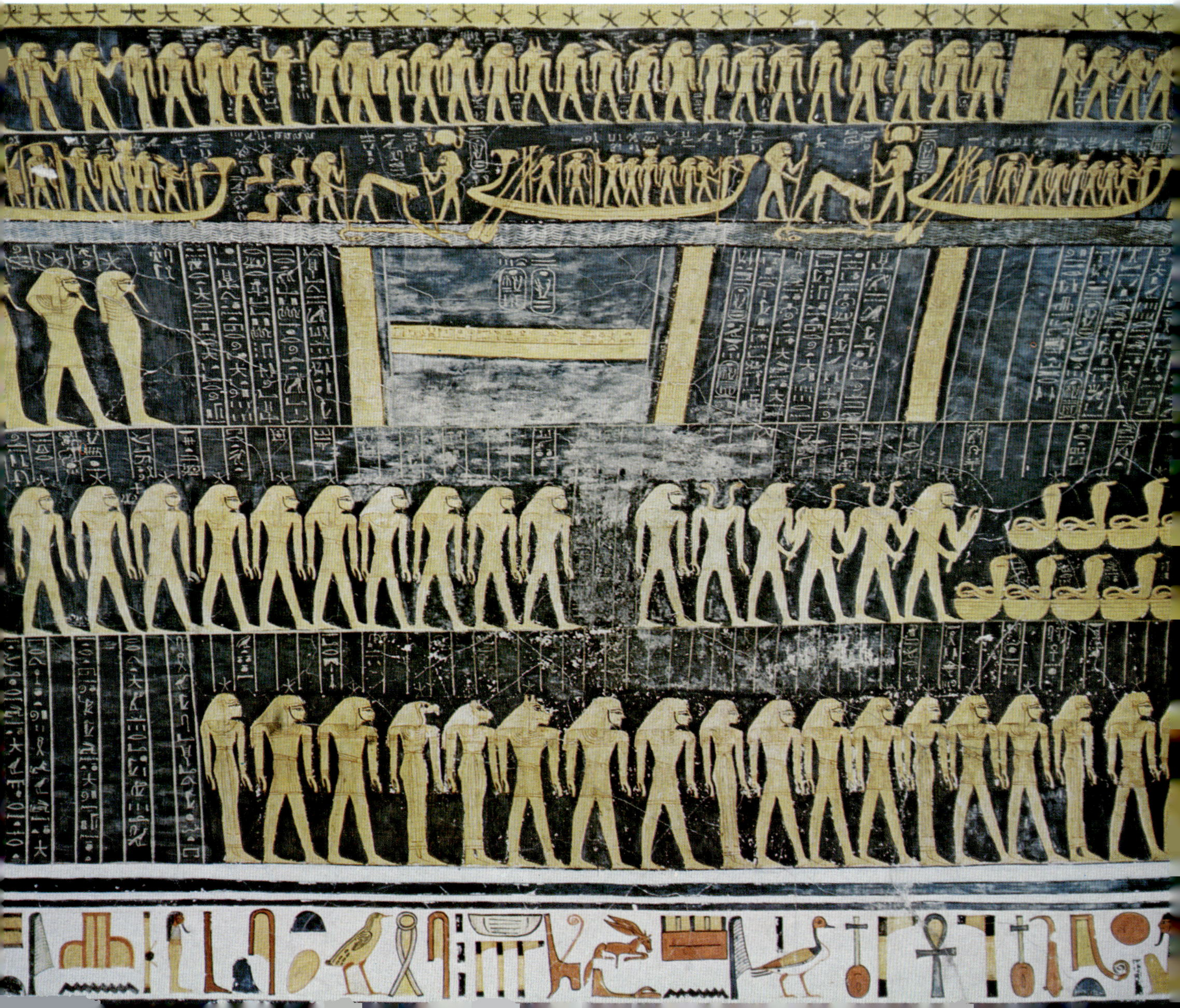

Ci-dessus: la chambre du sarcophage telle qu'elle apparaît aux visiteurs de la Vallée des Rois et telle que la vie Carter, avec l'énorme catafalque qui occupait presque toute la chambre sépulcrale.

A droite, en bas: coupe verticale du tombeau de Toutânkhamon.

Toutânkhamon

C'est le tombeau le plus modeste, mais c'est aussi le plus célèbre de la vallée à cause de l'énorme trésor artistique et archéologique qu'on y a découvert au début du XXe siècle. Le tombeau est modeste parce qu'il fut exécuté en hâte pour un Pharaon d'importance secondaire, mort extrêmement jeune. Toutânkhamon (1354-1345 av. J.-C.) a vécu dans une période agitée par les luttes politico-religieuses engendrées par la mort du grand Pharaon «hérétique» Akhénaton (1372-1354 av. J.-C.), dissensions apaisées quelques années après par le puissant Horemheb (1340-1314 av. J.-C.). Le tombeau fut limité à un bref corridor menant à l'antichambre sur laquelle donnent, à droite, la chambre sépulcrale et la chambre du trésor, tandis qu'en face il y a une autre chambre destinée à recevoir les offrandes et le mobilier funéraire. De tout l'ensemble, seule la chambre funéraire fut décorée avec une représentation de Aï, second mari de Néfertiti, et successeur de Toutânkhamon, accomplissant la cérémonie de l' «ouverture des yeux et de la bouche» du défunt sous les traits d'Osiris. Le mobilier funéraire à peine installé et le tombeau scellé, celui-ci fut visité par des voleurs qui, dérangés n'emportèrent que quelques objets.
Sommairement remis en ordre et de nouveau scellé par les Prêtres, il eut la chance, cent ans plus tard, de rester enfoui sous les gravats produits par le creusement du tombeau de Ramsès IX, construit au-dessus. Le matériau de rebut en quatre mille ans, jusqu'en 1922, année où la grande expérience et l'intuition heureuse d'Howard Carter le ramenèrent au jour. La découverte du tombeau dans une vallée alors presque entièrement «fouillée» procura une grande célébrité mais aussi une grande amertume à l'archéologue. Les stupéfiantes découvertes, aujourd'hui au Musée du Caire, font réfléchir sur ce qu'a perdu l'humanité avec les viols des tombeaux de Pharaons de l'importance d'Aménophis III, de Séthi Ier, de Ramsès II et de Ramsès III.

La découverte du tombeau

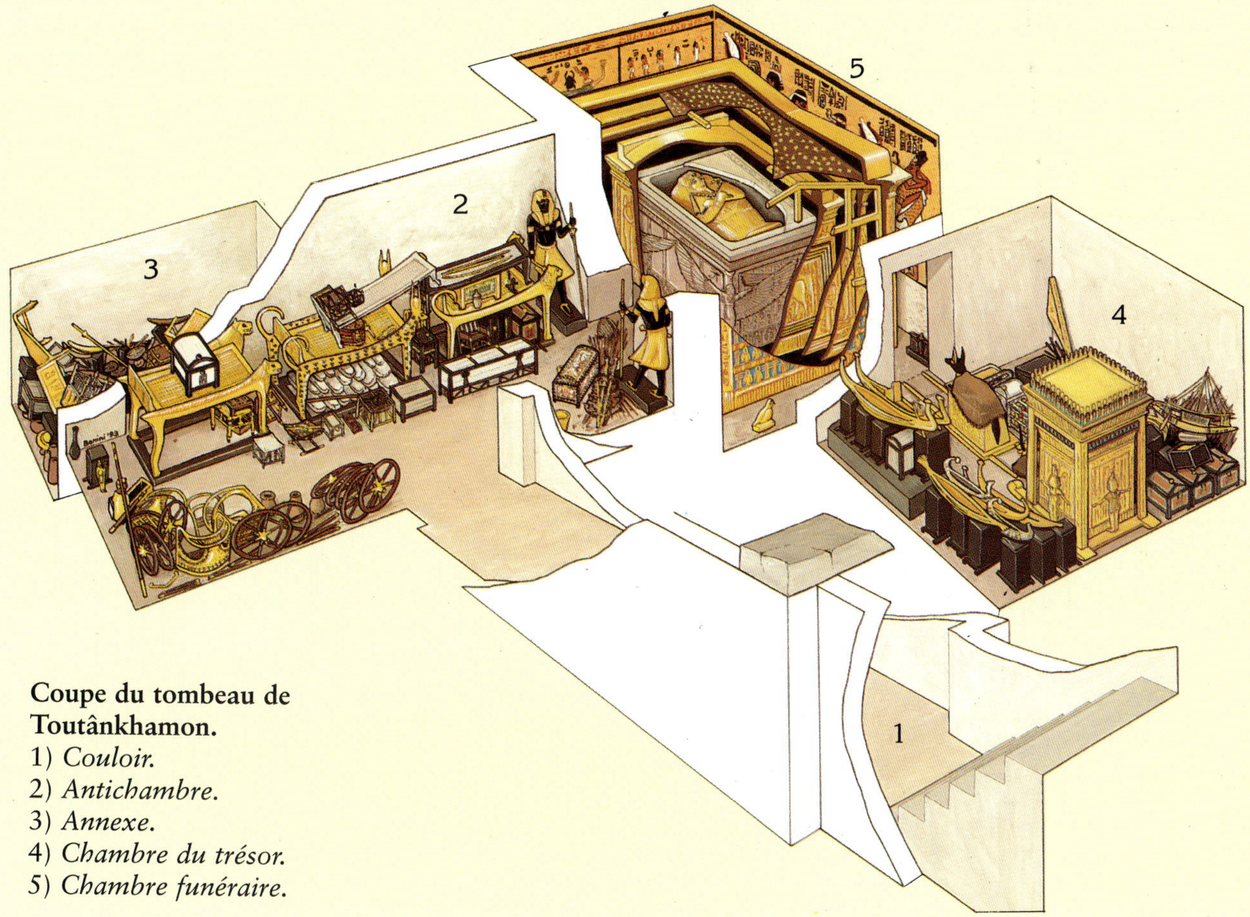

Coupe du tombeau de Toutânkhamon.
1) *Couloir.*
2) *Antichambre.*
3) *Annexe.*
4) *Chambre du trésor.*
5) *Chambre funéraire.*

1

2

1) Un coin de l'antichambre telle qu'elle se présenta aux yeux de Howard Carter le 26 novembre 1922; sur la gauche on reconnaît les chars démontés du Pharaon et sur la droite deux des trois lits funèbres zoomorphes.

2) Quelques pièces du mobilier funéraire de Toutânkhamon entassées dans l'antichambre de la tombe; au centre de la photo le plus beau des trois lits funèbres, celui dont les côtés représentent des vaches aux cornes en forme de lyre encadrant le disque solaire.

3) Les deux statues représentant le Ka du Pharaon (c'est-à-dire son double) sont les véritables sentinelles préposées à la garde de la chambre funéraire; à travers le trou du mur on entrevoit le sarcophage en bois doré qui occupait pratiquement toute la pièce.

4) Un raccourci de la chambre intérieur de la Tombe de Toutânkhamon; la statue d'Anubis, couverte d'un tissu avec des couronnes de fleurs autour du cou, protège le trésor du roi. Au fond, on aperçoit le «naos des canopes», la chapelle en bois recouverte d'or qui contenait les vases canopes du Pharaon.

5) On imagine le moment d'émotion qui saisit Carter et ses assistants devant le sarcophage du Pharaon, après avoir ouvert les quatre cercueils, qui s'emboîtaient les uns dans les autres comme des boîtes chinoises. Pour pouvoir les démonter il fallut 84 jours d'un travail harassant.

3

4

5

Séthi Ier

C'est l'un des plus grands et des plus remarquables tombeaux de rois. De longs escaliers et des galeries mènent à l'hypogée: un ensemble complexe de salles diverses à plusieurs piliers, disposés sur des plans différents, et dans le vestibule duquel se trouve un puits de barrage. Il semble que la totalité du vaste programme n'ait pas été menée à terme au moment de la mort du Pharaon.

Ci-contre: détail du cortège des barques sacrées. On voit la barque du dieu Khnoum et le tabernacle protégé par le grand serpent.

Ci-dessous: détail de la longue file des murs et des portes (avec leurs gardiens) qui sépare le royaume de la Douat, protégé par le serpent Apophis, du royaume d'Osiris, protégé par une chaîne interminable de génies et de dieux.

État actuel de l'ensemble monumental de Deir el-Bahari

Deir el-Bahari

La localité doit son nom actuel au «couvent du nord» qui s'était inséré dans les ruines du temple d'Hatchepsout, le sauvant de la destruction complète. Toute la vallée avait été consacrée à la déesse Hathor et destinée à être une nécropole depuis la IXe dynastie; elle fut ensuite abandonnée, puis restituée dans toute sa splendeur cinq cents ans après par la reine Hatchepsout.

Double page suivante:
reconstitution de l'ensemble monumental de Deir el-Bahari.
Toute la zone de gauche est prise par la nécropole monumentale de Mentouhotep Ier. Vers la montagne s'élevait le grand Temple de Touthmosis III: sa façade était tout en colonnes; une grande salle hypostyle avec un corps surélevé au centre et, enfin, le sanctuaire tétrastyle; de tout le temple il ne reste que les fondations et les fragments des beaux bas-reliefs peints, aujourd'hui installés au musée de Louqsor. Toute la zone de droite est envahie par le temple de la reine Hatchepsout. Il consiste en deux immenses gradins qui en précèdent un troisième sur lequel s'élève le véritable temple. Dans la reconstitution, on montre les deux derniers gradins de cet ensemble. La première terrasse était à une époque entourée de pylônes et une allée de sphinx et d'obélisques en constituait l'accès. Au fond de la première terrasse il y a un portique à piliers et colonnes; sur la paroi du fond, des scènes de transport et de l'érection d'un obélisque. Une rampe mène au second niveau où, à droite et à l'angle, on remarque un magnifique portique avec une double suite de piliers et sur la paroi des scènes de la vie d'Hatchepsout, de sa naissance à ses expéditions au mystérieux pays de Pount. A l'angle nord-est, le petit temple de la déesse Hathor avec deux salles hypostyles contiguës à colonnes hathoriennes; la seconde salle est décorée par une représentation des fêtes en l'honneur de la déesse. Au fond, la chapelle avec des scènes de la reine adorant Hathor; dans plusieurs scènes apparaît le grand architecte Senenmout, créateur du grand temple. Sur la dernière terrasse, encore des portiques et un beau portail au milieu, presque intact. Suit une grande cour avec une double file de colonnes tout autour. A droite, le temple solaire du dieu Horakhty; à gauche, la chapelle consacrée à Touthmosis Ier, père de la reine; au milieu, l'hypogée d'Hatchepsout, avec de superbes bas-reliefs peints.

A gauche, en haut: **le Temple d'Hatchepsout**
C'est une œuvre de grande importance dans l'histoire des réalisations humaines, créée par l'architecte Senenmout, digne héritier d'Imhotep venu mille deux cents ans auparavant. Le gigantesque temple était consacré, en partie, au Ka de Touthmosis Ier (1530-1520 av. J.-C.), père de la reine Hatchepsout (1505-1484 av. J.-C.) et au Ka de cette dernière; ce qui affirmait son droit à la royauté bien qu'elle fût une femme.

Ci-contre: *détail des magnifiques chapiteaux du petit temple d'Hathor. Remarquer les volutes autour de l'édicule avec les cobras solaires, qui semblent anticiper sur le chapiteau ionique de mille ans.*
Ci-dessous: *quatre détails du temple.*

La Vallée des Nobles

Les tombeaux des grands dignitaires du Moyen-Empire s'étendent sur trois zones contiguës appelées aujourd'hui: Assassif, Khokhah et Sheik Abd el-Gournah. Les tombeaux se distinguent nettement des tombeaux royaux non seulement par leur simplicité architecturale mais aussi par les sujets illustrés avec vivacité et d'un réalisme rare. Les zones d'Assassif et de Khokhah sont presque planes, aussi les chambres creusées à quatre mètres de la surface sont-elles précédées de terrasses à l'air libre et d'escaliers raides qui descendent dans la roche. Celle de Gournah a une partie en colline, réservée aux principaux fonctionnaires thébains; les tombeaux, qui pénétraient dans le rocher, étaient précédés d'une étroite terrasse au levant et l'entrée était surmontée d'une petite pyramide. Autour et dans le vestibule étaient placées des stèles avec des inscriptions et des scènes biographiques. Dans certains tombeaux, de la niche du fond, «apparaît» la statue du défunt.

Ces tombeaux ne sont pas toujours d'une grande importance, mais ils sont intéressants pour se faire une idée des hautes charges et des fonctions qui existaient dans l'Égypte antique. Suivent quelques exemples, pour donner un aperçu panoramique de l'étonnante gamme d'œuvres artistiques que contient la nécropole thébaine.

Kiki

Grâce à ce tombeau (à demi abandonné et à une époque transformé en étable), nous nous rendons compte de la différence substantielle entre les tombeaux royaux et ceux des nobles, surtout par le contenu et la vivacité de la représentation.

A droite, en haut: scènes du voyage de la dépouille mortelle à Abydos et aux nécropoles. Détail des pleureuses et des porteurs de tables avec des offrandes.

A droite, en bas: Kiki, avec une petite barbe, suivi de son épouse le sistre en main.

1) *Pnim-Rê «Second prophète d'Amon».*
2) *Néferhotep «Chef des scribes d'Amon».*
3) *Amenemhat Surer «Conseiller du Roi».*
4) *Nebamon «Scribe du trésor».*
5) *Néfer-onpet Keuro «Scribe du trésor».*
6) *Môsé «Scribe du trésor».*
7) *Pabasa «Chambellan de la Divine Adoratrice».*
8) *Aba «Chambellan de la Divine Adoratrice».*
9) *Montou-emhat «Quatrième prophète d'Amon».*
10) *Khérouef-Senaa «Intendant de la Grande Epouse du Roi».*
11) *Kiki «Intendant royal».*
12) *Djar «Gardien du harem royal».*
13) *Djeser-Karaseneb «Scribe comptable du blé».*
14) *Amon-môsé «Commandant des troupes».*
15) *Ouah «Majordome du Roi».*
16) *Toi «Scribe royal».*
17) *Miou «Préfet de This».*
18) *Paser «Gouverneur de la ville».*
19) *Nakht «Scribe, astronome d'Amon».*
20) *Néferhabef «Premier prophète du Ka royal».*
21) *Nediemje «Inspecteur des jardins d'Amon».*
22) *Menna «Scribe du cadastre».*
23) *Nebamon «Scribe royal, inspecteur des greniers du Roi».*
24) *Huy «Sculpteur d'Amon».*
25) *Ramôsé «Vice-roi et gouverneur de la ville».*
26) *Ousirhat «Scribe royal».*
27) *Kha-emhat Mahou «Scribe royal et inspecteur des greniers».*
28) *Amenhotep Sise «Second prophète d'Amon».*
29) *Amenemhat «Scribe et comptable des greniers d'Amon».*
30) *Amenemhat Mahou «Commandant de l'armée».*
31) *Rekhmarê «Vice-roi et Gouverneur de la ville».*
32) *Ineni «Surveillant des greniers d'Amon».*
33) *Horemheb «Scribe royal et du recrutement».*
34) *Neb-hamon «Porte-drapeau de la Barque d'Amon».*
35) *Sennefer «Prince de la ville du Sud».*
36) *Ken-Amon «Intendant-chef du Roi».*

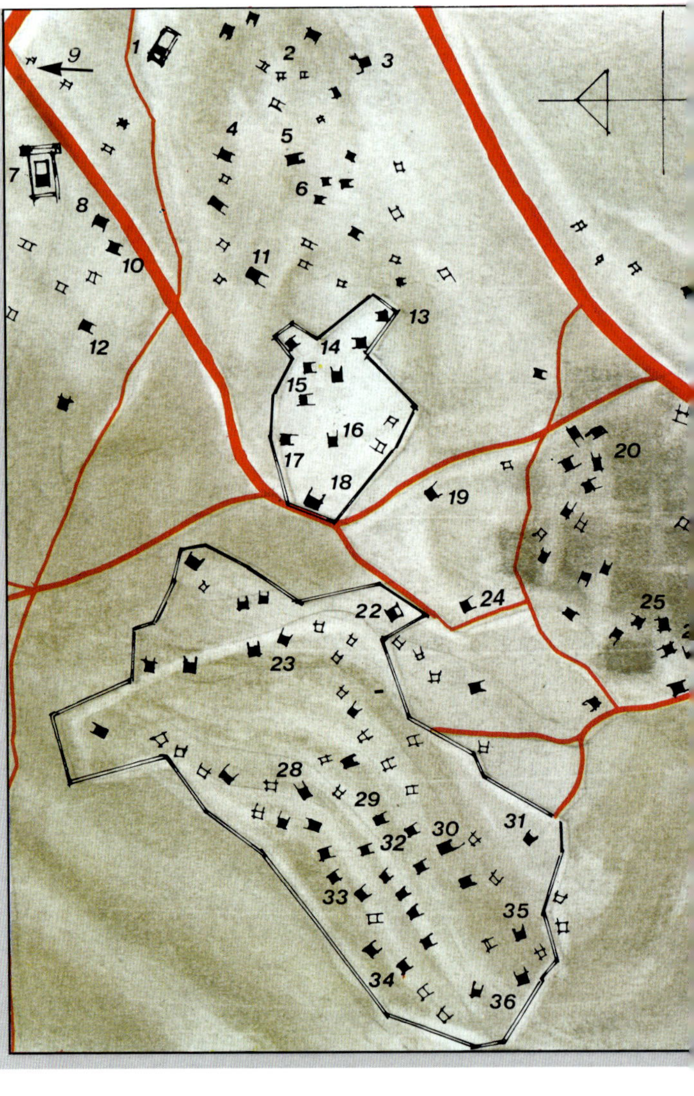

Khéroeuf Senaa
Tombeau du «Surintendant de la Grande Épouse royale» d'Aménophis III et d'Aménophis IV devenu ensuite Akhénaton. Sur la vaste paroi, nous trouvons des scènes de danses, de banquets, de cortèges d'offrandes et, entre autres, l'érection du Djed, aussi bien en l'honneur du «Surintendant» que du pharaon et de la reine Tyi. Il s'agit de reliefs superbes dont nous présentons deux détails: en haut, quatre jeunes filles assises par terre bavardent, tandis que d'autres se dirigent vers la danse rituelle; en bas, les danseuses. Remarquer les cheveux dénoués et la jupe courte avec des bretelles entrelacées et attachées sur le devant.

Nakht

Tombeau à Gournah du «Scribe et astronome d'Amon» au temple de Touthmosis IV. Magnifiques scènes (où le nom d'Amon fut effacé durant l' «hérésie atonienne»), surtout celles de la culture du blé, des vendanges, de la chasse et de la pêche.

Ci-contre: porteur d'offrandes agenouillé: il tient dans la main droite un bouquet de fleurs; dans la main gauche une branche de vigne pleine de grappes de raisin et un plateau avec des gâteaux, des légumes et des fruits.

Ci-dessous: Nakht à la chasse dans les cannaies sur la lagune; détail de sa fille, assise, et de son fils, debout, tendant le boomerang à son père; derrière le «Scribe astronome» on aperçoit sa femme «Chanteuse d'Amon». La frêle colonnade verte des cannes lacustres, dans le fond de la scène, rappelle le motif réalisé en bas-relief dans les mastabas du IIIe millénaire.

Rekhmarê
Le tombeau du «Gouverneur de la ville», vice-roi de Touthmosis III et d'Aménophis III, est parmi les plus grands et les mieux conservés. Les scènes montrant les envoyés du pays de Pount, du pays de Kephti (Crète, probablement), des nègres de Koush et enfin les émissaires des pays de Ratenou (Syriens et Assyriens) sont intéressantes. Et encore plus intéressantes les scènes dans la chapelle avec le «Gouverneur» qui dirige les travaux pour le temple d'Amon, travaux qui comprennent tous les métiers d'artisanat, jusqu'à la peinture et la sculpture.

Ci-dessus: *scène de porteurs et contrôleurs d'offrandes apportées sur des plateaux, des petites tables, dans des corbeilles.*

Ci-contre: *artistes occupés à sculpter un sphinx, à peindre et graver un «colosse» du Pharaon.*

Menna
Tombeau du «Scribe du Cadastre du Maître de la Haute et de la Basse-Égypte», au temps de Touthmosis IV. Le «Scribe» utilisa et agrandit un tombeau précédent. Même les couleurs des scènes, qui sont parmi les plus élégantes et les plus raffinées de la nécropole, sont bien conservées. Les images de la vie des champs et du pèlerinage d'Abydos sont intéressantes.

A droite: *deux jeunes filles portent de grands bouquets de fleurs et de petits vases de parfum.*

Sennefer
Tombeau du «Prince de la Ville du Sud» au temps d'Aménophis II, dans la zone de Gournah. Il se trouve au bas d'un escalier taillé dans le roc et est constitué d'un vestibule transversal et d'une salle à quatre piliers. Les parois du vestibule sont décorées de scènes d'offrandes où apparaissent Sennefer, son épouse Seth-nefer «nourrice royale» et leur fille Moutahi. Au plafond est représentée une treille.
Dans la cellule funéraire: les époux, «qui sortent de la terre pour voir chaque jour le cours du soleil».

Ci-contre: *un coin du vestibule avec un détail de la treille de raisin noir; au-dessous, les profils de l'épouse et de la fille du «Prince».*

Ci-dessous: *les époux en voyage sur le Nil, assis sous le baldaquin devant une table préparée et purifiée.*

Ramôsé
Dans la zone de Gournah, tombeau du «Gouverneur de la ville et Vice-roi» d'Akhénaton. Avec la mort du Pharaon, Ramôsé abandonna le tombeau commencé près d'Akhet-Aton, pour le refaire entièrement à Thèbes. La galerie et une partie de la salle renferment de très beaux bas-reliefs, tandis que d'autres scènes sont peintes. Les caractères «atoniens» se confondent souvent avec les caractères classiques, donnant des résultats d'un grand intérêt par leur raffinement et leur naturel.

Ci-contre: cortège des porteurs du mobilier funéraire. Parmi les objets: un guéridon, un siège, de nombreux coffres et un lit à appui-tête.

Ci-dessous: cortège des porteurs de fleurs. En tête, un porteur tient une «balance» à laquelle sont suspendus des vases d'huiles parfumées et un «encensoir» pour la cérémonie de l'«ouverture des yeux et de la bouche».

La Vallée des Reines

La vallée, appelée actuellement Biban el-Harim («Les portes des Reines»), est en retrait vers le désert comme celle des Rois, qui se trouve à un kilomètre et demi plus au nord. Elle est moins triste que cette dernière et plus proche du village des artisans, Deir el-Medineh, auquel elle est encore reliée par le sentier primitif qui enjambe de petites collines. Le long de la gorge d'accès, on trouve des stèles commémorant les entreprises de Ramsès III. Sur les roches on voit encore gravées des prières à Osiris et à Anubis. On a découvert dans la vallée 80 tombeaux alors inachevés ou gravement endommagés. Parmi ceux-ci, plusieurs ont été noircis par le feu des bivouacs des anciens profanateurs, d'autres furent transformés même en étables. Presque tous ces tombeaux sont de la XIXᵉ et de la XXᵉ dynasties, c'est-à-dire datables de 1300 à 1100 av. J.-C. environ. Les plus importants sont ceux destinés à l'épouse et à trois enfants, morts en bas-âge, de Ramsès III. L'ampleur et la disposition des pièces creusées dans le rocher rappellent la structure des tombeaux nobiliaires plutôt que les grandes hypogées des pharaons. Même les peintures qui les décorent, bien que traitant des mêmes thèmes que ceux des tombeaux royaux, sont d'un ton mineur et s'expriment en formes vives et moins solennelles. Ces caractéristiques sont évidentes surtout dans les tombeaux des princes au point de sembler avoir été exécutées par le même genre d'artistes que ceux qui ont décoré les tombeaux des nobles. Une autre caractéristique des tombeaux des princes est constituée par les scènes où sont représentés les rites d'offrandes aux dieux: à côté des scènes où le prince est seul, on voit celles où il est accompagné de son père Ramsès III qui le présente au dieu de l'au-delà. Il faut remarquer, enfin, que les tombeaux du prince Khamouast et de la reine Néfertari, outre qu'ils sont les plus complexes, conservent la structure des tombeaux royaux, même s'ils sont de dimensions notablement inférieures.

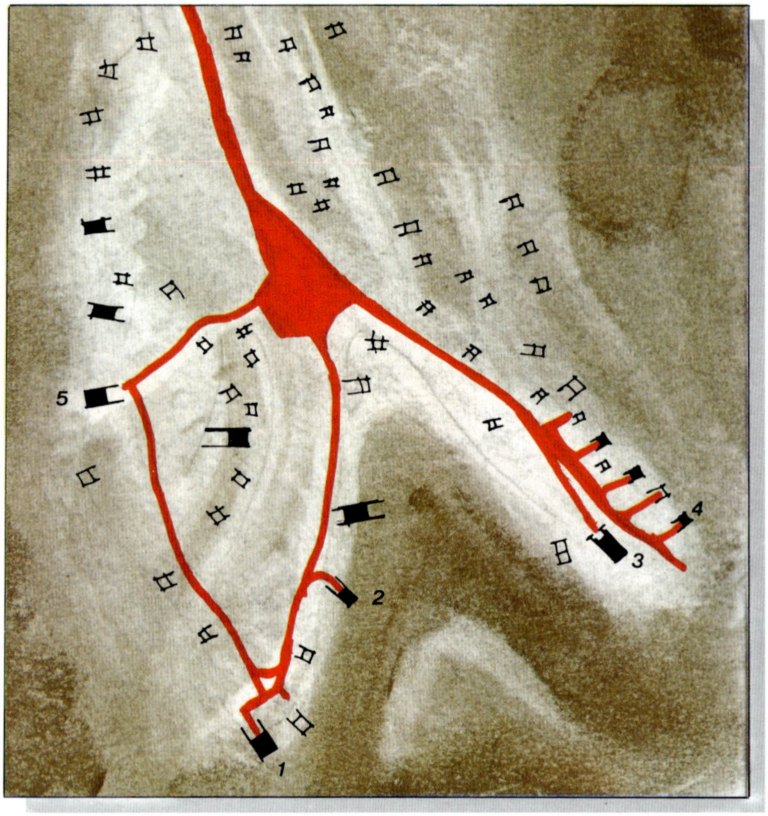

1) *Prince Amon-her-Khopechef, fils de Ramsès III.*
2) *Reine Titi, épouse probable de Ramsès IV.*
3) *Prince Khamouast, fils de Ramsès III.*
4) *Prince Pra-her Oumenef, fils de Ramsès III.*
5) *Reine Néfertari, épouse de Ramsès II.*

Prince Amon-Her-Khopechef
Les couleurs des décorations de ce tombeau sont insolitement intenses et vives, entre autres les bleus outremer sont magnifiques. Dans la première chambre est figuré le roi présentant son fils à Thot, à Ptah et aux quatre fils d'Horus; dans la seconde chambre on voit des scènes tirées du «Livre des morts».
A droite, en haut: la frise de l'architrave est superbe, avec le disque solaire ailé, qu'encadrent des cobras. Dans le registre inférieur on voit, au milieu, les symboles du règne du Pharaon, à côté desquels il y a les cobras solaires ailés, signes de grande protection.

A droite, en bas: le prince Amon-Her-Khopechef et le dieu khnoum.

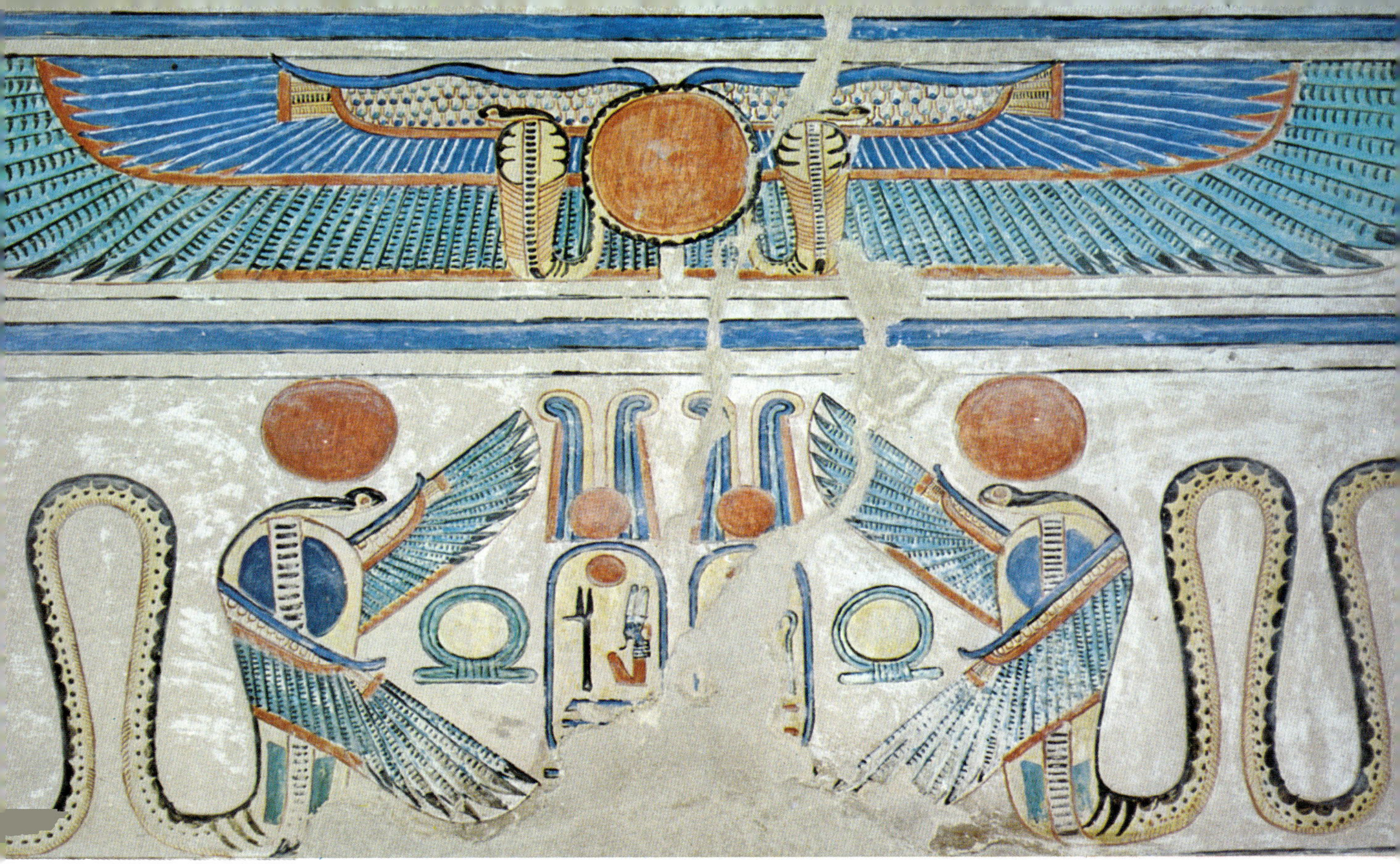

Prince Pra-her-Oumenef
On trouve répétés dans ce tombeau les sujets les plus importants développés dans ceux de ses deux autres frères: les scènes avec le prince seul devant les dieux et celles où le prince est encouragé et protégé par son père Ramsès III en présence des dieux (Thot, Ptah, Geb, Maat, Osiris et d'autres gardiens des portes de l'au-delà). Le prince est semblable à son père et ne se distingue de lui que par sa stature moindre et ses tresses sur l'oreille. Parfois, dans la scène de la cérémonie, la reine est aussi présente. Les couleurs des décorations de ce tombeau, particulièrement dans le traitement des scènes extraites du «Livre des morts», sont moins vives que dans les tombeaux des deux frères de Pra-her-Oumenef: l'ocre jaune, qui prédomine dans les fonds et dans les carnations des déesses, tend à des tonalités délicates, qui rappellent presque les décorations du tombeau voisin de Titi, exécutées probablement quelques décennies après.

Ci-contre: portes du monde de la Douat avec trois gardiens armés de longs couteaux. En haut, on découvre un gardien vu de face, pose singulière dans l'iconographie égyptienne et réservée au soleil enfant, le Soleil levant. Suit le dieu Sobek à la tête de crocodile, et la déesse Nekhbet sous forme de vautour, protectrice de la Haute-Égypte.

Reine Néfertari
La tombe de la reine Néfertari, épouse de Ramsès II (XIXe dynastie), fut découverte en 1904 par la Mission Archéologique Italienne dirigée par Ernesto Schiaparelli, directeur du Musée Égyptien de Turin.

Néfertari offrant deux vases de vin à la déesse Hathor.

Reine Titi
Bien qu'il ait été abandonné et utilisé comme étable, ce tombeau montre encore des peintures exceptionnelles par l'originalité et la délicatesse des teintes où dominent des roses violacés. Il est probable que la reine, représentée avec les cheveux serrés en tresse, coiffure propre à l'enfance, est morte très jeune.

A droite, en bas: sur les côtés de la grande porte, la reine offrant des dons à quatre Génies de l'au-delà; remarquer la haute coiffure de plumes et le large vêtement cloche, qui laisse transparaître le corps rosé.

Prince Khamouast

Le tombeau de ce prince est le plus grand parmi ceux des enfants de Ramsès III. Une galerie divisée en deux secteurs mène à l'hypogée constituée d'une salle et de deux chambres latérales. Les peintures sont parfaitement conservées et les teintes, même celles qui sont délicates comme les verts et les bleus, sont encore vives comme si elles étaient posées depuis peu. Dans les scènes qui décorent les parois de la galerie on voit le prince, accompagné de son père, à la cérémonie de l'offrande et de la présentation aux dieux, tandis que dans les images des chambres latérales le rite se déroule en la seule présence du prince. Parmi les dieux on aperçoit Thot, Ptah et les quatre fils d'Horus, protecteurs des vases canopes (Amset, Apis, Douamotef et Kenehsenouf).

Ci-contre: figure de Khamouast offrant une grande plume aux dieux. La scène est presque identique à celle de la page 119, mais ici le prince n'a que la tresse sur l'oreille, tandis que le reste de sa tête est rasé. Il est probable que Khamouast était plus jeune que son frère Amon-Her-Khopechef. On remarque en outre une plus grande fidélité du portrait dans le visage du jeune garçon.

La Vallée des artisans

La vallée avec le village, la nécropole des ouvriers, des artisans et des artistes qui construisirent et décorèrent les tombeaux de Thèbes, est aujourd'hui connue sous le nom de Deir el-Medineh, c'est-à-dire le «Couvent de la ville», car cette région fut habitée par les Coptes de la Thébaïde. Son activité dura cinq siècles (de 1550 à 1000 av. J.-C.) et le nombre de ses habitants passa, de 250 à plus de 1000. Un dixième travaillait dans les nécropoles royales; les autres étaient employés aux autres travaux de subsistance (beaucoup de femmes travaillaient le blé pour le pain et l'orge pour la bière). Ceux qui travaillaient aux tombeaux royaux s'appelaient les «Serviteurs de la Place de la Vérité». C'étaient des ouvriers de premier ordre, des terrassiers aux tailleurs de pierre, aux maçons et enfin aux sculpteurs et aux peintres. Ces derniers travaillaient presque toujours en deux équipes séparées: l'une employée aux «murs de gauche» et l'autre aux «murs de droite». Les équipes étaient dirigées par des architectes ou des artistes et protégées par des services spéciaux de surveillance. Chaque jour, un scribe-magasinier distribuait et reprenait les outils en bois et en cuivre et les paniers pour le trafic du matériau. Le métier et l'art étaient transmis de père en fils. La peinture et l'écriture demandaient des dons pour le dessin. Surtout la seconde, toujours guidée par un scribe-expert, figure constamment attachée aux plus hautes charges administratives. A Deir el-Medineh on vénérait surtout Amon-Rê et une prière de ces ouvriers dit: «Toi qui viens au secours du pauvre, fais que le Tribunal Suprême soit prêt à lui faire justice, et que celui qui a corrompu la vie soit vaincu». Toute la peinte à l'ouest du village est occupée par les nécropoles. Tombeaux très nombreux et variés, souvent plus grands et plus complexes que ceux des nobles, qui vont de ceux qui n'ont que des locaux creusés dans la roche à ceux qui ont des superstructures d'importance technique et architectonique notable construits à l'extérieur. Les plus intéressants et les plus riches sont ces derniers, malheureusement en grande partie détruits. Les plus riches avaient une vaste terrasse, fermée par une enceinte et avec un petit pylône d'entrée. Au fond, la chapelle surmontée d'une petite pyramide pointue en briques, avec une petite fenêtre à l'est. Devant la chapelle un protyrum *à colonnes et à l'intérieur, creusées dans la roche, une ou plusieurs chambres au niveau du sol, avec la niche et la statue du défunt dans le fond.*

Sous la terrasse ou la chapelle du fond s'ouvrait le puits vertical menant aux chambres souterraines. Certains tombeaux présentaient des chambres en surface, avec une couverture voûtée et des finitions en briques ou en pierres de taille.

T - *Temple Ptolémaïque.*
V - *Village.*
1) *Tombeau de Néfer-Abet «Serviteur sur la Place de la Vérité à l'ouest de Thèbes».*
2) *Tombeau d'Ipouy «sculpteur».*
3) *Tombeau de Pashedou «Serviteur sur la Place de la Vérité à l'ouest de Thèbes».*
4) *Tombeau de Sennedjen «Serviteur sur la Place de la Vérité».*
5) *Tombeau de Khabekhet «Serviteur sur la Place de la Vérité».*
6) *Premier tombeau d'Inherka.*
7) *Second tombeau d'Inherka «Vice-maître du Double Pays sur la Place de la Vérité».*

Sennedjen

Du tombeau du «Serviteur sur la Place de la Vérité» (fonctionnaire de la nécropole durant la XIXe dynastie), il ne reste que la chambre principale du sépulcre. De nombreuses offrandes des produits de la terre sont présentées au dieu Osiris. Épars sur le pavement ou sur une table à trois pieds en cloche, on peut reconnaître: des vases de vin sur un trépied, des légumes, un canard, des pots de lait, un bouquet de fleurs et encore des oignons, des gâteaux et des corbeilles de fruits dont l'une avec une grappe de raisin noir.

Ci-dessous: la paroi du fond de la pièce où est représenté le «plan» des champs de Ialou; Sennedjen et son épouse passent de l'adoration des dieux au travail des champs. La barque de Rê-Horakhty, «Soleil du matin», sort pour naviguer sur le Nil céleste qui baigne les champs de Ialou.

Inherka

Ce «Vice-maître du Double Pays sur la Place de la Vérité» au temps de Ramsès III et de Ramsès IV, avait commandé deux tombeaux en même temps. Le plus en amont est moins intéressant; il renferme une longue liste de rois et de princes et un portrait présumé d'Inherka représenté en scribe en train de peindre. Les peintures des animaux et les décorations du tombeau plus en aval, près du village, montrent une élégance et une imagination inhabituelles. De ce dernier nous présentons quelques détails picturaux: quatre très élégants Anubis en marche; un grand scarabée avec un «Collier d'Hathor»; et, enfin, un détail du magnifique plafond, décoré de spirales et d'autres motifs qui préludent aux motifs mycéniens et corinthiens, qui viendront des siècles après.

A droite: deux détails de barques solaires avec le défunt au timon. Dans celle du bas on reconnaît, à la proue, la déesse Isis suivie de Thot, et de Khepri, dieu à la tête de Scarabée, autre personnification du Soleil levant.

Le temple ptolémaïque

C'est le seul temple qui ait conservé ses magasins et, presque intacte, son enceinte murale en briques crues. Il se dresse au nord du village des artisans et fut entrepris par Ptolémée IV Philopator (221-203 av. J.-C.), en l'honneur des déesses Hathor et Maat (les plus vénérées de la nécropole) et du Grand-Prêtre architecte Imhotep, divinisé. Le temple fut continué par les successeurs de Ptolémée IV et les décorations poursuivies par le dernier roi de la dynastie ptolémaïque, frère de la grande Cléopâtre VII. Durant les premiers siècles de notre ère, il fut occupé par des Chrétiens coptes. Ce fut le «Couent» — Medineh — qui donna naissance au nom de Deir el-Medineh. Cette utilisation permit la conservation du temple et de ses annexes. C'est un édifice de dimensions modestes, avec une cour de 50 mètres carrés environ adossée à la montagne et un sanctuaire de 15 mètres sur 9. A l'intérieur, outre les habituelles scènes d'adoration et d'offrandes, il y a celle, intéressante, du jugement de l'âme. Dans celles-ci sont représentés: Philopator, Evergète II (Ptolémée VIII) et Cléopâtre II.

Ci-contre: la façade du temple vue d'une porte des murs d'enceinte et l'un des nombreux reliefs gravés sur les murs du temple.

Ramesseum

Ce nom a été donné, à partir du XIXe siècle, à l'ensemble-temple construit par Ramsès II entre Gournah et le désert. Le temple qui a été, un certain temps, gigantesque et célèbre, et avait causé l'étonnement de l'historien grec Diodore Sicule (80-20 av. J.-C.), se réduit aujourd'hui à quelques ruines. Orienté dans le sens nord-ouest sud-est, il se composait du temple à lui-même et de deux cours opposées. La première cour est précédées d'un énorme pylône, à la gauche duquel se présentait le palais royal et dans le fond se détachait la colossale statue de Ramsès II. De la statue en syénite du Pharaon assis sur son trône, d'environ 17 mètres de haut et pesant plus de 1000 tonnes, on ne voit que des fragments du socle et du torse. Sur le pylône on peut encore voir les scènes des triomphes de l'armée du grand Pharaon sur les armées hittites en fuite devant Qadesh, représentées selon les canons du «poème épique de Pentaour». De la seconde cour, il reste une partie de la face interne du pylône et une partie du portique osirien de droite. Sur les parois sont répétées des scènes de la guerre et de la destruction des Hittites à Qadesh. Dans les registres supérieurs, une fête en l'honneur du dieu phallique Min, dieu de la fertilité. Du côté opposé de la cour il reste d'autres piliers osiriens et des colonnes qui peuvent donner l'impression de leur majesté originelle. On voit aussi quelques rares restes des deux statues du Pharaon assis, l'une en granit rose et l'autre en granit noir, autrefois sur les côtés de l'accès au temple. De la grande salle hypostyle (41 x 31 m), il reste les colonnes des files centrales, c'est-à-dire 29 sur 48, décorées des scènes habituelles du Pharaon en face de différents dieux. Il est resté aussi une partie du plafond décoré d'étoiles d'or sur fond bleu. Sur les rares murs subsistants est représentée une procession de fils et de filles de Ramsès. Du sanctuaire, constitué de trois salle successives, de huit colonnes et de la cellule tétrastyle, il reste une partie de la première salle, avec son plafond décoré de scènes astrales, et quelques vestiges de la seconde. Autour du temple s'étendaient des magasins immenses, construits en briques crues, dans les ruines desquels on a trouvé trace d'une école pour scribes. A la droite de la salle hypostyle existait auparavant le temple de Séthi Ier, consistant en une cour-péristyle avec deux chapelles-sanctuaires, maintenant réduites à leurs seules fondations. Tout l'ensemble était fermé de murs en briques crues qui partaient du gigantesque pylône du sud-est.

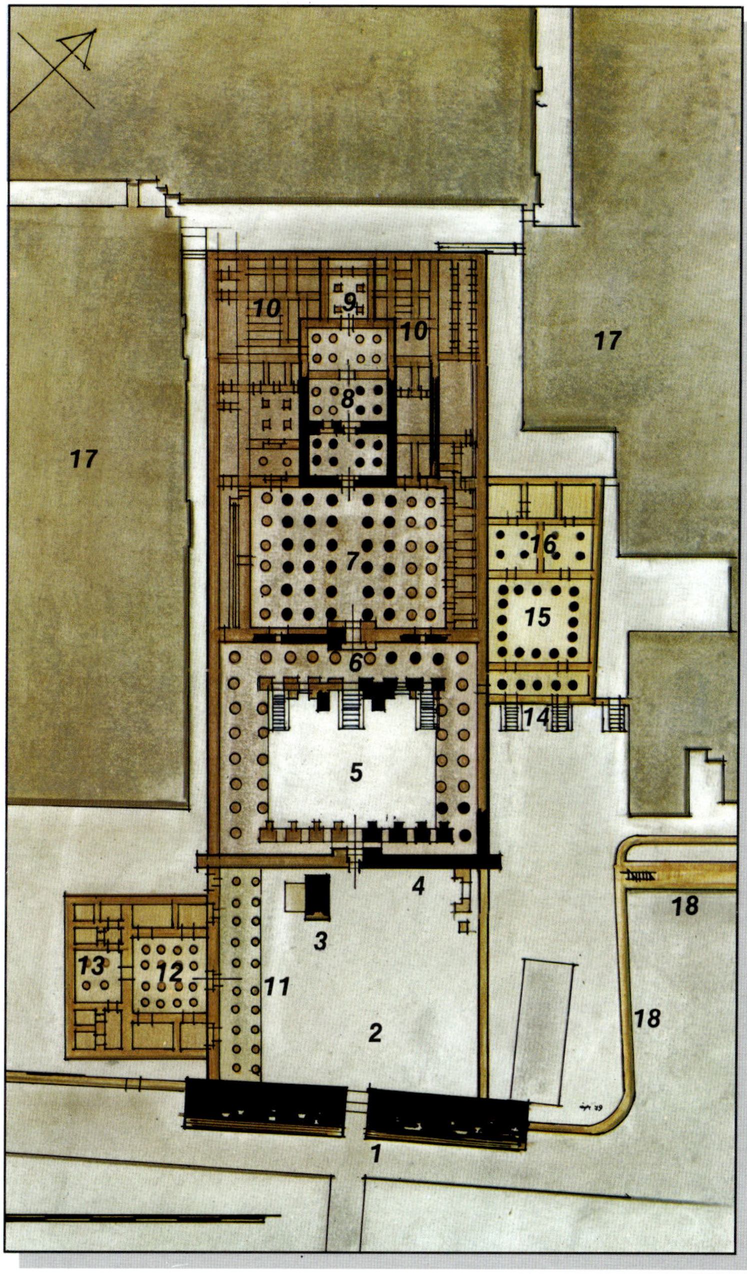

Temple de Ramsès II

1) *Grand pylône d'entrée du «Ramesseum».*
2) *Première cour.*
3) *Gigantesques statue du Pharaon assis.*
4) *Second pylône.*
5) *Seconde cour avec un portique à piliers osiriens sur les côtés transversaux.*
6) *Vestibule du temple à hauteur supérieure.*
7) *Salle hypostyle avec une nef centrale plus haute.*
8) *Trois salles hypostyles mineures.*
9) *Sanctuaire tétrastyle.*
10) *Chapelles, sacristies et cellules des prêtres.*

Palais de Ramsès II

11) *Façade avec une double colonnade.*
12) *Salle hypostyle du palais.*
13) *Salle du trône.*

Temple de Séthi Ier

14) *Portique de façade à hauteur supérieure.*
15) *Cour du temple.*
16) *Double sanctuaire.*
17) *Magasins du Ramesseum.*
18) *Mur de briques crues et bastions de terre.*

Ci-dessus et à droite, en haut: *vue partielle du Ramesseum, que Diodore de Sicile appelait la «Tombe d'Osymandias» en se référant à l'un des prénoms de Ramsès II, Ousimârê. On peut voir sur la droite les quatre piliers osiriaques de l'atrium de la salle hypostyle. Par le terme osiriaque on désigne les piliers sur lesquels sont adossées des statues du Pharaon sous l'aspect d'Osiris.*

A droite, en bas: *restes de la statue colossale de Ramsès II. Malgré ses dimensions exceptionnelles, le colossale fut sculpté avec grande recherche de détails. Il devait mesurer 18 mètres et peser 100 tonnes environ; l'ongle de son doigt faisait 19 centimètres à lui seul!*

Ci-contre: **reconstitution du Ramesseum**
On voit la première cour, avec la gigantesque statue du Pharaon et, à gauche, la façade du palais royal. Puis vient la seconde cour avec le hall d'entrée du temple et les deux statues en granit rose et granit noir; à droite, on entrevoit une partie du temple de Séthi Ier.

Médinet-Habu

Temple de Ramsès III

Le temple, ainsi, que d'autres monuments de moindre importance, s'élève dans la zone appelée Médinet-Habu, du nom d'un village christiano-copte en grande partie abrité dans l'ensemble monumental. Dans ce cas aussi, la nouvelle utilisation du temple a sauvé une grande partie des vestiges antiques, malgré les nombreuses destructions effectuées en vue de récupérer les pierres équarries de la construction. L'ensemble se composait du grand temple de Ramsès III, fermé par deux suites de murs — les murs extérieurs se réduisant à un mur bas — avec des portes d'accès fortifiées au sud et au nord. Devant le grand temple s'élevaient le petit temple de Touthmosis Ier et les chapelles des Divines Adoratrices.

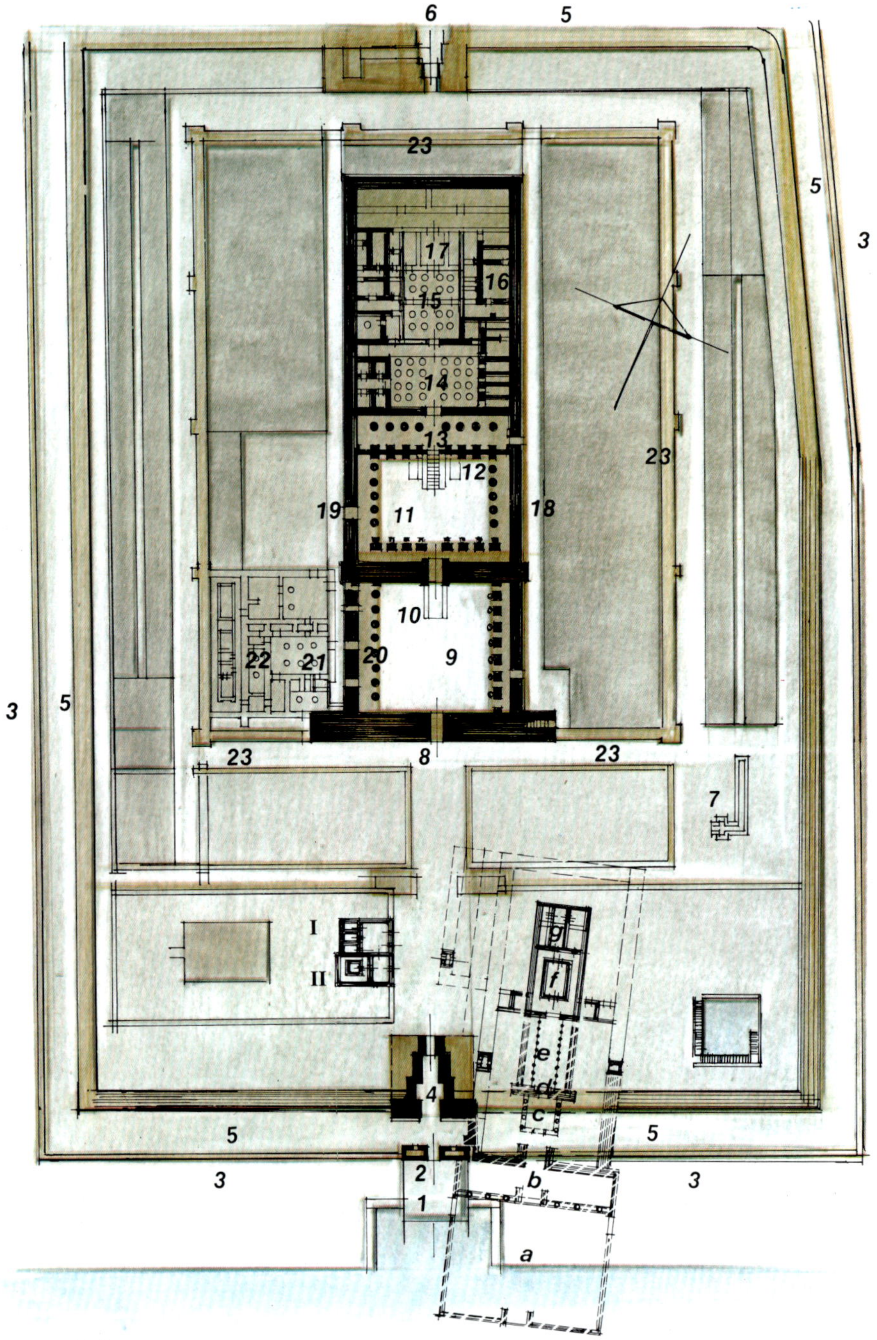

1) *Place d'embarquement.*
2) *Bastions des murs bas, «corps de garde». Scènes d'offrandes du roi à Amon.*
3) *Enceinte des murs bas crénelés*
4) *Grande Porte du Sud («Pavillon Royal»). Scènes de batailles et d'offrandes des prisonniers aux dieux.*
5) *Enceinte des hauts murs crénelés.*
6) *Grande Porte du Nord.*
7) *Nilomètre.*

Grand temple de Ramsès III

8) *Premier pylône. Scènes de batailles et d'offrandes des prisonniers asiatiques.*
9) *Première cour avec un portique à piliers osiriens à droite.*
10) *Second pylône avec une rampe bordée de statues.*
11) *Seconde cour avec des piliers osiriens et des colonnades (sur les côtés).*
12) *Hall d'entrée monumental avec une rampe, des statues et des piliers osiriens.*
13) *Colonnade du hall d'entrée. Scènes où le roi et ses enfants font des offrandes aux dieux.*
14) *Grande salle hypostyle.*
15) *Salles hypostyles mineures.*
16) *Sacristies et salles du trésor.*
17) *Sanctuaire.*
18) *Mur d'enceinte du temple décoré de scènes de chasse, de scènes religieuses, de scènes d'expéditions militaires et avec un calendrier religieux.*
19) *Mur d'enceinte du temple avec des scènes de combat navals contre les peuples confédérés, et de guerre contre les Libyens et contre les Syriens.*

Palais de Ramsès III

20) *Façade du palais avec une colonnade, entrées et «fenêtres de l'apparition».*
21) *Salle hypostyle.*
22) *Salle du trône.*
23) *Magasins et logements du temple.*

Chapelles des Divines Adoratrices d'Amon

I - *Chapelles de la princesse Bhépénoupet, fille de Piânkhi; de la reine Mhéténusekhet, femme de Psammétique Ier et de sa fille Nitokris.*

II - *Chapelle d'Aménardis, fille de Napata.*

Temple de Touthmosis Ier

a) *Cour romaine d'Antonin le pieux.*
b) *Pylône ptolémaïque.*
c) *Colonnade de Nectanébo.*
d) *Pylône de Shabaka.*
e) *Cour des derniers Ptolémées.*
f) *Cellule sacrée d'Hatchepsout.*
g) *Sanctuaire des trois Touthmosis.*

Ci-dessus: la Porte de la Garde et l'imposante Porte du Sud, ou Pavillon Royal, avec les scènes habituelles de batailles et de sacrifices de prisonniers aux dieux.

Ci-contre: deux représentations de la déesse Sekhmet, épouse de Ptah, déesse lionne dont le nom signifie «la Puissante»; sa tête de lionne est surmontée du disque solaire et de l'uraeus.

Ci-dessus: sur le premier pylône du temple de Ramsès III sont sculptées les victoires du Pharaon: on voit encore très bien les quatre encoches qui permettaient de placer les hampes des drapeaux.

Ci-contre: piliers osiriaques de la première cour.

A droite: reconstitution de l'ensemble monumental tel qu'il était à l'époque de Ramsès III. En commençant par le bas, on voit: le débarcadère sur le lit du Nil; la Porte de la Garde avec ses murs bas crénelés; la Grande Porte du Sud avec ses hauts murs crénelés; à droite, le petit Temple de Touthmosis et le lac sacré; le premier pylône et les murs du temple; la première cour et, à gauche, le palais royal; le second pylône; la seconde cour; le hall d'entrée de la grande salle hypostyle; le Sanctuaire; la Grande Porte du Nord.

Détails de décoration de l'intérieur du temple de Ramsès III: remarquons, sur une architrave, la déesse Nekhbet représentée sous la forme d'un vautour qui protège la Haute-Égypte et, symboliquement, tout l'ensemble monumental du temple.

Les «Colosses de Memnon»
C'est le nom donné aux célèbres statues d'Aménophis III qui constituent le dernier témoignage qui nous soit resté de l'immense temple funéraire construit au début du XIVe siècle av. J.-C., pointe avancée de la nécropole dans la terre fertile. Ces statues monolithiques en grès, de 18 mètres de haut — comme un édifice moderne de 6 étages —, un mètre de plus que le géant du Ramesseum et d'un poids de 1300 tonnes environ, sont, malheureusement, en très mauvais état. Strabon, historien et géographe grec, rapporte que, avec le tremblement de terre de l'an 27 av. J.-C., une grande partie du temple s'écroula et que les Colosses se fendirent de l'épaule au bassin. A dater de ce moment, au lever du soleil les statues commencèrent à émettre des sons, à «parler». Ainsi se créa l' «Oracle de Memnon» (Memnon était pour les Grecs un roi mythique d'Éthiopie, fils de l'Aurore), qui devint très vite un lieu de pèlerinage pour les Grecs et pour les Romains comme pour les empereurs Hadrien et Septime Sévère. Ce dernier, avec l'intention évidente de remercier Memnon, fit restaurer les statues, qui, à partir de ce moment, cessèrent de parler.

Ci-contre: les «Colosses de Memnon» gardant le gigantesque pylône d'accès au temple funéraire d'Aménophis III, tels qu'ils étaient il y a trois mille ans. La reconstitution permet d'imaginer le convoi des barques solaires entrant dans le temple.

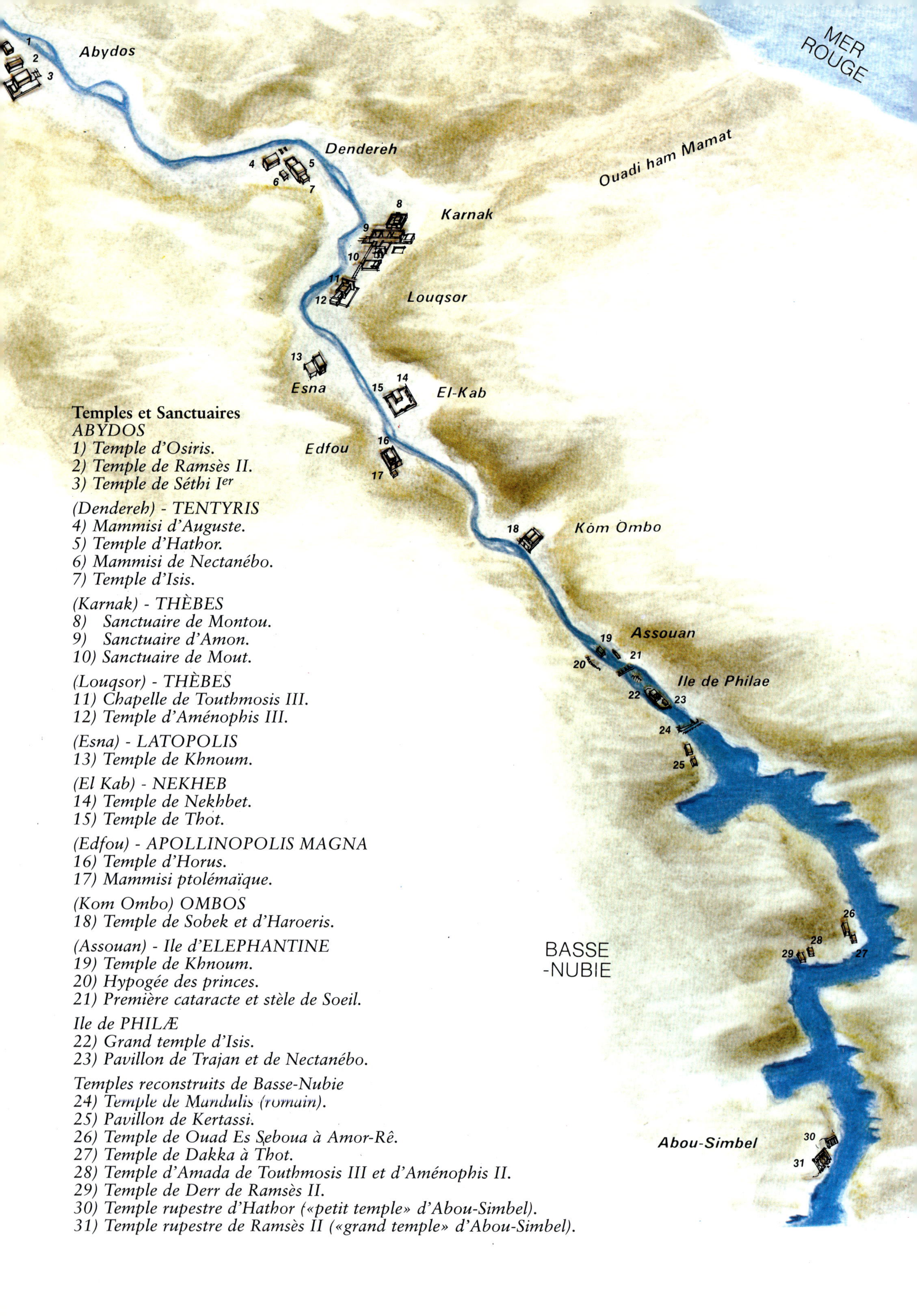

Temples et Sanctuaires

ABYDOS
1) Temple d'Osiris.
2) Temple de Ramsès II.
3) Temple de Séthi Ier

(Dendereh) - TENTYRIS
4) Mammisi d'Auguste.
5) Temple d'Hathor.
6) Mammisi de Nectanébo.
7) Temple d'Isis.

(Karnak) - THÈBES
8) Sanctuaire de Montou.
9) Sanctuaire d'Amon.
10) Sanctuaire de Mout.

(Louqsor) - THÈBES
11) Chapelle de Touthmosis III.
12) Temple d'Aménophis III.

(Esna) - LATOPOLIS
13) Temple de Khnoum.

(El Kab) - NEKHEB
14) Temple de Nekhbet.
15) Temple de Thot.

(Edfou) - APOLLINOPOLIS MAGNA
16) Temple d'Horus.
17) Mammisi ptolémaïque.

(Kom Ombo) OMBOS
18) Temple de Sobek et d'Haroeris.

(Assouan) - Ile d'ELEPHANTINE
19) Temple de Khnoum.
20) Hypogée des princes.
21) Première cataracte et stèle de Soeil.

Ile de PHILÆ
22) Grand temple d'Isis.
23) Pavillon de Trajan et de Nectanébo.

Temples reconstruits de Basse-Nubie
24) Temple de Mandulis (romain).
25) Pavillon de Kertassi.
26) Temple de Ouad Es Seboua à Amor-Rê.
27) Temple de Dakka à Thot.
28) Temple d'Amada de Touthmosis III et d'Aménophis II.
29) Temple de Derr de Ramsès II.
30) Temple rupestre d'Hathor («petit temple» d'Abou-Simbel).
31) Temple rupestre de Ramsès II («grand temple» d'Abou-Simbel).

LA MAISON DE DIEU

Au IVe millénaire av. J.-C., le temple a l'aspect d'un gigantesque «mastaba»: un grand parallélépipède à parois extérieures légèrement inclinées et une grande corniche de couronnement. Les vastes locaux intérieurs sont semblables à ceux de la «maison du roi», disposés le long de l'axe principal, et comprennent les salles de réception et les chambres destinés au Maître de la maison. Dans le temple, aux grandes salles destinées aux fonctions de vestibule et à celles des offrandes, fait suite le véritable sanctuaire avec au milieu la chapelle du dieu tutélaire, sur les côtés de quatre à six chapelles et tout autour des sacristies et des oratoires.

Les salles principales sont divisées en deux ou trois nefs à gros piliers, et sont parfois à ciel ouvert, constituant de véritables cours entourées d'une galerie (voir temples de Khéphren et de Pépi II).

Cette typologie, aussi bien dans la forme que dans la distribution du véritable temple, est restée la même en substance pour toute l'Égypte ancienne. Une caractéristique de la construction, toutefois, distingue les temples du IIIe millénaire: les locaux disposés sur les axes semblent «creusés» dans le bloc parallélépipèdique, c'est-à-dire que les maçonneries ne suivent plus les pourtours locaux comme cela se fera plus tard, mais remplissent tous les espaces entre ceux-ci et le périmètre extérieur rectangulaire.

Le IVe millénaire av. J.-C. eut aussi une phase particulière dans son expression architectonique, et plus précisément avec l'architecte Imhotep (2700 av. J.-C.). Nous voyons en effet dans le mausolée de Djeser: l'invention de colonnes cannelées, effilées vers le haut, et à chapiteaux; un début de salle hypostyle, dont le plafond est supporté par de nombreuses colonnes; en outre, à en juger par les monuments situés aux pieds de la pyramide, il est probable qu'à cette époque le temple avait aussi un plafond voûté et une colonnade en façade.

A la fin du IIIe millénaire nous avons un autre renouvellement avec Mentouhotep Ier (2060-2010 av. J.-C.). Dans son grandiose ensemble de Deir el-Bahari, outre le retour de la pyramide en tant que sommet de la composition, nous trouvons un temple avec une gigantesque salle hypostyle de 80 colonnes à laquelle est opposée une cour avec une galerie sur les quatre côtés. On voit apparaître également les portiques intérieurs, extérieurs et en façade à trois files de colonnes et doubles files de piliers.

Ce n'est que quatre cents ans après qu'une expérience d'une telle importance est recommencée par Touthmosis Ier (1530-1520 av. J.-C.) et par Hatchepsout (1505-1484 av. J.-C.), la Reine-Pharaon. L'architecte Senenmout, prêtre et amant de la reine, construit deux grands exemples: le temple au *Ka* du Pharaon et de la Reine à Deir el-Bahari; et le temple à Amon-Rê à Karnak.

A Deir el-Bahari, la vieille solution de Mentouhotep est développée en un ensemble de portiques et de petits temples donnant sur de vastes jardins suspendus qui descendent par degrés jusqu'au sol.

Les caractéristiques principales du temple qui deviendront le canon de tous les temples futurs se définissent à Karnak. Le nouveau temple se distingue de ceux du millénaire précédent par la majesté des grandes salles qui mènent au sanctuaire, par la préciosité du tabernacle (parfois remplacé par la barque solaire) et par le nombre de chapelles, d'oratoires et de sacristies qui envahissent tout l'espace, se substituant aux maçonneries massives d'autrefois. Mais les différences les plus voyantes sont: la richesse des peintures qui vont parfois jusqu'au plafond et jusque sur les parois extérieures; l'appareil architectonique opposé au temple, qui devient partie intégrante de la «maison de Dieu».

Les décorations qui soulignent la fonctionnalité de chaque salle illustrent surtout le temple en tant que synthèse du cosmos qui accueille le dieu. Comme tel le pavement représente la terre; le plafond, le ciel (aussi est-il décoré d'étoiles et sur les architraves de grands oiseaux sacrés ouvrent leurs ailes); les chapiteaux semblent d'immenses fleurs qui s'ouvrent ou se ferment quand le jour succède à la nuit. Aux parois de chaque salle est représenté le mystère sacré qui s'y déroule: dans le grand hall d'entrée le dieu est représenté dans ses différentes manifestations, lorsqu'il va à la rencontre du pharaon; et dans la salle des offrandes on voit toutes les régions du Nil qui donnent des fleurs, des fruits et des vivres pour le culte, et le pharaon qui chasse des animaux à apporter en sacrifice. Autour du *sancta sanctorum*, c'est-à-dire le tabernacle du dieu, on voit représentées les barques sacrées portées en procession. Sur les parois des chapelles, tout autour, sont reproduits les différents cultes, y compris celui de la naissance divine du pharaon. Les locaux côté ouest montrent les mystères osiriens avec la chambre de l'eau originelle, c'est-à-dire le monde avant et après la création; et les locaux côté est représentent le royaume de l'esprit de la vie Rê, avec la chambre du feu et celle de la fête pour l'année nouvelle. A l'extérieur et dans les salles où le peuple est admis, sont illustrés les gestes du pharaon accomplis à la gloire du dieu absolu et à celle de la grandeur de son peuple; et parmi ceux-ci nous trouvons la construction du temple, les processions et les fêtes du dieu et du roi.

L'appareil architectonique ajouté au temple en 1500 av. J.-C. consiste en une ou plusieurs cours avec de grandioses colonnades sur les côtés, où les fidèles peuvent participer à la vie du temple. Sur les côtés de l'entrée, deux larges tours massives avec les faces et les extrémités très inclinées créent le typique encadrement du portail que l'on nomme pylône. Le portail monumental est flanqué de deux ou six statues colossales du roi et de deux obélisques, plus hauts que le pylône.

Des statues du roi remplissent les cours et les grandes salles intérieures comme pour affirmer sa présence indispensable à tous les rites religieux.

Devant le dernier pylône commence l'avenue sacrée ornée d'une longue suite de sphinx et de chapelles. Tout autour du temple sont aménagés des jardins; des lacs sacrés; de vastes magasins; les habitations des prêtres et le palais royal qui donne sur la cour la plus importante. Tout l'ensemble des édifices est enfermé par des murs parfois munis de tours et avec des portes monumentales. Dans le schéma du temple dessiné par l'architecte Senenmout ressort surtout la présence de l'obélisque, c'est-à-dire du monolithe de granit extrêmement haut et pointu. L'obélisque lui aussi, comme on l'a vu pour les pyramides, jaillit inopinément du mystère, sans aucune cause apparente, sans aucun raison pratique ou artistique, requérant pourtant des entreprises exceptionnelles pour le travail et l'érection, précisément pour sa première apparition (le premier véritable obélisque est celui de Sésostris III, 1970 av. J.-C. environ, Héliopolis, haut de 24,5 mètres, pesant 121 tonnes). Les Grands Obélisques d'Hatchepsout arrivent à 30 mètres et pèsent plus de 300 tonnes! Il faut considérer, enfin, que même cette «absurdité» architectonique n'est pas le caprice d'un moment historique délimité dans le temps, car deux cents ans plus tard Séthi Ier sera désigné comme «celui qui a rempli Héliopolis d'obélisques»? Mille ans après on a encore des obélisques avec Psammétique II et ensuite Nectanébo II, dernier roi de la XXXe dynastie. Peut-être est-ce au temps de la domination romaine que sont encore érigés les obélisques sans inscriptions, dont le plus célèbre est celui qui a été transporté à Rome et placé en 1586 sur la place Saint-Pierre. Si cette dernière érection a nécessitéune entreprise restée fameuse dans l'histoire de la technique moderne, combien plus grande a dû être celle accomplie 3000 ans avant par Hatchepsout?

Pour trouver un modèle valable on est de nouveau induit à recourir à un bagage d'expériences et de souvenirs enracinés au-delà de l'histoire, c'est-à-dire à ce mystérieux archétype qui a engendré dans le monde entier ce que l'on appelle des «menhirs», ou bien les premiers monuments votifs consistant en énormes blocs de pierre enfoncés verticalement dans la terre.

Pour trouver la raison, l'idée motrice de l'obélisque, il faut pénétrer dans la pensée égyptienne entièrement ancrée dans le culte solaire. C'est le temple solaire de Niouserrê (2500 av. J.-C.) à Abou Sir.

Dans la partie essentielle de ce temple nous reconnaissons un gigantesque obélisque qui sort d'une pyramide tronquée, et cette image pétrifiée nous reporte à celle du tertre originel duquel sort le soleil. Rappelons, en outre, que le temple, c'est-à-dire la «maison de Dieu», à partir du IIe millénaire av. J.-C., est la concrétisation architectonique du mythe solaire: le sanctuaire du temple est la demeure où le soleil repose durant la nuit; la partie la plus haute de la salle hypostyle est le zénith du cheminement solaire, et les chapiteaux à fleurs des colonnes les plus hautes sont «ouverts», tandis que ceux des colonnes plus basses sont «fermés» parce qu'ils se trouvent dans la zone orientée vers le nadir du soleil (cette salle est appelée «salle verte des papyrus» parce que le papyrus est le symbole de la force vivifiante du soleil); les pylônes donnent vers l'est et les deux grosses tours symbolisent Isis et Nephtys «les deux déesses qui élèvent le disque solaire lorsqu'il éclaire haut dans le ciel». Enfin, les deux obélisques devant les tours rappellent les cornes qui portent le soleil sur les têtes des déesses, aussi est-il facile de reconnaître en eux un autre idéogramme fait de pierre qui s'élève vers le ciel comme les bras du *Ka*.

Cette fois ce n'est pas le Soleil qui s'abaisse avec la pyramide de ses rayons de lumière sans fin pour accueillir toutes les créatures, mais c'est chacune des créatures qui tend les bras pour rejoindre l'infini.

Le temple ainsi défini au milieu du IIe millénaire reste en substance typique pour toute l'ancienne Égypte et la seule exception à la règle est introduite par

Construction et décoration du temple

1) *Machine à balancier soulevant au deuxième palier un chapiteau dégrossi.*
2) *Machine à balancier mettant en œuvre un tronçon de colonne.*
3) *Machine à balancier mettant en œuvre un chapiteau dégrossi.*
4) *Machine à balancier gigantesque mettant en œuvre un élément monolithique de plafond.*
5) *Finition des poutres et de la couverture.*
6) *Finition et peinture des chapiteaux. Début du vidage.*
7) *Début des finitions et de la peinture des colonnes; le vidage continue.*
8) *Achèvement des colonnes et des parois intérieures du temple; terminaison du vidage.*
9) *Fin des décorations extérieures et transport du dernier matériel aux décharges.*

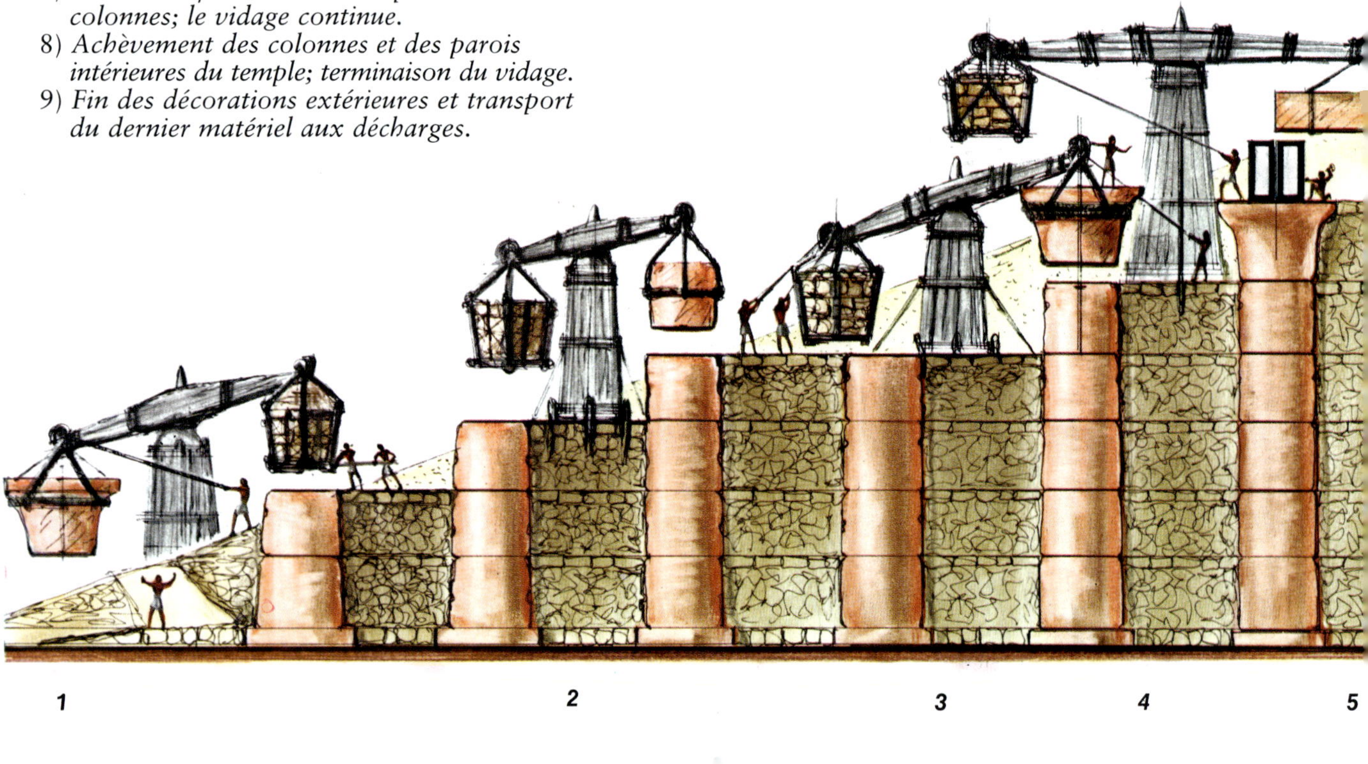

Akhénaton (1372-1354 av. J.-C.). Le «Pharaon hérétique» apporte un changement radical dans la «maison de Dieu» en hommage à la religion atonienne révélée à tous. Toutefois, la construction est limitée à un modeste sanctuaire autour duquel s'étendent de vastes esplanades et sur ces esplanades sont disséminées d'innombrables autels où le peuple présentait ses offrandes autour de l'autel du Pharaon.

La salle hypostyle joue un rôle très important durant le règne d'Aménophis III (1408-1372 av. J.-C.) mais c'est surtout avec l'œuvre des grands constructeurs Séthi Ier et Ramsès II (de 1312 à 1235 av. J.-C.) que la grande salle à colonnes devient un gigantesque organisme opposé et dans certains cas même séparé du temple. Avec Séthi Ier on voit l'affirmation de la façade à portique et la succession des cours descendant graduellement. De grands temples furent aussi réalisés par Ramsès III (1198-1188 av. J.-C.); mais après lui il y eut peu de nouvelles constructions, et souvent les pharaons suivants se limitèrent à restaurer ou agrandir les vieux temples.

A la période ptolémaïque on assiste à une reprise de nouvelles constructions consacrées à la «maison des dieux», où les vieux canons sont rigoureusement respectés et simplifiés dans des réalisations d'une grande harmonie architecturale.

Le rite qui se déroule dans le temple ne subit pas de modifications essentielles, à partir du IIIe millénaire, si ce n'est une participation progressive de la masse, même si c'est à l'extérieur, des fidèles. A l'intérieur du temple ne sont admis que les initiés et les prêtres avec le pharaon. Dans le grand hall d'entrée les fidèles attendent le «lever du dieu». Dans la «salle du lever» n'entrent que «ceux qui sont purs», donc seulement les prêtres «ouâbou» qui préparent les offrandes et commencent les rites secrets. Dans le fond, au cœur du sanctuaire, entrent les premiers prêtres et le pharaon; ils accèdent à la barque sacrée, qui «porte les beautés du dieu», et aux «lieux mystérieux» où sont rangés les objets sacrés; enfin, ils ôtent les scellés et ouvrent la porte du tabernacle; le dieu est alors «visible». De nouveaux chants s'élèvent: «Réveille-toi grand dieu, réveille-toi en paix. Plein de sérénité est ton réveil.» On lave la statue ornée de bandelettes de lin, on l'asperge d'huiles parfumées, on lui maquille les yeux et la bouche. Puis c'est l'offrande de nourriture parfumée avec des fleurs. Chaque geste est accompagné d'un dialogue sacré avec la statue.

L'annonce que le dieu est réveillé est faite dans la salle des offrandes, puis dans la salle hypostyle remplie de dignitaires et de courtisans du pharaon, et enfin dans les grandes cours où sont rassemblés les fidèles. Le soleil est de nouveau revenu pour éclairer la terre et apporter la vie à tous.

Au rite journalier s'ajoutaient les nombreuses fêtes pour le Pharaon et pour les dieux dans les jours les plus importants de la vie agreste. Depuis le Ve millénaire av. J.-C., chaque ville célébrait à plusieurs reprises son dieu protecteur. Il y en avait en outre que l'on fêtait au début de chaque mois et au début de l'année qui coïncidait avec la fin de la grande sécheresse.

Avec la croissance de Thèbes la plus grande fête de l'année était celle de l' «Opet» qui se déroulait entre le sanctuaire de Karnak et celui de Louqsor. Le grand moment de la fête commençait avec la sortie de la barque sacrée d'Amon-Rê du temple de Karnak. Portée par trente prêtres, la barque du grand dieu était suivie de celle de Mout, épouse d'Amon, reine spirituelle de toute l'Égypte (pour cette raison elle porte la double couronne) et de celle de Khonsou (le fils d'Amon, dieu lunaire destructeur du mal). Derrière la triade thébaine suivaient: le pharaon avec sa cour, puis les prêtres et les prêtresses entonnant des chœurs très anciens. Venaient ensuite des joueuses de flûte et des danseuses encadrées de files de soldats provenant de toutes les parties de l'empire.

Le cortège prenait l'avenue des sphinx, s'attardant — pour réciter des prières et déposer des offrandes particulières — devant les chapelles disséminées le long de la route. Arrivée au Nil, la procession recommençait sur les barques sacrées traînées par la foule en fête sur la rive. Arrivées au temple de Louqsor, les barques avec les tabernacles étaient placées dans le sanctuaire pour plusieurs jours, et ensuite, toujours dans l'exultation des prières, des chants et de la musique, reprenait le voyage de retour au milieu de la foule heureuse de se sentir proche de son Dieu.

6 7 8 9

Construction du temple et érection de l'obélisque

La construction du temple, au IIe millénaire, posait des problèmes que l'on résolvait grâce à l'expérience et à la technique acquises à l'époque des pyramides; mais elle en rencontrait de nouveaux, aussi, et d'une certaine importance.

La construction des pylônes ne requérait pas de systèmes nouveaux, étant donné qu'elle réutilisait ceux de la maçonnerie massive consistant dans l'exécution en blocs finis des faces extérieures et le remplissage de toute la partie intérieure même avec des pierres récupérées de la démolition de vieux temples.

Pour le «montage» des blocs bien équarris des maçonneries «à sec» (rappelons qu'il s'agit encore de l'exécution sans liant ni mortier), on utilisait des échafaudages en bois et des machines, car il s'agissait de poids de moins de dix ou vingt quintaux. Deux problèmes nouveaux et de difficulté notable se posaient, par contre, aussi bien pour la construction de la salle hypostyle que pour l'érection de l'obélisque.

Pour la salle hypostyle, le problème consistait dans le montage des nombreuses et gigantesques colonnes (composées de blocs cylindriques et de chapiteaux extrêmement lourds) en plus de la couverture, composée de traverses et de grosses plaques monolithiques encore plus lourdes. La proximité des nombreuses colonnes, le nombre presque égal des pleins et des vides, la répétition horizontale de tous les blocs composant la colonne suggérait comme système le plus pratique et le plus sûr pour l'époque, celui de monter niveau par niveau tous les blocs, en remplissant à chaque fois les espaces entre les colonnes de pierraille bien rangée de façon à avoir constamment un plan de travail solide et bien nivelé. Les machines à balancier, toujours efficaces, soulevaient les pesants morceaux de colonne et le grand chapiteau d'un niveau à l'autre; et des machines encore plus robustes semblables à celles qui avaient permis de monter mille ans, auparavant la «chambre du roi» dans la pyramide de Khéops, montaient les autres traverses et les larges plaques de couverture. Le montage terminé, on procédait — de haut en bas — aux opérations de finition et de décoration; pour ce faire on vidait niveau par niveau la grande salle (selon toute probabilité, le matériau de remplissage était employé pour le montage d'un autre secteur du temple ou pour combler les tours du pylône). Au fur et à mesure que les espaces se vidaient, on parachevait les chapiteaux et les colonnes, travail exécuté par d'habiles tailleurs de pierre, et sur-le-champ — avec l'assistance d'échafaudages provisoires mobiles — les zones terminées étaient sculptées et peintes.

Pour l'obélisque, le problème ardu consistait dans l'érection d'une tour monolithique — de 20 à 30 mètres de haut, pesant entre100 et 300 tonnes ou plus — sur un piédestal, soit à 3 ou 4 mètres au-dessus du sol. Pour y parvenir, il était difficile à cette époque, de construire un échafaudage en bois suffisant et une machine à balancier gigantesque (rappelons encore qu'en 1500 av. J.-C. on ne connaissait ni les treuils ni les poulies); d'autre part l'hypothèse courante — selon laquelle la rampe provisoire aurait été utilisée aussi dans la construction des grands obélisques (hypothèse déjà écartée par moi pour la pyramide) — est inacceptable surtout parce que, avec cette solution, il est impossible de diriger le monolithe dans la dernière phase du glissement et du placement sur sa base.

Je considère, plus simplement, que la présence du grand pylône est la clé du système. En effet, la massive construction semble faite exprès pour constituer un «point d'appui» valable derrière les grands obélisques; point d'appui non pour une machine à balancier impossible mais pour un système adéquat de cordes et de contrepoids qui, au début, aidaient à traîner le gigantesque monolithe jusqu'au bord supérieur du socle, puis à le faire mouvoir jusqu'à sa juste position verticale. Il est également probable que pour soulever en position horizontale à des hauteurs plus modestes, comme celui du niveau supérieur de la base, on ait appliqué la très ancienne méthode du levier appliqué alternativement à droite et à gauche avec des calages successifs dans la partie située au-dessous.

Érection de l'obélisque

1) *Transport par traînage de l'obélisque de la route au plan incliné menant à la hauteur supérieure de la base.*
2) *Travaux de finition. Accrochage du monolithe aux contrepoids.*
3) *Étayage du «côté base» de l'obélisque préparé pour la rotation.*
4) *Rotation de l'obélisque «placé en charnière» de façon rigide sur le côté base et guidé par des cordes à terre et des cordes à la tête.*
5) *Mise en œuvre de l'obélisque toujours guidé et orienté par les cordes tirantes. A la base, une «boîte» de sable comprimée entre les arbalétriers de la charnière, fait office de coussinet pour le dernier aménagement.*
6) *En arrière du pylône glissent de nombreux et grands paniers de contrepoids qui sont remplacés par d'autres, de plus en plus légers, au fur et à mesure que l'obélisque prend sa position verticale.*

1

Types de colonnes et de chapiteaux
a) Palmiforme
b) Protodorique
c) Campaniforme ou papyriforme ouvert
d) Lotiforme ou papyriforme
e) Hathorien

Partie du temple
1) Ornements de pylône: obélisques et «colosses» sur un trône sur les côtés du portail; «colosses» debout et mâts avec des étendards et des oriflammes.
2) Grand portail avec une terrasse au-dessus.
3) Pylônes massifs latéraux avec escaliers et chambres à plusieurs étages.
4) Grande cour avec plus ou moins de colonnes sur les côtés.
5) Grande salle hypostyle.
6) Salle d'offrandes.
7) Dépôts distincts pour les offrandes de mets ou de boissons.
8) Vestibule autour du sanctuaire.
9) «Sancta sanctorum» avec le tabernacle du dieu.
10) Chapelle de la barque sacrée.
10) Chapelles, sacristies, cellules des prêtres du sanctuaire.
12) Corridor en plein air entre le temple et les murs extérieurs.

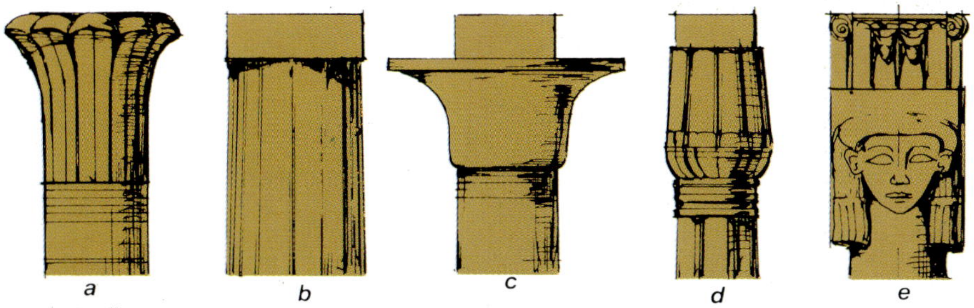

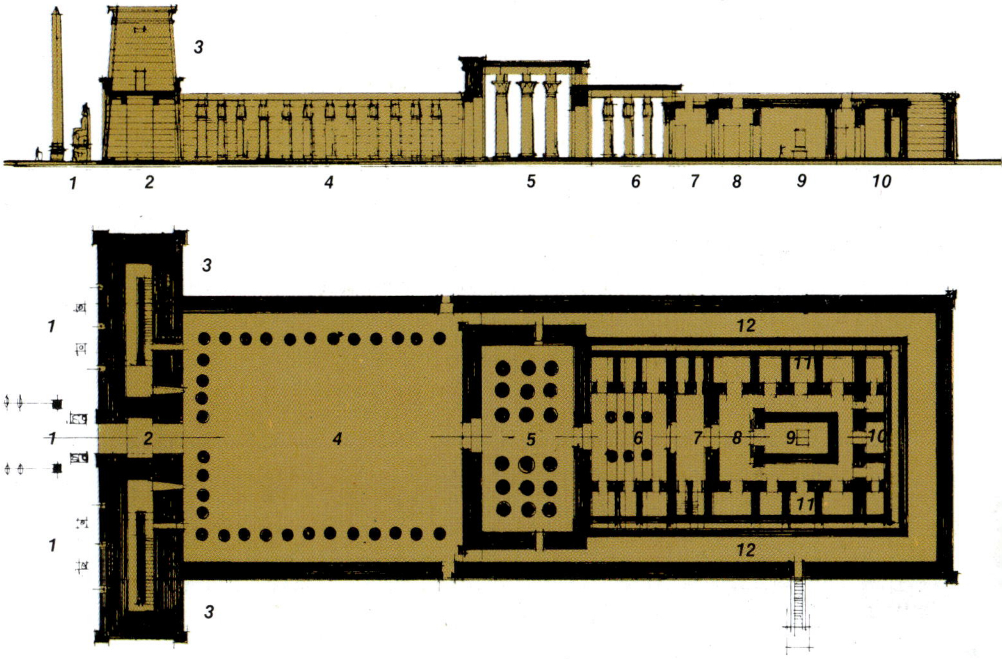

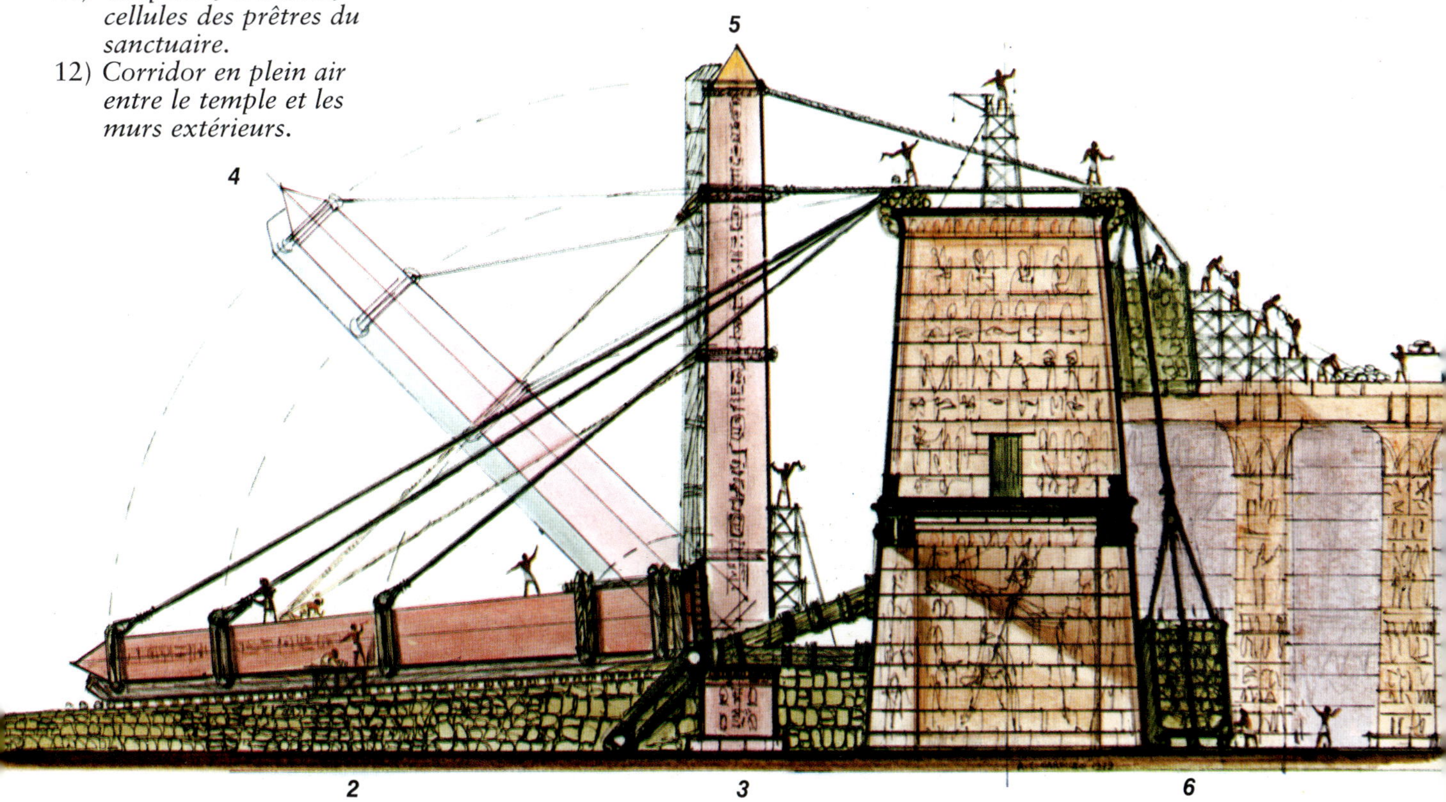

Louqsor

La grande ville de Thèbes, durant des siècles capitale de l'empire, célèbre dans le monde entier et appelée par les Grecs «Thèbes aux cent portes», commença à décliner en 672 av. J.-C. avec le saccage que lui infligea Assurbanipal. En 84 av. J.-C. la ville fut presque entièrement détruite par les Ptolémées, les nouveaux souverains, qui entendaient éteindre le sentiment national qui s'opposait à eux à Alexandrie, la nouvelle capitale. Au temps des Romains, Thèbes était déjà un océan de ruines. Durant les premiers siècles de la nouvelle ère, les églises chrétiennes coptes, puis les mosquées, s'insèrent parmi les ruines, et il naît de nouveaux villages. Ainsi, sur les restes de la vieille capitale divisée par le canal, au sud grandit Louqsor et au nord le petit village de Karnak.
A Louqsor, le seul témoignage important du passé est le temple que les Égyptiens appellent le «Harem d'Amon au sud». Temple presque entièrement construit par Aménophis III, agrandit par Touthmosis III et terminé par Ramsès II. *(suite p. 145)*

Ci-contre: **reconstitution de l'accès au temple de Louqsor**
On voit dans celle-ci les colosses de granit sur un trône et les deux obélisques à côté de la grande porte; puis, les mâts avec les étendards et les quatre statues en granit rose. Tous éléments, ceux-là, tirés avec certitude de la reproduction antique et des restes encore visibles. On a imaginé l'arrivée de la procession venant de Karnak.

<u>Ci-dessus et ci-contre</u>: l'entrée du temple de Louqsor, avec la cour de Nectanébo et le pylône de Ramsès II avec le portique du petit temple de Touthmosis III.

Une singularité frappante dans la planimétrie de l'ensemble est celle d'une seconde salle hypostyle plus grande, ramenée à une colonnade et placée après la cour du temple. Par ordre de succession, en commençant par l'accès nord, c'est-à-dire du côté de Karnak, faisons la liste des principaux éléments composant le temple de Louqsor: allée des sphinx (les souverains de la XXXe dynastie donnèrent aux sphinx un visage aux traits humains); enceinte murale et porte de Nectanébo aujourd'hui presque entièrement détruites; grand Pylône de Ramsès II avec des «Colosses» et des obélisques; grande cour de Ramsès II comprenant le petit temple de Touthmosis III (sur les

côtés découverts, une double file de colonnes en papyrus fermé; dans les entre-colonnes du fond, statues côte à côte de Ramsès II et de Néfertari; sur les parois, décorations avec des scènes religieuses); pylône d'Aménophis III, avec la salle d'accès réduite par le demi-frère d'Alexandre le Grand; grande colonnade à trois nefs (longueur 52 mètres, hauteur 16 mètres) avec 14 colonnes campaniformes; entrée probable d'une salle hypostyle gigantesque; parois décorées par Toutânkhamon et Horemheb; seconde grande cour avec une double file de colonnes lobées en papyrus fermé; salle hypostyle avec 32 colonnes semblables à celles de la cour, sur laquelle elle s'ouvre complètement; hall d'entrée transformé en chapelle pour le culte impérial des Romains; chambre des offrandes tétrastyle; à gauche, chapelle de la naissance d'Aménophis III; sanctuaire créé par Alexandre le Grand; vestibule et «Sancta Sanctorum» avec des scènes représentant Aménophis présenté par Horus et Aton à Amon-Rê.

Ci-dessus et à droite: à Louqsor il n'y pas seulement le temple d'Amon Rê, on y trouve aussi un marché animé et très coloré qui captive les touristes.

Ci-contre: le célèbre Hotel Winter Palace le long du Nil à Louqsor.

Karnak

L'immense zone monumentale appelée Karnak est à environ 3 kilomètres au nord du temple de Louqsor. Cette étendue est partagée en trois aires closes et bien distinctes. Au milieu la plus grande, de 30 hectares environ, qui est la mieux conservée, grâce aussi au travail de reconstitution et de restauration qu'on y effectue. Elle domine l'ensemble destiné à Amon, orienté suivant l'axe sud-est et nord-ouest. Cette aire est de forme trapézoïdale, elle est délimitée par un mur réalisé en briques crues et est pourvue de huit entrées, dont trois sont à l'ouest. A gauche, presque attachée à celle d'Amon, se trouve la zone de Montou, elle aussi entourée d'une enceinte de briques crues. C'est la plus petite (environ 2,5 hectares), et elle est de forme carrée. De celle-là il ne reste que quelques ruines, encore étouffées par des amas de terre, et le magnifique portail à l'est. A droite, à 300 mètres, la zone de Mout, encore à moitié inexplorée, de forme trapézoïdale, entourée d'une enceinte de briques crues, et qui a une étendue de 9,5 hectares environ.

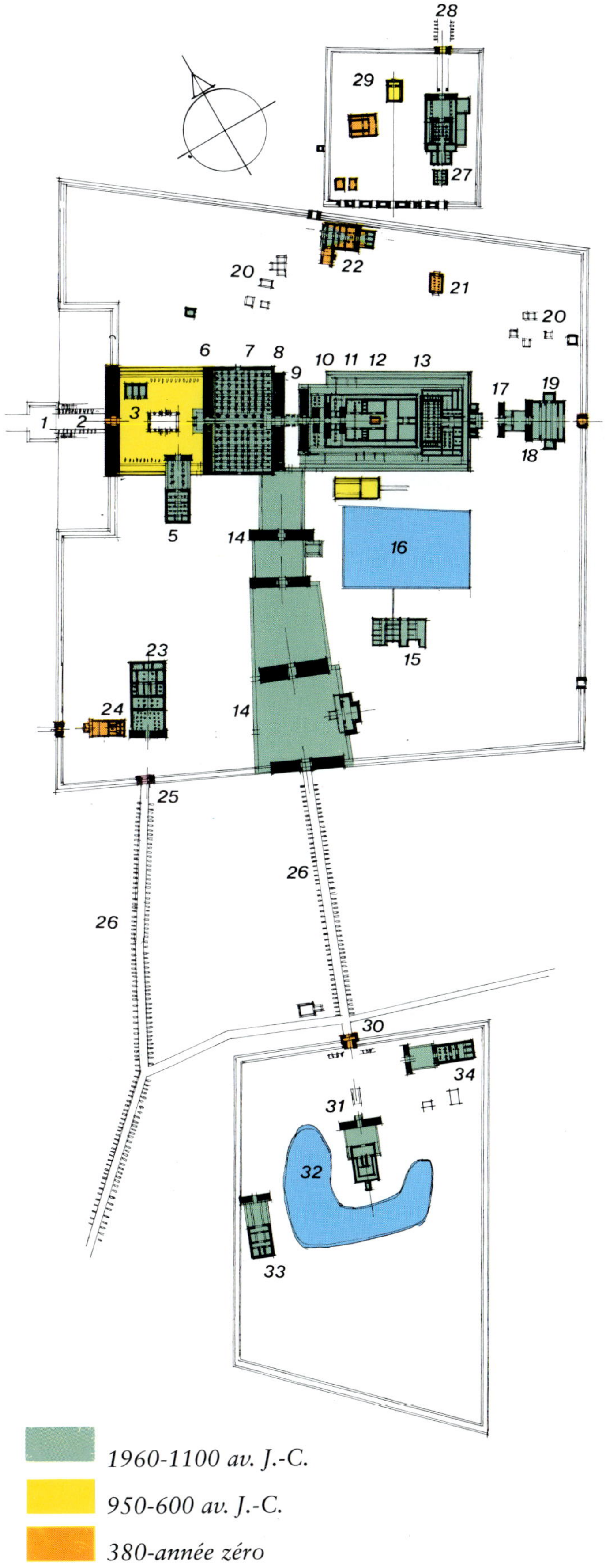

Sanctuaire d'Amon
1) *Embarcadère et allée de sphinx à tête de bélier (criocéphales).*
2) *Premier pylône.*
3) *Petit temple de la Triade Thébaine.*
4) *Pavillon de Taharka.*
5) *Temple de Ramsès III.*
6) *Second pylône.*
7) *Grande salle hypostyle.*
8) *Troisième pylône.*
9) *Quatrième pylône.*
10) *Cinquième pylône.*
11) *Sixième pylône.*
12) *Sanctuaire des barques sacrées.*
13) *«Salle des Fêtes»*
14) *«Propylées du Sud» (septième, huitième, neuvième et dixième pylônes).*
15) *Magasins et offrandes.*
16) *Lac sacré.*
17) *Temple de Touthmosis III.*
18) *Temple de Ramsès II.*
19) *Portail à l'est.*
20) *Chapelle osirienne.*
21) *Trésor de Shaba-ka.*
22) *Temple de Ptah.*
23) *Temple de Khonsou.*
24) *Pylône du Temple d'Opet.*
25) *Portail au sud.*
26) *Allées des sphinx.*

Sanctuaire de Montou
27) *Portail de Montou et petit temple de Maat.*
28) *Portail au nord et allée de sphinx.*
29) *Temple ptolémaïque avec des chapelles saïtes et un lac sacré.*

Sanctuaire de Mout
30) *Portail de Ptolémée II Philadelphe.*
31) *Temple de Mout.*
32) *Grand lac sacré.*
33) *Temple de Ramsès III.*
34) *Temple d'Aménophis III.*

A gauche: en haut, le temple de Louqsor qui donne sur le Nil; en bas, les traditionnelles felouques et les modernes bateaux.

Reconstitution axonométrique en coupe du temple d'Amon-Rê à Karnak

1) *Embarcadère avec deux petits obélisques de Séthi Ier.*
2) *Allée de sphinx criocéphales de Ramsès II.*
3) *Premier et plus important pylône, sans décorations, peut-être de la dernière dynastie.*
4) *Petit temple de Séthi II avec trois chapelles consacrées à Amon, Mout et Khonsou.*
5) *Colonnes en papyrus fermé.*
6) *Grand pavillon de Taharka pour abriter les barques de procession.*
7) *Colosse de Penedjem (15 mètres de haut).*
8) *Statue en granit rose de Ramsès II.*
9) *Porte avec des colonnes, dite «Portique de Bubastis».*
10) *Vestibule avec des scènes d'offrandes de Horemheb et de Séthi Ier. Portail ptolémaïque.*
11) *Second pylône.*
12) *Temple de Ramsès III: pylône avec des statues du Pharaon; cour avec des piliers osiriens et, sur les murs, une procession pour le dieu Min; salle hypostyle avec des scènes d'offrandes; chapelle de la barque d'Amon flanquée de celles des barques de Mout et de Khonsou.*
13) *Grande salle hypostyle avec 122 colonnes en papyrus fermé. La nef centrale fut construite par Aménophis III; Horemheb commença les nefs latérales, continuées par Séthi Ier et Ramsès II et terminées par Ramsès IV.*
14) *Troisième pylône avec vestibule d'Aménophis IV.*
15) *Mur extérieur avec des scènes de la bataille de Qadesh.*
16) *Cour d'Aménophis III.*
17) *Obélisques de Touthmosis III en granit rose (aujourd'hui détruits).*
18) *Obélisques, en granit rose, de Touthmosis Ier (il n'existe plus que celui de gauche).*
19) *Quatrième pylône de Touthmosis Ier: entrée du noyau central du temple d'Amon.*
20) *Vestibule du temple avec les obélisques d'Hatchepsout en granit rose.*
21) *Cinquième pylône de Touthmosis Ier.*
22) *Sixième pylône de Touthmosis III.*
23) *Vestibule du Sanctuaire et deux stèles-piliers avec les emblèmes du papyrus (Basse-Égypte) et du lotus (Haute-Égypte).*
24) *Sanctuaire des barques sacrées construit en granit rose.*
25) *Sanctuaire du Moyen-Empire.*
26) *«Salle des fêtes» de Touthmosis III.*
27) *Salles consacrées à Sokaris.*
28) *«Salle du Jardin botanique».*
29) *Petit temple d'Ankemenou avec six piliers osiriens et, à une époque, deux obélisques d'Hatchepsout.*
30) *Lac sacré pour les navigations rituelles, entouré de magasins, d'habitations pour les prêtres et d'une volière pour les oiseaux aquatiques.*
31) *«Maison du lac de Taharka»*
32) *Porte de Ramsès IX.*
33) *Septième pylône de Touthmosis III.*
34) *Chapelle périptère avec un sanctuaire en albâtre.*
35) *Huitième pylône de Touthmosis II et d'Hatchepsout.*
36) *Neuvième pylône d'Horemheb.*

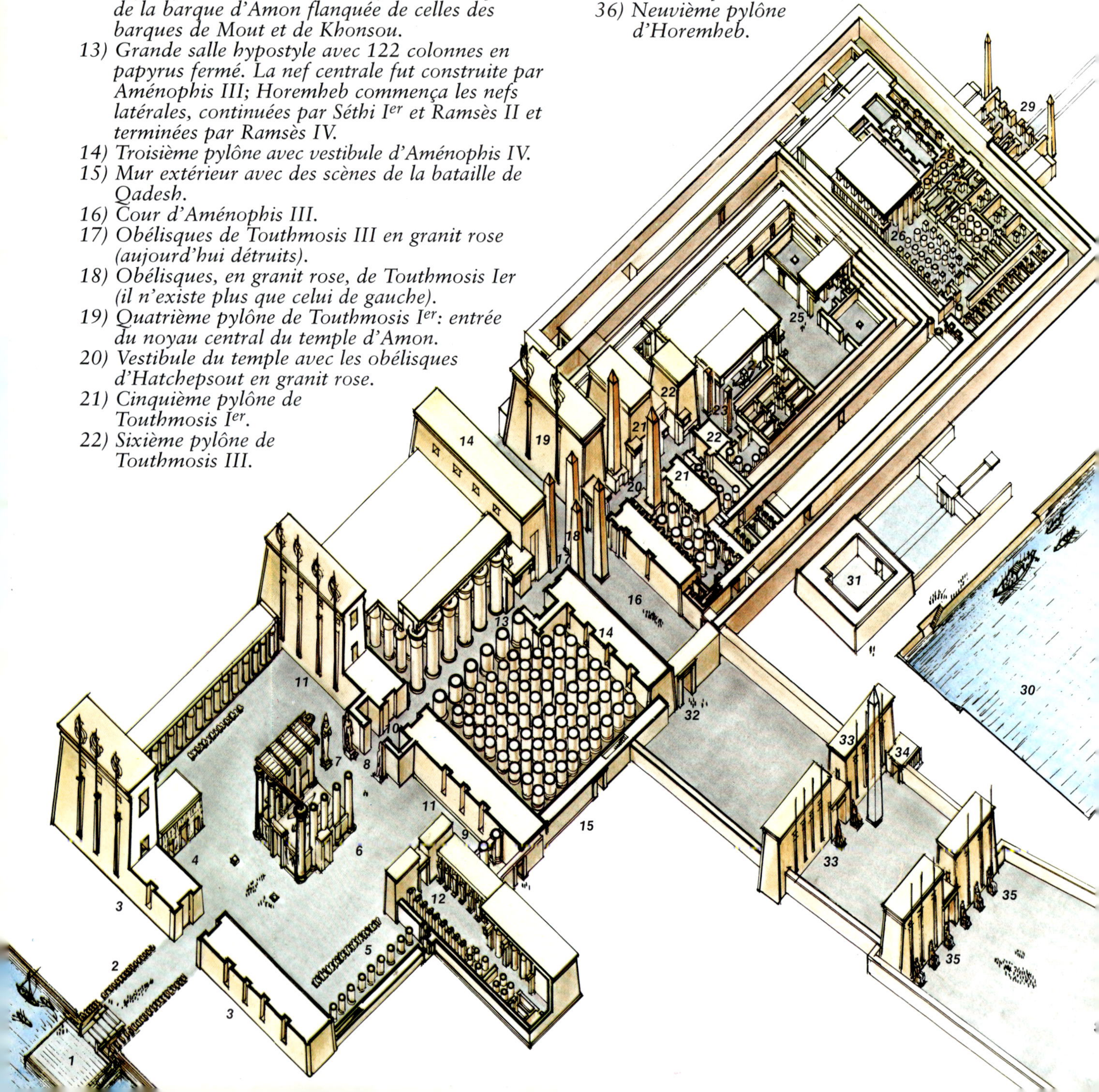

La majestueuse avenue des sphinx à tête de bélier conduisant au premier pylône du temple de Karnak. Ce type de sphinx symbolisait le dieu Amon (identifié par le bélier) protégeant le pharaon reproduit entre les pattes antérieures de l'animal. On a identifié trois avenues de sphinx à tête de bélier, dont l'une donnait dans l'avenue des sphinx à tête humaine qui venait du temple d'Amon à Louqsor.

Ci-dessus et ci-contre: la statue colossale, haute de 15 mètres, représentant Pinedjem, Grand-Prêtre d'Amon à Thèbes et Pharaon de la XXIe dynastie dite thinite; un aperçu de la cour du temple de Ramsès III, entourée sur trois côtés par des piliers osiriaques où le Pharaon est représenté avec la tenue du Jubilée.

A droite: la salle hypostyle, considérée comme l'un des plus beaux exemples d'architecture égyptienne. Ses 134 colonnes ont une hauteur de 23 mètres avec des chapiteaux papyriformes ouverts ayant une circonférence de 15 mètres environ. La nef centrale fut commencée vers 1375 av. J.-C. par Aménophis III qui l'a conçue comme une simple colonnade allant vers le sanctuaire d'Amon. Elle possède une hauteur différente de celle des nefs latérales: c'est cette différence de niveau qui a permis l'insertion des larges fenêtres en grès créant à l'intérieur un jeu d'ombre et de lumière raffiné.

Ci-dessus: le lac sacré du temps d'Aménophis III, où les prêtres faisaient les ablutions rituelles quatre fois pas jour.

A gauche, en bas: l'obélisque de Hatchepsout et un côté du temple avec des piliers osiriaques.

Ci-dessous et ci-contre: un obélisque avec les cartouches d'Aménophis III et le gigantesque scarabée que ce même Pharaon dédia au dieu Khepri.

A gauche: deux images de la vie quotidienne le long du Nil. Le transport de la canne à sucre est fait à dos de chameaux.

Ci-dessus: le portique de la seconde cour constitue aujourd'hui la façade du temple de Séthi Ier; elle se compose de douze piliers, à base rectangulaire, et d'un mur qui à l'origine était percé de sept portes dont quatre furent condamnées au temps de Ramsès II.

Abydos

Abydos est le nom donné par les Grecs à This; l'une des villes les plus anciennes de l'histoire et siège du sanctuaire d'Osiris; c'était ici, en effet, qu'était conservée la tête du dieu, autrement dit sa relique la plus importante. Tous les Égyptiens devaient, ne fût-ce qu'une fois dans leur vie, se rendre en pèlerinage à Abydos. C'était la Cité Sainte où tous rêvaient d'avoir une chapelle funéraire ou au moins une stèle commémorative. Il ne reste presque rien de l'antique cité, et du Sanctuaire il ne reste que quelques ruines. Beaucoup plus importantes sont les ruines du temple de Ramsès II, situé plus au sud, ruines qui donnent l'image exacte du temple: deux pylônes et deux cours (la seconde bien visible) opposées à deux salles hypostyles, avec huit piliers chacune, et trois cellules-sanctuaires. Dans les locaux: belles scènes de batailles et de cérémonies religieuses. Au sud encore, le temple de Séthi Ier, mieux conservé et possédant une splendide pinacothèque. Temple célèbre encore à l'époque grecque, au point que Strabon en chanta l'«admirable construction»; il fut érigé en souvenir du pèlerinage du Pharaon à Abydos. Ramsès II, fils de Séthi Ier, en termina la décoration, qui fut encore enrichie jusqu'à l'époque de Ramsès IV. La construction s'adapte à l'inclinaison du terrain, de sorte que les deux cours et leurs pylônes respectifs (le premier a été entièrement détruit) constituent deux gradins et que le temple, à son tour, est placé sur deux autres gradins. La façade est constituée d'un portique caractéristique de piliers. Suivent deux larges salles hypostyles avec deux files (dans la première) et trois files (dans la seconde) de douze colonnes. Dans le fond, sept chapelles-sanctuaires; suit une salle plus petite qui dessert quatre autres chapelles. A gauche est adossé un autre corps de bâtiment avec d'autres salles à colonnes et des chapelles profondes, dont certaines ont été décorées par Ramsès II et d'autres n'ont pas été terminées. Derrière le temple se trouve l'«Osiréion», monument sépulcral ou cénotaphe de Séthi Ier. Il s'agit d'une très intéressante conception qui rappelle ce qu'Hérodote dit du mystérieux sépulcre de Khéops. En effet, dans une grande salle de 30,50 x 20 mètres, avec huit piliers de granit et de petites chapelles tout autour, est réalisée architectoniquement l' «île», qu'entoure le «lac» primordial, avec les cavités pour les sarcophages et les vases canopes.

Ci-dessus et ci-contre: piliers décorés et colonnes de la salle hypostyle dans le temple de Séthi Ier.

A droite: fresque représentant le Pharaon offrant un pilier Djed empanaché à la déesse Isis. Le pilier Djed était l'emblème de la colonne vertébrale, lié au culte d'Osiris, il symbolisait la stabilité.

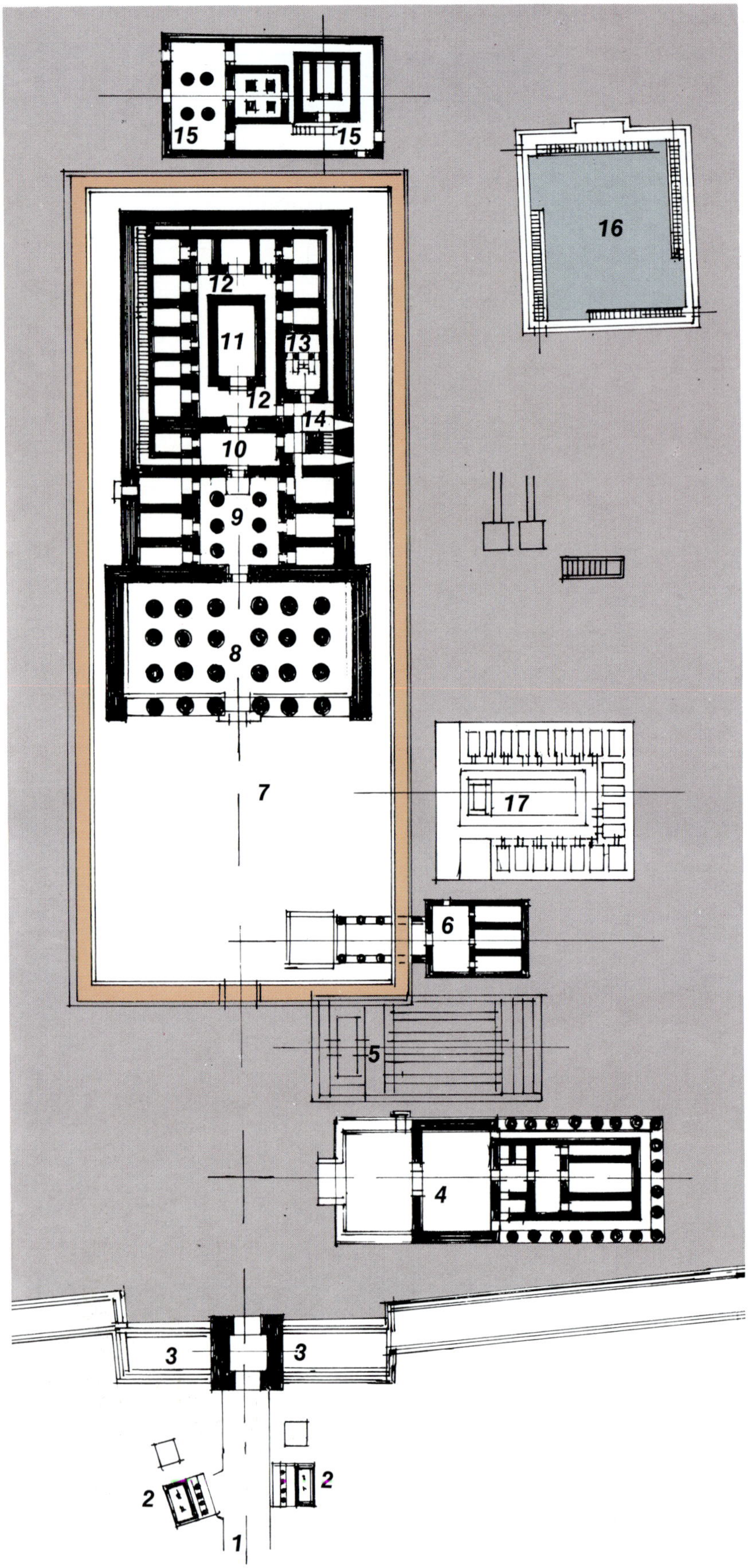

1) *Allée dallée qui, du Nil, mène au Sanctuaire.*
2) *Fontaines romaines monumentales.*
3) *Murs massifs et Portail Nord.*
4) *«Mammisi d'Auguste»: temple entouré d'une colonnade (périptère) du type hathorien, dans la décoration duquel est insérée la tête du dieu Bès, protecteur des parturientes. Partout des scènes de la naissance et de l'allaitement de l'enfant divin Horus, tirées de celles qui décorent le Sanctuaire de Nectanébo, l'édifice fut commencé par Néron et décoré par Trajan, Hadrien et Antonin Le Pieux.*
5) *Restes d'une église christiano-copte du Ve siècle.*
6) *«Mammisi de Nectanébo». Dans le sanctuaire: scènes de l'intervention des dieux et d'Amon pour la création de l'enfant divin, né de la déesse Hathor et allaité par elle (dans cette déesse on peut aussi reconnaître Isis, et dans l'enfant, Horus).*
7) *Place et mur d'enceinte du temple d'Hathor.*
8) *Salle hypostyle (ouverte sur la terrasse) de 25 x 42,50 mètres et haute de 18 mètres et avec 24 colonnes hathoriennes. Le plafond est décoré de figures célestes dominées par la déesse Nout, créatrice du Soleil. Sur les parois, des scènes de la fondation et de la consécration du temple.*
9) *«Salle de l'apparition»: sur les côtés, chambres-dépôts et pièce pour la préparation des offrandes, avec des recettes écrites de parfums et d'onguents.*
10) *Salle des offrandes.*
11) *«Siège vénérable» ou sanctuaire du temple décoré avec des scènes des processions sur le Nil.*
12) *«Corridor des mystères» desservant onze chapelles décorées avec l'initiation aux mystères hathoriens.*
13) *«Chapelle de la Sainteté».*
14) *Escalier conduisant à la terrasse où se trouvent le Pavillon avec douze colonnes hathoriennes et le «Tombeau d'Osiris», consistant en deux chapelles. Outre l'escalier, dans l'épaisseur des murs extérieurs, une étroite galerie mène à 12 petites cryptes toutes décorées de représentation de sujets religieux et de mystères.*
15) *Temple d'Isis-Hathor. Composé de deux édifices: l'un avec des colonnes et des piliers sur l'axe transversal; l'autre avec une salle-cellule consacrée à la naissance d'Isis.*
16) *Lac sacré (28 x 34 mètres) encore bien conservé.*
17) *«Sanatorium» avec la fontaine, la vasque d' «eau miraculeuse» pour les bains curatifs et les petites pièces vestiaires tout autour.*

Dendereh

Nom donné aux ruines de Tentyris, ville sainte aux trois sanctuaire: le sanctuaire d'Ihy, fils d'Horus, dont il n'est resté qu'une des portes monumentales; le sanctuaire d'Horus, presque entièrement disparu; le sanctuaire d'Hathor, dont il est resté d'importants vestiges et le temple intact. Ce temple était d'origine très ancienne, remontant à Khéops et à Pépi Ier, il fut restauré à l'époque ptolémaïque et reconstruit à l'époque romaine. Les édifices compris dans le vaste cercle de murs du sanctuaire de la déesse Hathor se succèdent presque en axe par rapport à l'entrée principale, comme on le voit sur le plan présenté.

Ci-contre et ci-dessous: le mammisi vu du haut de la terrasse et la façade du temple avec les colonnes hathoriques.

A droite, en haut: deux détails du célèbre «Zodiaque de Dendereh».

A droite, en bas: deux autres murs peints à fresque.

Ci-contre: les hautes colonnes de la salle hypostyle avec chapiteaux hathoriques.

Ci-dessous: la «Chapelle du Saint», où se célébraient les mystères de la naissance de l'ordre cosmique après le chaos originaire, et un détail du plafond peint à fresque.

Esna

C'est le nom du village actuel né sur les ruines de Latopolis. On ne voit de l'antique cité qu'une partie du temple de Khnoum (temple qui devait être très semblable à celui de Dendereh) et dont il est resté la salle hypostyle presque intacte. A l'origine, la salle donnait sur la grande cour du temple et menait à celle des offrandes et au sanctuaire. Tout cela est désormais réduit aux fondations ou enseveli sous l'énorme terre-plein.
Le temple est une réfection d'époque ptolémaïque d'un temple de la XVIIIe dynastie. La salle hypostyle fait 33 x 18 mètres et possède 24 colonnes (13,50 mètres de haut) avec de magnifiques chapiteaux composites.

Ci-contre: détail des chapiteaux tétralobés de l'intérieur, composés de différents motifs floraux. Un nouvel exemple de l'élégance raffinée et de la fantaisie atteints par les Égyptiens des derniers siècles dans le domaine de la décoration.

Ci-dessus: détail de l'extérieur du Grand Pylône du Temple. Sur les parois: adorations des dieux et grandes figures d'Horus et d'Hathor auxquels le dernier des Ptolémées offre les prisonniers en sacrifice. Sur les côtés de la très haute porte, de longues cannelures où étaient insérés les mâts avec les étendards et deux faucons en granit.

Ci-contre: le faucon d'Horus — superbe sculpture en granit noir — gardant l'entrée du temple.

Edfou

De l'antique capitale de la région, que les Grecs appelaient Apollinopolis Magna, il reste que le temple le mieux conservé de toute l'Égypte, consacré à Horus. Le temple fut érigé par Ptolémée III Évergète en 327 av. J.-C. sur celui beaucoup plus ancien de Touthmosis III, qui avait été réalisé par le premier prêtre-architecte Imhotep. Les successeurs d'Évergète, jusqu'à Cléopâtre VII, dernière reine d'Égypte, continuèrent le temple. Sa structure est typique des temples ptolémaïques et presque semblable à celle de Dendereh. Un grand pylône robuste avec deux faucons de granit noir sur les côtés de la porte, et subdivisé à l'intérieur en quatre étages de chambres, précédait le tout. Puis vient une cour avec des colonnes à chapiteaux différents, disposées sur trois côtés. Dans le fond, la façade de la grande salle hypostyle, qui est constituée de la première file de colonnes de la salle elle-même, fermée par des panneaux de murs. La grande salle possède, avec celles de la façade, trois rangées de six colonnes; sur les parois, d'interminables scènes d'offrandes.

(suite p. 169)

Suit une salle hypostyle plus petite avec trois rangées de quatre colonnes; sur un côté de cette salle s'ouvre la pièce des «offrandes liquides». Une pièce contiguë abrite la chambre de préparation des offrandes (de laquelle part l'escalier menant à la terrasse), puis le vestibule qui donne sur l'entrée du sanctuaire. A l'intérieur du sanctuaire existe encore le magnifique tabernacle monolithique. Le «corridor des mystères», qui tourne autour du sanctuaire, dessert dix chambres ayant chacune ses attributs spécifiques. Sur les parois extérieures, des scènes d'un grand intérêt: des cérémonies pour la construction du temple; des scènes mythologiques avec la victoire d'Horus sur les bourreaux de son père; la naissance d'Horus; des scènes du culte d'Horus selon les heures du jour et les périodes de l'année. Devant le temple, à gauche: le mammisi de Ptolémée III Évergète décoré sous Ptolémée IX. De curieux chapiteaux avec la tête de Bès. A l'intérieur, des scènes de la naissance d'Horus qu'allaite la déesse Hathor. Le terme de «mammisi» vient de la langue copte et signifie «lieu de l'accouchement». Par ce mot est défini le lieu où quotidiennement, se renouvelle le mystère de la naissance d'Horus, le fils divin; pour cette raison il est sacré pour toutes les parturientes et pour toute femme qui désire être mère. Initialement local faisant partie du temple, avec l'avènement de la XXXe dynastie il se transforme en petit temple autonome, placé devant le sanctuaire, et prend une importance croissante avec les Ptolémées et les Romains.

A gauche, en haut: la «Grande cour des libations» avec les colonnes en façade regroupées à mi-hauteur des murs d'entrecolonnement.

A gauche, en bas: le chemin de ronde qui court entre le mur extérieur du temple et le mur d'enceinte. Remarquer les gargouilles à tête de lion qui sont une solution architectonique identique à celle de Dendereh où, malheureusement, les murs extérieurs ont disparu.

A gauche, en bas: le très beau tabernacle monolithique en granit gris, haut de 4 mètres, réalisé sous Nectanébo II et donc antérieur au temple ptolémaïque.

Ci-contre: la majestueuse statue en granit noir du dieu faucon Horus, avec la tête surmontée de la double couronne de Haute-Égypte et de Basse-Égypte.

Ci-dessus et ci-contre: le côté ouest du temple; les deux entrées qui s'ouvrent côte à côte sur la majestueuse salle hypostyle.

Kom Ombo

Près du village de Kom Ombo, on trouve un temple au schéma insolite. Il s'agit en effet d'un temple entièrement double, c'est-à-dire obtenu en en fusionnant deux côte à côte. La partie de gauche est consacrée au dieu épervier Haroeris, ou «Horus le Grand» (ennième personnification du Soleil-Horus), dieu solaire guerrier, exterminateur des ennemis d'Osiris, représenté par le disque ailé. Avec ses ailes, il protège des génies maléfiques et de tout mal; c'est pour cela qu'il est représenté sur tous les portails d'entrée. La partie droite est consacrée au dieu crocodile Sobek: dieu primordial à qui est attribuée la création du monde et dieu de la fertilité,

<u>Ci-dessus</u>: *quelques détails des reliefs des colonnes de la cour montrant encore des traces de peinture; restes d'un manuscrit décoré par Ptolémée VIII Évergète II, au sud ouest de la façade du temple.*

exterminateur des ennemis d'Osiris et pour cela, comme Haroeris, puissant ennemi du mal. Cet ouvrage, lui aussi, est dû aux Ptolémées, qui reconstruisirent entièrement le temple fondé par Aménophis Ier et Touthmosis III plus de mille ans auparavant. Le temple s'élevait à quelques mètres du Nil, et était entouré de hauts murs qui, partant de la porte de Ptolémée XIII (ci-contre) englobaient le Grand Temple et d'autres petits temples et chapelles. Parmi ceux-ci: la chapelle de Hathor (à côté de la porte de Ptolémée) encore bien conservée et décorée par des scènes d'offrandes de l'empereur Domitien; la chapelle de Sobek (au nord du temple) avec des scènes où apparaît l'empereur Caracalla; le mammisi de Ptolémée III (à gauche du temple), vers le Nil.

Assouan

Assouan, l'ancienne Syène, se trouve à 886 kilomètres du Caire, sur la rive droite du Nil. C'est là que prend fin la vallée du Nil, aux paysages si doux, et avec elle l'Égypte. On entre dans la Nubie: aux champs cultivés bordant les boucles du fleuve succèdent des kilomètres de désert de sable et les eaux immobiles et majestueuses du lac Nasser. Le Nil aussi change d'aspect: lisse et tranquille jusqu'ici, il devient tout à coup impétueux, tourbillonne et s'engouffre entre les rochers de la première cataracte. Dès le IIIe millénaire s'était formé ici un centre d'échanges commerciaux. La Nubie, dont l'ancienne dénomination «nub» (nbw) signifie «or», a été depuis toujours une terre de conquête et d'exploitation: porte de l'Afrique noire, seule voie de communication entre la mer et le cœur du continent noir, la Nubie fournissait au pharaon non seulement de l'or mais aussi les meilleurs soldats, les bois les plus recherchés, des ivoires précieux, des épices très parfumées et de magnifiques plumes d'autruche. De ses caves, nombreuses et riches, on extrayait la syénite, un granit rose largement utilisé en Égypte dans la construction de monuments religieux, des obélisques, des statues colossales et des temples. Les caves étaient si riches qu'à l'époque romaine elles étaient encore en activité. De Syène on pouvait contrôler le trafic fluvial et le passage des caravanes venant du désert; c'est pourquoi les pharaons en firent une ville de garnison et la capitale du premier nome de la Haute-Égypte. Anciennement le tropique du Cancer — qui s'est déplacé un peu plus au sud — passait par là: la preuve en est fournie par la présence d'un puits dont le soleil éclairait les parois seulement au solstice d'été, sans créer d'ombre. C'est ainsi qu'un savant grec, Eratosthène, calcula, en se trompant de peu, la longueur du méridien terrestre et arriva à la conclusion que la terre était ronde. A partir du haut Moyen Age la ville subit les incursions des Blemmyes, venant d'Éthiopie, puis fut le théâtre d'une violente épidémie de peste. Abandonnée progressivement par ses habitants, la ville reprit un certain essor seulement après la conquête turque. Son nom actuel vient de «swenet», qui en égyptien ancien voulait dire «commerce». En passant par «suen», mot copte, on arrive à Assouan.

A gauche et ci-contre: différents aspects de la vie à Assouan; bateaux de tourisme et felouques glissant doucement sur le fleuve; et le Bazar très coloré où l'on respire un air typiquement africain.

Ci-dessus, à gauche: le monument moderne rappelant le travail de ceux qui construisirent la Digue Haute dont la forme évoque celle d'une fleur de lotus stylisée.

Ci-dessus: la luxuriante végétation de l'île Kitchener, ou île des Arbres, au nord de l'Éléphantine.

A droite, en haut: deux images des blanches felouques glissant sur le Nil.

A droite, en bas: entrée du mausolée de l'Aga Khan, construit en grès rose sur le modèle de la mosquée El Guyushi au Caire, et dans lequel repose l'Aga Khan, Mohammed Shah, qui fut le chef spirituel des musulmans ismaélites.

De nos jours, à l'intérêt historique et archéologique de l'emplacement, s'ajoute un climat exceptionnel qui fait d'Assouan un lieu de séjour idéal pendant l'hiver. Sur ses bords on a élevé des hôtels de plus en plus élégants et munis de tout le confort. Des dizaines et des dizaines de bateaux de croisière qui remontent le Nil y jettent l'ancre pendant plusieurs jours permettant ainsi aux touristes, toujours plus nombreux, de visiter les merveilleux alentours de la ville. C'est enfin le point de départ le plus important des excursions à Abou-Simbel, le joyau de désert. A la tombée de la nuit, Assouan baigne tout à coup dans une lumière violette qui l'embrase entièrement pendant que les felouques glissent sans bruit sur l'eau du fleuve, tacheté de blanc par leur voile immense. Nulle part ailleurs en Égypte on ne découvrira la lumière et le silence qui règnent à Assouan.

Le monastère de Saint-Siméon
Le Deir Amba Samaan (c'est son nom arabe) est l'un des monastères coptes les plus vastes et les mieux conservés de toute l'Égypte. Il a été bâti entre le VIe et le VIIIe siècle, à la mort de l'Évêque Hadra. Il pouvait accueillir plus de trois cents moines et donner asile à plusieurs centaines de pèlerins. Il resta ouvert pendant près de cinq cents ans, c'est-à-dire jusqu'en 1321, date à laquelle les Arabes le détruisirent. Un mur de pierres et de briques séchées au soleil, haut de 10 mètres et flanqués de tours, entoure l'édifice. Il lui confère un aspect majestueux et solennel qui inspire le respect et la crainte. A l'intérieur, le monastère était conçu comme une véritable petite ville aux dimensions réduites. Le rez-de-chaussée présente encore des traces de fresques où l'on distingue le Christ Pantocrator et vingt-quatre saints assis. Au-dessus de chacun d'eaux figure une lettre de l'alphabet copte. Un escalier mène à l'étage supérieur où s'ouvre le monastère proprement dit. Les cellules des moines et les pièces de service de la communauté, comme la cuisine, le four, la cave, etc. donnent sur un long couloir.

Ci-dessus : du haut des murs on peut contempler le désert dans toute sa majesté: paysages en violent contraste avec le fond de la vallée où scintillent les eaux bleues du Nil qui côtoient Assouan et les felouques blanches.

Ci-contre: la nécropole d'Assouan, sur la rive gauche du Nil, dans une vue nocturne suggestible.

Tombe de Mékhou et Sabni
Situées à l'extrémité sud de la nécropole, ces deux tombes sont communicantes car les occupants étaient le père et le fils. La tombe de Mékhou est composée d'une grande salle avec trois rangées de colonnes. Au centre, entre deux piliers, un bloc de granit jouait le rôle de table pour les offrandes; on y a gravé de symboles du pain et creusé des canaux d'écoulement pour les libations rituelles. Deux rangées de six piliers chacune soutiennent la tombe de Sabni qui est décorée avec des scènes de chasse et de pêche.

Tombe de Sirenput II
La tombe — l'une des mieux conservées — appartenait au «Supérieur des prophètes de Khonoum» à l'époque de la XIIe dynastie. Elle comprenait une pièce avec six piliers, une galerie flanquée de six niches contenant chacune la statue du prince défunt en forme de momie et une deuxième pièce carrée, avec quatre piliers sur lesquels figurait une image de Sirenput. Vient enfin la chapelle du fond, entièrement peinte; on y voit une table dressée devant laquelle un enfant du prince rend hommage à son père. Sur la table on distingue des pains, des gâteaux, des fruits et même un canard et des grappes de raisin. La paroi voisine présente la femme du prince, prêtresse d'Hathor, elle aussi assise devant la table.

Ci-contre: **les carrières de granit**
En arrière de la moderne Assouan, on voit encore les très anciennes carrières qui fournissaient le granit à l'Égypte. C'est ici que se trouve le célèbre «Obélisque inachevé» (jamais détaché de la roche parce qu'il s'était fissuré en plusieurs points), qui aurait atteint 42 mètres de haut pour un poids de 1150 tonnes. Sur la photo on voit les entailles pratiquées dans le granit pour en extraire les blocs.

Ci-contre: **l'Ile de Sehel**
A quelques kilomètres d'Assouan se trouve la première cataracte du Nil, frontière imaginaire du sud de l'Égypte Antique. Elle intéresse une vaste zone d'eaux tourbillonnantes et bouillonnantes entre des rochers et d'innombrables petites îles. L'île la plus intéressante est celle de Sehel. Nous trouvons, en effet, des blocs de granit amassés en désordre (ayant presque l'air de former les ruines de deux gigantesques pyramides), avec parfois des graffiti avec des figures et des inscriptions comme si c'étaient de véritables stèles qui, de la VIe dynastie, arrivent jusqu'à l'époque ptolémaïque (parmi celles de cette période, l'une d'elles parle du roi Djeser).

Philæ

Dans un décor de rochers et de granit, l'île sacrée, domaine de la déesse Isis, dresse vers le ciel bleu ses colonnes et ses piliers, créant un paysage qui semble exister seulement dans notre imagination. Le temple de Philæ est l'un des trois temples ptolémaïques les mieux conservés, avec ceux d'Edfou et de Dendereh. Philæ mesure environ 400 mètres de long et 135 mètres de large. C'était la plus grande des trois îles sises à l'extrémité sud de la première cataracte. Son nom même nous révèle sa position géographique: en effet «Pilak», nom sous lequel elle était appelée anciennement, signifie «île du coin» ou «île de l'extrémité», et ce parce que, à l'origine, Philæ se trouvait sur la rive orientale du Nil, sur le côté d'une petite baie et à l'extrémité sud de la première cataracte. Des deux autres îlots, celui de Biga (en partie submergé) était tout particulièrement sacré parce que c'était là qu'Osiris dormait de son sommeil éternel; aucun être humain ne pouvait y avoir accès. Seuls les prêtres y descendaient. Ils venaient en barque de Philæ et célébraient les rites sacrés sur les 360 tables réservées aux offrandes qui indiquaient le lieu de la sépulture d'Osiris. Les temples de Philæ étaient dédiés à son épouse Isis qui, par la force de son amour, avait réuni les membres épars de son époux et l'avait ressuscité. Dans cette île le culte de la déesse avait des origines très anciennes. La tradition exigeait qu'une fois par an au moins les Égyptiens effectuent un pèlerinage sur cette île sacrée. C'est seulement en 535 ap. J.-C., sous

Justinien, que les prêtres préposés au culte seront chassés. La troisième île s'appelle Agilkia. Nous pouvons y admirer de nos jours l'ensemble des temples qui anciennement se trouvaient à Philæ, à 500 mètres de là. Jusqu'en 1898 l'île émergeait pendant toute l'année. Après la construction de l'Ancienne Digue, elle restait enfouie dans les eaux du lac artificiel pendant plusieurs mois. En août et septembre, pour faire face à la pression violente exercée par les crues, on ouvrait les vannes de la digue: l'île réapparaissait et on pouvait la visiter. Pour Philæ la construction de la Haute Digue posa des problèmes particuliers: l'île sacrée se serait trouvée dans un bassin fermé, d'une profondeur de 4 mètres et non plus de 20, où les eaux auraient créé un flux et reflux perpétuels qui, à la longue, auraient érodé les fondations des temples, provoquant, tôt ou tard, leur écroulement. De 1972 à 1980 on les démonta pour les remonter ensuite sur cet îlot d'Agilkia (où a été reproduite fidèlement la topographie de Philæ), sur un site plus élevé par rapport aux eaux du lac. L'ensemble des édifices comprend le pavillon de Nectanébo, le temple monumental d'Isis avec ses dépendances, le petit pavillon de Trajan, plein de grâce, et le petit temple d'Hathor.
La majeure partie des décorations dans les édifices de Philæ se rapporte à des rites religieux et à des offrandes aux dieux. Mais il y en a une qui tranche par l'originalité et le caractère hors du commun du sujet traité. Elle est visible dans la partie dite porte ou

bastion d'Hadrien, un édicule qui remonte à l'époque des Antonins, situé dans l'aile occidentale du temple d'Isis, à la hauteur du deuxième pylône. A l'intérieur de la porte, au nord, un bas-relief nous renseigne sur la façon dont les Égyptiens imaginaient les sources du Nil. On y voit Hapi, sous forme d'un être humain hermaphrodite, qui symbolise le Haut et le Bas Nil divinisés. Le dieu est dans une caverne entourée d'un serpent et tient dans ses mains deux vases d'où jaillit l'eau. Les Égyptiens croyaient en effet que les sources du Nil se trouvaient près de la première cataracte, aux abords d'une montagne dit «Mu-Hapi» (ce qui veut dire «eau d'Hapi»). Le pharaon lui-même présidait les rites annuels en l'honneur du dieu, à la mi-juin, lorsque l'étoile Sotit provoquait la crue du fleuve. Philæ représente une synthèse entre les civilisations égyptienne, grecque et romaine: ici architectures et dessins s'intègrent à la perfection. N'oublions pas qu'avant d'être délavés par les eaux de la Vieille Digue, tous les chapiteaux étaient recouverts de couleurs brillantes: bleu, rouge, jaune et vert comme le prouvent les reproductions dues aux voyageurs venus ici avant l'engloutissement des temples dans le bassin artificiel d'Assouan. Bien que ces couleurs originales soient perdues, Philæ est encore un chef-d'œuvre de «grâce et de fascination», comme l'écrit Amalia Edwards, exemple admirable d'élégance et de charme qui permet à Pierre Loti de le qualifier de «perle d'Égypte».

Abou-Simbel

A environ 300 kilomètres d'Assouan, au cœur de la Nubie, presque à la frontière avec le Soudan, se dresse l'édifice le plus noble et le plus grandiose du plus grand pharaon d'Égypte: Abou-Simbel, le temple qui, théoriquement, était dédié à la triade Amon-Rê, Harmakhis et Ptah mais qui, en réalité, a été érigé pour glorifier à jamais son constructeur, Ramsès II le Grand. Abou-Simbel n'est pas seulement un des plus beaux temples d'Égypte — certainement le plus mystérieux et le moins ordinaire — mais c'est aussi le symbole de l'œuvre gigantesque de saéuvetage des 14 temples nubiens menacés par le lac Nasser. Ybsamboul — c'est son ancien nom — a été oublié pendant des siècles. Il revient au jour le 22 mai 1813 quand Johann Ludwig Burckhardt, un Suisse, voit pointer du sable, comme par magie, la partie supérieure de quatre géants de pierre. Le 1er avril 1817 l'Italien Giovan Battista Belzoni, libère du sable la partie supérieure d'une porte et découvre l'accès à l'intérieur. Après lui, des centaines de voyageurs, de savants,

d'archéologues et de touristes purent admirer le chef-d'œuvre d'architecture de Ramsès II enfin sorti du sable. La menace de le voir disparaître sous les eaux du lac Nasser eut un retentissement mondial. Abou-Simbel était certes les plus beau et le plus grandiose des temples de la Nubie mais c'était aussi le plus difficile à sauver à cause des matériaux utilisés, du site et de la structure dont il faisait partie.

Et pourtant, là aussi, la volonté des hommes et les prodiges de la technique ont réussi à sauver ce temple grâce à l'un des plus fantastiques travaux de démantèlement et de reconstruction jamais entrepris par des archéologues. Ainsi sa renommée durera à travers les siècles à venir. Le temple rupestre d'Abou-Simbel n'est autre que la transposition dans le roc des éléments d'architecture des temples égyptiens à «cella» intérieure. Quatre statues colossales de Ramsès II assis jouent le rôle de colonnes de soutien de la façade. Parfaites, dans leurs dimensions monumentales, elles sont de véritables effigies du souverain. La deuxième statue est en morceaux et une partie du tronc et de la tête gisent à terre. Comme le signale une inscription à l'intérieur du temple, une «multitude d'ouvriers faits prisonniers par son épée» ont travaillé à cette façade monumentale, sous les ordres de Pyayn chef des sculpteurs. Après les sculpteurs venaient les peintres; à l'époque de Ramsès la gamme des couleurs utilisées dans cet édifice devait être très riche. Toute la décoration des murs, à l'intérieur du temple est à la gloire de Ramsès II. La peinture la plus connue et la plus intéressante couvre le mur au nord: elle présente les différentes phases de la bataille de Kadesh qui mit un point final à la campagne du Pharaon contre les Hittites en l'an V de son règne. Un long poème épique de Pentour, poète de cour, est gravé en hiéroglyphes ici comme en d'autre temples de Louqsor et de Karnak.

A 65 mètres de la porte d'entrée, au cœur de la montagne, on pénètre dans le sanctuaire, le lieu le plus intime et le plus secret du temple, une petite pièce de 4 mètres sur 7. Ici se dresse la statue de Ramsès II divinisé, assis, avec la triade de Ptah, Amon-Rê et Harmakhis. A propos de ces statues, dès le XIXe siècle on avait constaté que tout le temple avait été bâti selon un plan bien précis et certains savants, après Champollion, avaient remarqué ce qu'on a appelé plus tard le «miracle du soleil». Deux fois par an, à l'aube, lors des équinoxes, le soleil baigne toute la longueur du temple et va éclairer les statues d'Amon, d'Harmakhis et du Pharaon. Vingt minutes après, la lumière disparaît et il est vraiment curieux que Ptah ne soit jamais touché par les rayons du soleil. Mais Ptah était le dieu des ténèbres.
Malgré les apparences, Abou Simbel n'est pas une glorification perpétuelle de Ramsès par lui même. Il suffit de sortir du grand temple et de se diriger vers la gauche: nous sommes devant le temple d'Hathor que le Pharaon a dédié à Nefertari, son épouse, qui ne fut pas la seule mais certainement la plus aimée. Jamais, dans l'Égypte des Pharaons, l'épouse d'un souverain n'avait été sculptée sur la façade d'un temple. Sa statue est aussi haute que celle de son époux, placé à ses côtés. Pour elle, pour la grande épouse royale Nefertari-mery-en-Mut («aimée de Mut») Ramsès fit creuser ce temple «de pierre fine, blanche et solide» de petites proportions et d'une très belle harmonie.

Ci-dessus: la forteresse de Kaitbay vue du port.

Ci-dessous: l'entrée à la forteresse de Kaitbay.

Ci-dessous et à droite: la colonne de Pompée.

Alexandrie

La deuxième ville d'Égypte fut construite par Alexandre le Grand à l'emplacement d'une bourgade de pêcheurs dont les petit port était à l'abri des tempêtes grâce à l'île de Pharos. Alexandre devina les avantages à tirer de l'endroit et demanda à l'architecte Dimocratès d'y fonder une ville nouvelle. A cette époque des débouchés importants manquaient sur la Méditerranée et les petits ports de Naucratis, Tanis et Péluse, sur le Delta, n'étaient pas en mesure de faire concurrence aux ports phéniciens. C'est en 332 av. J.-C., qu'Alexandre réussit à libérer l'Égypte de l'occupation perse et l'année au cours de laquelle il se fit sacrer pharaon dans l'oasis d'Amon (Siouah). Cependant c'est sous ses successeurs, les Ptolémées, que la ville devint capitale. Ptolémée Ier Sôtêr unit l'île de Pharos au rivage par une chaussée (l'Heptastadion) créant ainsi deux ports communicant grâce à des passages sous deux ponts et fonda la célèbre bibliothèque et le musée. Tout un quartier fut occupé par les Juifs de la Diaspora et Démétrios de Phalère s'y installa ainsi qu'Euclide et Apelle, le peintre le plus connu de l'Antiquité ainsi que de nombreux savants. Sous Ptolémée II Philadelphe, la ville s'enrichit de l'une des sept merveilles du monde, le Phare, construit sur l'île dont il prit le nom, et d'une académie vers laquelle accouraient les intellectuels les plus illustres. C'est en cette période que l'on commença à traduire en grec les textes de l'Ancien Testament: la célèbre version grecque des Septante. Par la suite, malgré révoltes internes et intrigues de palais, Alexandrie continua à assumer son rôle de capitale cosmopolite, marchande et intellectuelle. En 48 av. J.-C., durant le règne de Cléopâtre, dernière reine d'Égypte, César assiégea la ville, ce qui causa l'incendie de la bibliothèque. L'Égypte devint ensuite province romaine et Alexandrie, qui était déjà la charnière entre Orient et Occident, devint la deuxième ville de l'Empire. En 40 commence l'évangélisation (selon la tradition, c'est Marc qui fonda l'église Alexandrie) et la ville devint un grand centre religieux. Au IIe siècle y est fondée une école (le Didascaleion) sous la direction de grands théologiens; mais bientôt surgissent des disputes qui conduisent à la naissance d'hérésies, suivies de révoltes venant de minorités religieuses et ethniques qui entraînèrent répressions et persécutions. Les Chrétiens en furent les premières victimes (sous Caracalla, Decius et Dioclétien) puis, après l'édit de Théodose (392), les païens. En 642, la ville fut conquise par Amr al-As, général du calife Umar Ibn al-Khatab qui réussit à prendre toute l'Égypte aux Byzantins. Le Caire fut choisi comme capitale, ce qui marqua le début du déclin d'Alexandrie. Avec l'arrivée de Napoléon et des savants modernistes qu'il amena avec lui commença le redressement de la ville; mais c'est surtout Méhémet-Ali et ses successeurs qui mirent en pratique des projets de mise en valeur. Avec l'introduction de la culture du coton dans le Delta et l'ouverture du canal de Suez, le trafic reprend, des industries naissent, la ville se peuple d'étrangers, des quartiers résidentiels s'élèvent donnant à la ville un aspect typiquement méditerranéen, avec hôtels, avenues bordées d'arbres, maisons de jeu, magasins.

Après la révolution de 1953, les mondanités, la vie élégante et cosmopolite, ne sont plus que des souvenirs que l'on retrouve sur les façades des palais construits par les étrangers et dans les résidences d'été de la bourgeoisie du Caire. Aujourd'hui, bien que la zone du lac Mariout soit devenue une zone industrielle, que le port ait été agrandi et que de nouveaux bassins aient été construits, Alexandrie a conservé sa place de première station balnéaire du pays.

La presqu'île du Sinaï

Il y a environ vingt millions d'années, l'Égypte, le Sinaï et la Péninsule arabique étaient unis en un seul bloc. Mais d'énormes bouleversements telluriques amenèrent la séparation des terres et la péninsule méridionale du Sinaï fut isolée, donnant lieu à deux grands golfes: le golfe de Suez, à l'ouest, dont la profondeur maximum est d'à peine 95 mètres et le golfe d'Agaban à l'est, qui atteint, en revanche, 1800 mètres. Ce dernier fait partie de la grande faille terrestre — appelée rift – qui s'étend de la chaîne du Taurus jusqu'au Kenya. La grande activité sismique du passé et les terribles phénomènes telluriques ont donné au Sinaï son aspect caractéristique. Les montagnes qui s'y trouvent vont de 750 à 2500 mètres d'altitude; les cimes les importantes sont les Djebel Musa (mont de Moïse) qui atteint 2285 mètres d'altitude et le mont Sainte-Catherine (Djebel Katharina), de 2642 mètres d'altitude. Quant à la côte orientale, qui de Sharm el Sheikh à Ras Mohammed arrive jusqu'à Taba, elle est caractérisée par de nombreux récifs coralliens qui se succèdent les uns aux autres créant les conditions idéales pour une flore et une faune marines dont la variété et la richesse ne se comparent à aucune autre.

Monastère de Sainte-Catherine

Le plus petit diocèse du monde est en même temps le plus ancien monastère chrétien connu et aussi la plus riche collection d'icônes et de manuscrits précieux. Les premières indications sur le monastère de Sainte-Catherine se trouvent dans les chroniques du patriarche d'Alexandrie, Eutychios, qui vécut au IXe siècle. Il raconte qu'Hélène, mère de l'empereur Constantin, fut tellement impressionnée par la sacralité de ces lieux qu'elle commanda, en 330, la construction d'une petite chapelle à l'endroit où se trouvait le Buisson ardent. Cette chapelle dut dédiée à la Vierge.
L'empereur Justinien ordonna, en 530, la construction d'une basilique beaucoup plus grande qui devint par la suite la basilique de la Transfiguration.

Ci-dessous: vue hivernale du Djebel Musa, ou mont de Moïse.

A droite: le monastère de Sainte-Catherine.

TABLE DES MATIÈRES